U0866590

普贤上师言教

巴珠仁波切 著

佐钦熙日森五明佛学院 译

西藏人民出版社

图书在版编目（CIP）数据

普贤上师言教／巴珠仁波切著；熙日森五明佛学院译．
—拉萨：西藏人民出版社，2006.1（2017.11 重印）
ISBN 978-7-223-01869-2

Ⅰ．①普… Ⅱ．①巴…②熙… Ⅲ．①佛教—通俗读物
Ⅳ．①B94-49

中国版本图书馆 CIP 数据核字（2005）第 070768 号

普贤上师言教

编　　著	巴珠仁波切 著　佐钦熙日森五明佛学院 译
责任编辑	张世文
装帧设计	容　典　周建斐　格桑央金
电脑排版	朱　萍
出　　版	西藏人民出版社（拉萨市林廓北路 23 号）
印　　刷	三河市众誉天成印务有限公司
经　　销	全国新华书店
开　　本	16 开（710×1 000）
印　　张	18.25
字　　数	205 千
版　　次	2017 年 11 月第 2 版第 4 次印刷
标准书号	ISBN 978-7-223-01869-2
定　　价	35.00 元

皈依境

巴珠仁波切

巴珠仁波切的根本上师之一
第四世佐钦法王

巴珠仁波切的心子之一
第五世佐钦法王

第六世佐钦法王
吉扎·向秋多吉

第七世佐钦法王
旦增·龙多尼玛

佐钦大圆满寺

佐钦熙日森五明佛学院

佐钦白玛唐大圆满闭关中心

佐钦寺大雄宝殿

佐钦大威德修行洞

（巴珠仁波切于此洞中闭关时写成《普贤上师言教》）

佐钦巴珠玛尼堆

序

在科学技术高度发展的21世纪的今天，人类创造出了极为丰富多样的物质生活条件。当然，这会给我们外在的生活带来很多方便，许多外在困难也能得以解决，但是，我们的内心却总是无法满足，所以，我们的一生总是处于追求享乐的烦恼和痛苦之中。难道没有从中得到解脱的方法吗？

在2500年前，东方古印度的一位王子悉达多，舍弃了奢华享乐的王宫生活，去寻找并得到了永久的内心快乐，他证悟了宇宙的真理。他把他的证悟心得和方法传授给了人们，从此，人们尊称他为佛（觉悟者），把他传授的精神指导方法尊称为佛法。如今，在佛教发展的历史长河中，无数众生脱离了充满烦恼和痛苦的轮回苦海。而在将来最为先进、最为丰富的物质文明生活当中，人们最不可缺少、最需要的精神指导就是佛法。

这次翻译成汉文出版的《大圆满前行引导文·普贤上师言教》，是一本以非常通俗易懂的文字、以最贴近人们心灵的言教方法来阐释佛法的经典著作，是藏传佛教宁玛派大圆满法的必修课本，并且摄集了藏传佛教其他宗派的殊胜法门如那诺六法、六支加行、时轮金刚、大手印等密法的前行法门以及汉传佛教的净土宗、华严宗、禅宗等宗派的重要修行内容。本书的作者是大圆满传承法脉的持明成就者吉美·加卫尼固和第四世佐钦法王美久·囊卡多吉的亲传弟子、佐钦熙日森五明佛学院的第五代法台大堪布、19世纪西藏著名的学者和大成就者佐钦·巴珠仁波切，尊者于佐钦大圆满寺的大威德修行洞中闭关期间，将本寺传承上师们的教言汇编成这本巨著。这本著作完整而圆满地阐释了正修大圆满法之前所必修的前行法，也包含了大圆满正行的殊胜内容。

大圆满法是藏传佛教密宗最殊胜的法门之一，在2000多年的传承历史上，曾出现了许多虹化的、即身成佛的修行者。大圆满法是西藏最古老的宗派宁玛派六大主寺之一“佐钦大圆满寺”特有的法门。“佐钦”是藏文的音译，意译为“大圆满”。在西藏这座惟一叫做“大圆满寺”的古老寺庙里，完整而且从未间断地延续着从普贤王如来传承下来的大圆满法脉，到现在共有40代法脉传承持明成就者，他们将大圆满的灌顶、窍诀、口传等极其殊胜的法门通过单传的方式一代代圆满传承至今。到19世纪中期，开始从佐钦寺将大圆满法分传、弘扬到世界各地。如今，在世界上广为兴盛、大力弘扬的大圆满法的所有传承全部源自于佐钦，佐钦是当今世界大圆满法的发源地。在此圣地，一直不断地出现许多即身成佛的大成就者。

关于大圆满法的所有传承上师的传记在本人撰写并已出版的《藏传佛教大圆满传承史》中有详细的叙述。

100多年前，观世音菩萨的化身巴珠仁波切以其广大的慈悲心和深远的智慧编写了这部大圆满法的珍贵典籍。自此以后，有成千上万的修行者依此言教步入了大圆满的神圣殿堂，获得无上成就。今后，我希望得到这本书的正信学佛弟子们，能从具格上师那里得到传承。而受到的法门不应仅仅留在书本里和口头上，要落实在实际修行中，将此法融入于自心而实修实证，速得成就。

博学广闻的研究者和佛学爱好者们，如果能从百忙之中抽出点时间，详细深入地把这本书完整地阅读一遍，我相信你们的思想和生活都将会得到改善，所作所为也将会变得更加慈悲和智慧，并且能够从中得到许多快乐。当你们遇到困难时，这本书会对你们有所帮助。

最后，祝愿读者朋友们健康快乐！扎西德勒！

第七世佐钦仁波切 旦增·龙多尼玛

2004年9月于佐钦熙日森五明佛学院

巴珠仁波切略传

巴珠仁波切（1808年～1887年）是一位声名遐尔、极具盛誉的伟大上师，是19世纪最著名的学者之一。时至今日，人们对他的记忆仍非常鲜明。他的无伪的慈悲心、广博的学识和深邃的智慧曾影响和帮助了一代又一代希求究竟安乐和圆满智慧的人们，他的清静教言和不朽著作是后辈们珍视奉持的无价至宝，他是藏族人民心中光辉灿烂的如意宝珠。

1808年，巴珠仁波切出生于扎溪卡，故人称“扎·巴珠”，扎溪卡位于今四川省甘孜州石渠县。巴珠仁波切天生具有超凡的悟性和智慧，幼小时便无勤通达文字的读写及解义，并被第一世多哲钦尊者认定为巴给·桑登彭措大师的转世活佛。后来，有几位伟大上师认为他是寂天菩萨和观世音菩萨的化身，也有上师认为他是吉美林巴尊者的语化身。

巴珠仁波切师从于当时的许多高僧大德，其中最重要的上师有三位：根本上师吉美·加卫尼固；第四世佐钦法王美久·囊卡多吉；佛子先盘塔耶。吉美·加卫尼固大师是观世音菩萨的化身，是吉美林巴尊者最杰出的、被尊为“四大吉美”的弟子之一，是一位非凡的苦行者和证悟者，他传授巴珠仁波切殊胜大圆满教言，是巴珠仁波切的根本上师，巴珠仁波切尊称其为“普贤上师”，并从其处接受了不下二十五次的《大圆满龙钦心髓》前行教授，以及其他许多重要教法；第四世佐钦法王美久·囊卡多吉是宝髻佛和莲花生大师的化身佐钦白玛仁增法王的第四世转世活佛，是当时最伟大的、有着多如繁星般圣者弟子的无上大成就者，他的大圆满弘法事业极其伟大而不可思议，他赐予了巴珠仁波切许多殊胜的密宗灌顶；佛子先盘塔耶是菩提萨埵和毗卢遮那大译师二尊的共同化身，是多哲钦尊者和第四世佐钦法王的弟子，于1848年与上师第四世佐钦法王一起创建了著名的雪域智者之源佐钦熙日森五明佛学院，一生中行持佛法讲修的伟大事业，弟子中有来自各地的无数大贤者，他教授巴珠仁波切显教理论，是巴珠仁波切非常重要的上师；除这三位如佛陀般的至尊上师之外，巴珠仁波切的上师还有吉美·沃查加措、多钦哲·益西多吉、佐钦堪钦白玛扎西等大成就者。巴珠仁波切依止这些大成就者，广泛听闻了《三种休息》、《入菩萨行论》、《本续密要》、大藏经《甘珠尔》等显密典籍论著。经过刻苦精进地闻思修持，巴珠仁波切现证了自心犹如虚空般的实相大圆满境界，得到了如佛般的究竟智慧和圆满果位。

巴珠仁波切亦称“佐钦巴珠”，因其大部分时间都住在佐钦的熙日森哈、白玛唐、大威德修行洞、那琼玛等修行静地。巴珠仁波切十几岁时便来到佐钦大圆满寺，在佐钦熙日森五明佛学院的第一代法台大堪布白玛扎西前剃度出家。巴珠仁波切后来成为佐钦熙日森五明佛学院的第五代法台大堪布，并在佛学院讲经4年。

佐钦大圆满寺是旧密古刹六大主寺之一，于公元1684年由大成就者第一世佐钦法王白玛仁增创建。从17世纪到20世纪中期，佐钦大圆满寺是宁玛派的别解脱戒和菩萨戒的授受中心，是无上大圆满法的修证中心。在雪域藏区，传承其法门的分寺近300座。第二佛莲花生大师曾以神变踏足此地，示现修持甘露妙药的行法，并把此地加持为其25大雪苑道场中的功德圣地。佐钦圣地的四周如莲花瓣般地矗立着雄伟庄严、森林茂密的山丘，山间星布着许多大成就者闭关过的修行洞，其中包括殊胜的大威德修行洞，巴珠仁波切在此山洞中修行了十几年，著名的《普贤上师言教》就是在此修行洞中写成的。这本极其希有难得的殊胜论典，是以鲜明的地方色彩穿插丰富的轶闻趣事的方式，阐述最基础的佛法知识。此书一经问世，便被藏地各大教派的大师和弟子们奉为至宝，百般珍惜，万般修持。直至今日，仍为藏地最为畅销的、适合各层人士阅读的经典著作。

巴珠仁波切十分重视讲经说法、闻思修行，亦尤为重视慈悲和菩提心，这也是他所持守的修行根本，他对所有人都会说："没有任何事比心地善良、行为仁慈更重要。"因此，他传法时总是以慈悲心贯穿始终。他一生中为弟子们传讲的显密佛法不胜枚举，包括《入菩萨行论》、《大幻化网续部》、《龙钦精义》、《密续秘密藏》、《功德藏》、《现观庄严论》、《根本中观颂般若》、《经庄严论》、《阿毗达摩俱舍论》、《三戒论》、《六字大明咒文集》、《修极乐世界法》、《究竟一乘宝性论》等等。

巴珠仁波切在佐钦熙日森五明佛学院传讲《入菩萨行论》时，出现了许多吉兆瑞相，如佛学院附近的山上山下盛开着几十瓣、最多一百多瓣的黄色花朵，被人们称为"入行论花"。此"入行论花"在佐钦的大威德修行洞和佛学院周围至今仍有。此外巴珠仁波切还于安多、康藏、卫藏等多处宣讲《入菩萨行论》，以致于整个藏区几乎连十岁以上的孩子对《入菩萨行论》的词义都有所了解，人们赞颂菩提心的功德、内心得到了极大的加持和转化。仁波切还能依照不同注释对各个宗派传讲，如依达氏之注释为格鲁派传讲；依索囊孜莫之注释对萨迦派传讲；依巴沃祖拉常瓦之注释为噶举派传讲；依无著菩萨之注释为宁玛派传讲。经过巴珠仁波切的传讲，各宗派寺院中许多僧人都能背诵《入菩萨行论》，并且大多数僧人相续中都生起了无伪的菩提心。自此以后《入菩萨行论》在雪域藏地得到了广泛弘扬。

作为一位伟大的上师，巴珠仁波切却是以极其平凡的形相利益无数有情，不认识他的人，都想不到他是一位隐而不露的大成就者。他衣着破烂，形如乞丐，四处浪游，随意在森林、山洞或不知名的途中停歇，久暂不定。关于他的许许多多引人入胜的故事，一直被人们津津乐道、代代相传。

巴珠仁波切对自己的上师十分敬重，当年在佐钦的大威德洞中修行的时候，每天都要步行近一个小时下山到佐钦寺给他的上师第四世佐钦法王美久·囊卡多吉磕100个大头，然后再步行一个多小时回到洞中继续修行。

除了传授显密教法的至尊上师之外，巴珠仁波切还有一位传授他《普贤上师言教》的“上师”。

宁玛派的六大主寺之一噶陀寺有一座非常殊胜的万佛塔，巴珠仁波切有一次前去转塔，碰到一位素未谋面、名叫加隆的喇嘛，两人一起转了几天塔。一天，加隆喇嘛问巴珠仁波切：“你知不知道巴珠仁波切的《普贤上师言教》里所说的‘三殊胜发心’?”仁波切说：“不知道。”“转塔当然非常好，但是你却连‘三殊胜发心’都不知道，实在很可怜，我略懂一点，可以讲给你听。”“那很好。”于是巴珠仁波切每天在加隆喇嘛面前认真地听受《普贤上师言教》，当加隆喇嘛讲到一半的时候，噶陀寺最大的活佛噶陀司徒仁波切发现了巴珠仁波切，于是请求他传法。加隆喇嘛得知巴珠仁波切要在噶陀寺传法的消息非常高兴，连忙把这个好消息告诉了他的“弟子”。

等到巴珠仁波切开始传法时，加隆喇嘛才发现他的“弟子”竟然是巴珠仁波切，感到十分惭愧。巴珠仁波切非常慈祥地对他说：“你有这么好的慈悲心，以后还可以给别人讲，不过有几处地方需要修正一下……”仁波切非常详细地指正了加隆喇嘛讲法中的几处错误，鼓励他继续传讲《普贤上师言教》，并给予他极大的加持。

在佐钦熙日森五明佛学院的后山上，有一座殊胜的玛尼堆，由于当年巴珠仁波切经常来此绕转，如今这个玛尼堆叫做“巴珠玛尼”。有一次巴珠仁波切正在绕转时，上来了一位牧民，他牵着一匹马，带着一桶酸奶。当走近玛尼堆时，他向巴珠仁波切问道："请问巴珠仁波切住在哪里？"仁波切指着他住的山洞说："住那。"牧民看到仁波切穿的衣服破破烂烂，便不以为意，他把马缰绳系好，对仁波切说："我要过去拜见巴珠仁波切，请你顺便帮我看一下马，等会儿酸奶有剩下的给你喝。""好的。"仁波切答道。然后牧民去了巴珠修行洞，别人告诉他："巴珠仁波切是在那边转玛尼的那位。"

巴珠仁波切对于佛教的一切经、论、说以及宁玛派遍智者龙钦巴和吉美林巴尊者、萨迦派萨迦班智达、格鲁派至尊宗喀巴大师等新、旧诸派大德们的著作都作了广泛的闻思学习，完全摒弃了宗派偏见。后来，他亦不分宗派、毫无偏颇地教导各派弟子。如今，一些有分别心的僧众，对其他教派的传承上师不甚看重，但只要一提到巴珠仁波切，他们都会恭敬赞叹、倍加尊重。因为直到现在各大教派的僧众们都把巴珠仁波切的《普贤上师言教》等著作作为重要的修行法本。

有一次巴珠仁波切来到一所格鲁派的寺庙。一天早上，巴珠仁波切坐在经堂里出家僧众的最后边，这时一位不认识仁波切的、分别心很重的铁棒喇嘛过来了，问道："你是什么教的？""佛教。"巴珠仁波切回答说。铁棒喇嘛生气了："我当然知道是佛教！但我问的不是这个，我问你是戴黄帽子的还是红帽子的（意思是黄教还是红教）？"巴珠仁波切心平气和从怀里掏出一顶破破烂烂的灰色羊皮帽，说道："我没有红、黄帽子，只有这顶灰帽子。"

巴珠仁波切是修行出世间法的伟大上师，总是强调世俗的努力和追求是无益的。每个与他相处过的人都说他只谈论佛法，从没有人听他聊过世俗的闲话，对于世间法他没有丝毫的兴趣。

第四世佐钦法王圆寂、第五世佐钦法王被认定后，巴珠仁波切成为第五世佐钦法王的上师。在第五世佐钦法王7岁时，巴珠仁波切给法王传授《大幻化网续部》，随侍的还有法王的经师。对于这位前世是自己至尊上师的第五世佐钦法王，巴珠仁波切十分恭敬。第一天传法时巴珠仁波切把自己的法衣叠好放在枕头上请法王就座，年幼的法王听话地坐上去了。回去后，法王的经师批评了他："您怎么能坐在巴珠仁波切的法衣上呢！"第二天，巴珠仁波切又如是请法王就坐，法王再不敢坐了，巴珠仁波切转头对经师说："该教的佛法你不教，不该教的世间法，从昨天晚上到今天早上这么短短的时间你就教了一个！"

巴珠仁波切学贯五明，解行高妙。他以惊人的记性将学到的大部分教法牢记于心，他能一次教导最复杂的佛教哲理长达数月，毋须倚赖任何一页经文。他说法时，人们的心完全被转化。每位聆听教法的人都能感受到祥和与法喜，并能毫不费力地安住于思维观修。他所说的话，即使只有简单数语，也能开悟一道通往修行生活、连绵不绝的新视野之门。他的开示直截了当，可让人们立即应用于内在的修证经验上，甚至豁然开悟。他渊博的学识、温暖的加持力和深广的内证功夫，使他的教法拥有迥异于其他上师的特质。

纽修龙多是近代最伟大的大圆满传承上师之一，曾经跟随巴珠仁波切学习佛法达18年之久，那时他修行极为努力精进，却一直未得到最殊胜的无上大圆满法。有一个特别的夜晚，巴珠仁波切终于传法给他，当时他们住在佐钦寺后山的那琼玛修行洞中。佐钦的夜晚，清静美丽，巴珠仁波切仰卧在地，他把纽修龙多叫来："你说你不懂心性，是吗？""是的，仁波切。""实际上没有什么好知道的，"巴珠仁波切淡淡地说，"我的孩子，过来躺在这里。"纽修龙多挨着他躺了下来。于是，巴珠仁波切问他："你看到天上的星星吗？""看到了，仁波切。""你听到佐钦寺的狗叫声吗？""听到了，仁波切。""你听到我正在对你讲什么吗？""听到了，仁波切。""好极了，大圆满就是这样，如此而已。”就在那一刹那，纽修龙多豁然开悟了！他从染与净、是与非的枷锁中解脱了出来，体悟到本初的智慧，空性和本有觉察力的纯然统一！

巴珠仁波切用特别的方式，透过他自己的证悟力量和加持，把纽修龙多带进了大圆满的境界中。而巴珠仁波切本人的悟道因缘亦迥异于他人。

多钦哲·益西多吉尊者是持明吉美林巴的意化身，是具有大神通、修行大圆满获得无上成就的伟大上师。他行为特别，留长头发，衣着随便。巴珠仁波切对这位不寻常的上师具有强烈的虔诚心，视其为佛。上师也以各种密宗的超凡行为赐予他不共的加持，直指心性。在扎溪卡的有一天，多钦哲看到巴珠仁波切从附近经过，便大喊道：“喂！巴给，有胆子就过来！”待巴珠仁波切一走近，多钦哲便一把揪住他的头发，把他打倒在地，然后在泥地上拖拽。巴珠仁波切看到多钦哲醉得很厉害，呼气中也透着一股酒味，暗想：“连他这样的大证悟者也会醉成这样，做出不如法的举动！”他的心里浮现出佛陀对饮酒过失的阐释。

就在这一刻，多钦哲突然松手放开巴珠仁波切，狠狠地瞪着他说道：“呸！你的脑袋瓜里，竟生起如此恶分别念，你这条老狗！”接着朝巴珠仁波切脸上吐口水，撇着嘴向他伸小手指，然后走了。刹那间，巴珠仁波切了悟到：“我完全被迷惑了，这是一个直指究竟心性的甚深教授。”于是将自心安住，顿时一切不清净的分别念全部断尽，无碍觉性的证量从心中自然生起，清朗如无云晴空。早先吉美·加卫尼固上师授予的本觉教示宛如破晓，而多钦哲上师给他的这个证验则像圆满的日出。后来，巴珠仁波切开玩笑地说：“‘老狗’是多钦哲上师赐给我的秘密灌顶法名。”在巴珠仁波切的一些著作上，他也署名为“老狗巴珠”。

巴珠仁波切一生的论著作品极为丰富，所作诗歌独树一帜、颇具特色，被誉为雪域著名诗学家。其中脍炙人口的《莲苑歌舞》、《恶人的善言》是以通俗易懂、清新活泼的戏剧形式来宣说佛法，深受藏族人民喜爱，在民间广为流传。蒋扬钦哲旺波仁波切与全知米旁仁波切赞道："从尊者慈悲心中流出的教言比佛语的利益还大。"第三世多哲钦·丹贝尼玛上师也称赞说："仁波切之杰作，智者观其义极深，愚者见其句易解，行文委婉流畅，具有诗歌之优美风格，且文中每一教言皆是对治烦恼、调伏相续之窍诀，故智者愚者阅后无不心生欢喜。"遗憾的是仁波切所著论典多已遗失，现仅存六函。其中《普贤上师言教》、《入菩萨行论》科判、《功德藏》科判、《赞颂集》等一直为后学者广泛应用及修学。

巴珠仁波切一生中弘法利生事业极为广大，除了广泛地讲经传法外，他还教化广大民众向善，甚至说服强盗与猎人放弃劫夺和杀生，出现百余名弟子承诺各念一亿遍观音菩萨六字真言的盛事。因为他赐予、传授的《修极乐世界法》，使得北方牧区扎溪卡，以及果洛等地传遍了这一事业。他还维修了前世在扎溪卡建造的、极具加持力的大玛尼堆，他把信众供养的财物全部用于养活刻石经的穷人。越来越多的穷人纷纷前来，石经越刻越多，玛尼堆越来越大、越来越长，绵延数里，人们要花近一个小时才能绕转一圈。为了表达对巴珠仁波切的热爱和敬意，人们将此玛尼堆恭称为"巴珠玛尼"。

在事业圆满的最后五年中，巴珠仁波切一直住在根本上师吉美·加卫尼固的遗塔附近，五年中的每年都举行一次佛语永断轮回的修供仪轨，成为佛教和众生的依怙。在完成全部事业，并完成猴年猴月的大型会供后，仁波切感觉身体不适。当很多僧人前来为他诵经时，他闭着眼睛靠在床上。后来他睁开眼睛对众人说："我听到一个清清楚楚的声音对我说：'你的所化众生在东方。’看来我还要来此世界。”火猪年（1887 年）藏历 4 月 18 日，巴珠仁波切身体端直、双手定印、金刚跏趺座而圆寂。

巴珠仁波切为佛教培养的高僧大德不计其数，遍于各宗各派。其中重要的弟子有宁玛派噶陀寺的司徒·确吉罗珠仁波切、佐钦第五世法王土登·曲吉多吉、佐钦大堪布白玛班扎、全知米旁仁波切、纽修龙多大师、第一世安章珠巴仁波切、第二、三世多哲钦活佛、第二世先盘塔耶转世活佛、堪布丹嘎、堪布云嘎等；噶举派的巴沃仁波切、噶玛堪钦仁清达尔吉、堪钦扎西沃色等；格鲁派的康色蒋贡仁波切、色须寺的拉然巴格西等诸派大德。尤其是如印度世亲论师一样也有着四大弟子：见解最高的纽修龙多，讲论最绝妙的乌金丹增诺布，因明最精通的嘉龙·丹增扎巴，行为最如法的米亚·贡桑索囊。

如今，有很多戒律清净、智慧深邃、威仪如法的伟大上师继承了巴珠仁波切的广大弘法利生事业，为了众生的和平幸福、永久安乐奉献一生，而巴珠仁波切的慈悲、加持和启迪力也将伴随着他的亲传弟子和不朽著作的代代相传一直与我们同在。

目　录

第二篇　不共内前行

第三篇　颇瓦法（往生法）

顶礼一切具无缘大悲之至尊上师！

佛陀心意持明表示传，
补特伽罗人中善缘故，
循胜士迹究竟二利者，
顶礼三大传承诸上师。
尽法界中证悟法身义，
光明界中现见报身刹，
所化前以化身行利众，
顶礼遍智法王龙钦巴。
明智照见一切所知性，
大悲光明现于所化界，
深道顶乘教法明示者，
顶礼持明吉美林巴尊。
观音自在示现善师相，
讲法令入有缘解脱道，
随应调化事业无边者，
顶礼大恩根本上师尊。
圆满教法遍知传承论，
窍诀精义一身成佛法，
正道前行共同外与内，
教言支分捷径颇瓦等。
明而易懂义深极殊胜，
无等上师口传无错谬，
自心如何记忆此宣说，
胜尊上师我续愿加持。

此大圆满龙钦宁提外前行和内前行，是依照无等殊胜上师之口传而记录。本书分为三篇：

第一篇　共同外前行
第二篇　不共内前行
第三篇　修持正行支分捷径——颇瓦法（往生法）

第一篇　共同外前行

共同外前行分为六部分：

- 暇满难得
- 寿命无常
- 轮回过患
- 业力因果
- 解脱功德
- 依止上师

第一章　暇满难得

暇满难得之引导分为两部分：**闻法方式；所讲之法**。

闻法方式

闻法方式分为两部分：等起；行为。

一、等起

等起分为两部分：心量广大菩提心之等起；方便广大密咒之等起。

（一）心量广大菩提心之等起

应当如此观思：轮回中的一切众生，从无始以来无有一人未曾做过自己的父母。做父母时都是以大恩哺育我，把最好的饮食先给我吃，最好的衣服先给我穿，十分慈爱地抚育我成长，对我恩重如山。所有这些具有大恩的众生，虽然欲求安乐，却不知修持安乐之因——十善法；虽然不想受苦，却不知舍弃痛苦之因——十不善法。所想所作背道而驰，误入邪道，非常迷茫，就像盲人独自处在空旷的荒野中一样，这些众生多么可怜啊！又观思：我如今听闻并修持甚深正法是为了使曾经做过自己的父母、现在正为六道痛苦所迫的一切众生远离各自业力所感的痛苦和所有的习气，获得遍知佛的果位。这样的等起（动机，起心）在闻法、修法时都极为重要。

修持善根无论大小，此善根若以方便摄持，称为**加行发心殊胜**；善根若未被他缘毁坏，称为**正行无缘殊胜**；能令此善根日日增长，称为**结行回向殊胜**。一切善法以这三种殊胜摄持是必不可少的，闻法也是同样。闻法的方式极为重要，尤其等起更为重要。如《功德藏》云："只随善恶意差别，不随善恶像大小。"如此说，倘若是为了贪图地位、追求名声等今生世间的利益而为等起，则无论听闻多少佛法也不可能趣入正法。所以，首先内观自心，调正自己的等起至关重要。如果知道如此调正等起，那么善法已被方便所摄持，即将成为大士正道无量福德之津梁。如果不知道调正等起，即使表面上闻法修法，也只能成为修法的影像而已。因此无论是在闻法时，还是观修本尊、诵咒、顶礼、绕转等修法时，甚至口诵一句观音菩萨心咒都应以菩提心摄持，这是十分重要的。

（二）方便广大密咒之等起

《三相灯论》云："一义亦不昧，不难方便多，是为上根故，极胜秘密乘。"如此说，秘密金刚乘有许多入门之道，也有众多积累资粮的方便，不需很大的苦行，而具有证果的甚深方便，其根本主要依赖于转变欲念。如颂云："诸法缘起故，住于欲念上。"因此，传法之处和上师等不能观为平庸不净的显现，应明观五种圆满而听闻。即：明观住处圆满为密严法界宫，本师圆满为法身普贤王如来，眷属圆满为如来密意传、持明表示传的勇士勇母及男女本尊之自性；或者明观说法之处为铜色吉祥山莲花光宫殿，传法上师为邬金莲花生大师，我们闻法的眷属观为八大持明和君臣二十五尊以及勇士空行之自性；或者明观住处圆满为东方现喜刹土，本师圆满为报身金刚萨埵，眷属圆满为金刚部的尊众——勇士勇母之自性；或者明观住处圆满为西方极乐世界，本师圆满为无量光如来，眷属圆满为莲花部的尊众——勇士勇母、男女本尊之自性。无论如何，法圆满为大乘法，时圆满为本来常有相续轮。应当了知这样观想并不是将非清净之法观为清净，而是这些法本来就是清净的。怎样清净呢？上师是三世诸佛之本体，其身为僧、语为法、意为佛，总集三宝；又身为上师、语为本尊、意为空行，总集三根本；又身为化身、语为报身、意为法身，总集三身；上师是过去诸佛之化身，未来诸佛之源泉，现在诸佛之补处。上师摄受了贤劫千佛也未能调伏的我们这些浊时众生，从慈悲与恩德方面来讲上师超过了诸佛。如颂云："上师即佛亦即法，上师亦即为僧众，一切能作乃上师，师为具德金刚持。"我们闻法众眷属也同样具有如来藏，已获得了珍宝人身，并遇到了善知识以方便教言摄受，所以是未来佛。如《二观察续》云："众生本为佛，然为客尘遮，垢净即现佛。"

二、行为

行为分为两部分：所断之行为；应取之行为。

（一）所断之行为

所断之行为分为三部分：法器之三过；六垢；五不持。

1. 法器之三过

闻法时，自己的耳识不应散于他处，应专注于说法的声音而谛听。若未如此听闻，就如同在覆口的容器上倾注汁液一样，虽然身在听法的行列之中，自己却不会得到一句正法。

如果对于所听闻的法仅仅是表面了解或仅听闻而没有记在心中，则无论听闻多少正法也不会懂得调伏自相续而修持，如同漏底的容器无论注入多少汁液也无法留存一样。

闻法时，如果自己以贪图名誉、地位等有过患之起心而听闻，或者掺杂贪嗔痴等五毒妄念而听闻，那么佛法不但对自心无益，反而使正法变成了非法，如同向有毒的容器中注入胜妙汁液一样。所以印度单巴仁波切说：“闻法时应如野兽闻声一般，思维时应如北方人剪羊毛一般，观修时应如愚人品味一般，修行时应如饥牛食草一般，得果时应如云散日出一般。”譬如，野兽酷爱听琵琶的声音，即使猎人从旁边射毒箭也不觉知，仍然怡然专注而听。同样，闻法时应当汗毛悉动、泪水溢流、双手合十、不起任何其他分别念而听闻。否则，虽然身在听法行列中，心却跟随分别妄念，心猿意马，东张西望，打开了绮语伏藏门，胡言乱语，这些都是不应理的。闻法时，诵经、念咒等一切善行都应放下而听闻。闻法后，应将所讲的法义铭记于心，并经常修持。如释迦牟尼佛曾说：“吾为汝说解脱之方便，当知解脱依赖于自己。”上师为弟子讲经说法就是教导弟子如何闻法和修法、如何断恶行善、如何行持，因此弟子不应忘记上师的教言，应铭记于心并修持，这样才能现前证悟。如果不记在心中，虽然也可能有一点闻法的功德，但是对佛法的词义如果丝毫也不理解，则与未闻法无有区别。虽然记在心中，但如果掺杂烦恼，也不能趣入真实正法。无等塔波仁波切说：“若不如法而行持，正法反成恶趣因。”若对上师、正法生起邪见、嘲讽道友、心生我慢、轻蔑他人等不善分别念，都将成为恶趣之因，应当舍弃。

2. 六垢

《释明论》云：“傲慢无正信，求法不精进，外散及内收，疲厌皆闻垢。”即认为自己已胜过说法上师的傲慢心；对上师、正法不起信心；不希求正法；心散于外境；五根内收；因讲法时间过长等而生起厌烦心。这六种垢染应当舍弃。

所有烦恼中“傲慢”和“嫉妒”很难被认清，所以应当详细观察自相续。如果因自己在世间或出世间某些方面有少许功德，便自认为已如何如何而产生执著，则既见不到自相续的过失，也不了知他人的功德。因此应当断除我慢，恒时谦虚谨慎。

如果无有信心，入法之门则不通，故应坚持四种信心中的不退转信心。

希求正法是一切功德的基础。求法有上中下三品，所以得法也有上中下之分。如果不希求正法，那么根本不可能得到正法。如世间俗语所说："法本无主，谁勤谁得。"我等大师释迦牟尼佛也曾仅仅为了四句正法，经历挖出身肉做成千盏灯后插入千个灯芯、纵身跳入火坑、身上钉入数千铁钉等百般苦难。真可谓"越过刀山与火海，舍身赴死求正法"。我们也应当以强烈希求之心，不顾一切艰难困苦、严寒酷暑而听闻正法。

意识散乱于六种外境是一切轮回迷乱显现之根本，是一切痛苦之来源。譬如：眼识贪执于色故，飞蛾亡于灯火中；耳识贪执于声故，野兽死于猎枪下；鼻识贪执于味故，蜜蜂缠死花丛中；舌识贪于香味故，鱼儿钓于铁钩上；身识贪于所触故，大象陷于淤泥中。此外，无论闻法、修法、传法时，都应断除回忆往事、妄想现在及未来的分别念散于外境。加哲仁波切说："昔日感受苦乐如波纹，已逝无迹莫要去忆念，若念应思盛衰与离合，法外何有可依玛尼瓦？未来生计如旱地撒网，舍弃不能实现之希望，若念当思死期无定数，何有非法空闲玛尼瓦？暂时诸事如梦中生计，精勤无义是故当舍弃，如法食亦以无贪印持，一切所为无义玛尼瓦！后得调伏三毒分别念，一切念境未现法身间，非思不可之时当忆念，莫随妄念散乱玛尼瓦。"又说："莫妄想未来，若妄想未来，则如月称父。"

从前，一个穷人得到了许多青稞，装在口袋里挂在上方，他自己躺在口袋下面，暗自思忖：我现在以这些青稞为本钱将会得到许多财富，到那时娶一个妻子，她必定会生一个儿子，那么给儿子取什么名字呢？刚好看到月亮从东方升起，就为儿子取名为

“月称”吧。恰在这时，悬挂口袋的绳子被老鼠咬断了，袋子砸到他的身上，将他砸死了。过去未来的众多分别妄念无有可确定之时，仅是自相续散乱之因而已，所以应当断除，以正知正念不放逸而听闻正法。

如果我们闻法时仅仅受持佛法的个别词义，就会像马熊挖雪猪一样，抓一个丢另一个，得此失彼，不可能有了知一切的时候；如果过于内收则会出现睡眠昏沉等过失，所以应当松紧适度。从前，阿难教导昼辛吉修法时，昼辛吉有时紧张，有时过于松懈，所以没能生起真正的修法境界，便前去请教世尊。世尊问他：“昼辛吉，你在家时擅长弹琵琶是吗？”他回答：“极为擅长。”“你弹琴所出的妙音是在琴弦极紧的时候发出的呢，还是在琴弦极松时发出的？”“两者都不是，只有琴弦松紧适度时才能发出妙音。”“那么修心也是同样。”依此教言修行，最后昼辛吉得已证果。又如玛吉拉准也说：“不紧亦不松，彼具正见要。”因此心不能过紧而内收，松紧应适度，诸根应自然放松。

如果讲法时间过长，遭受饥饿、干渴或风吹日晒等逼迫时，不应生起厌烦心而不愿意听法。应当观想：如今已获得暇满人身，值遇了具有法相的上师，有了听闻甚深教言的机会，应生起欢喜心。这是无数劫中积累资粮的果报。如今能听闻到甚深妙法，犹如一百世中只能享用一次饮食一样，这多么令人高兴啊！所以，为了这样的妙法，应当安忍一切艰难困苦、严寒酷暑，以欢喜心而谛听。

3. 五不持

如果不观思甚深的意义，仅仅为了词句的美妙动听而受持，则如同孩童采集鲜花一样。因此仅推敲词句对于自心无有利益。

如果认为一切文字词句都是泛泛空谈，没有任何实义，从而轻视词句偏重甚深的意义，那么词句与意义就会互相脱离，因为不依靠词句不可能了知意义。

如果没有理解了义、不了义以及具有密意的各种说法而受持，则会误解词句和意义而违背正法。

如果上下错谬而受持，则违反了佛法的规律。因此无论闻法、讲法或修法都会与正法相违。

如果意义颠倒而受持，则自相续会因为邪见的滋生蔓延而被毁坏，并且此人将成为佛法的败类。所以，应当断除这些过患，做到一切词句与意义上下不错谬、以正确的方式受持。遇到疑难或甚多之处时，不应心生懈怠而不受持，应当精勤受持。遇到简单或极少之处时，不能认为法义浅显而轻视，应不遗忘而受持。要按照上下次第顺序无有错谬、正确地受持一切词义。

（二）应取之行为

应取之行为分为三部分：依止四想；具足六度；依止其他威仪。

1. 依止四想

《华严经》云："善男子，汝应将自己作病人想，法作妙药想，善知识作名医想，精进修持作医病想。"自己从无始以来在此轮回的大苦海中，犹如被"因三毒、果三苦"所逼的病人一样。例如病情非常严重的病人要想脱离病苦得到安乐，必须依止一位名医，并且遵照医嘱去做，如法服用所给的药。同样，要想消除业惑的疾病，必须依止一位如名医一样具足法相的上师，然后依照上师的言教行持，服用正法妙药。否则虽然依止了上师，但是如果没有依教奉行，则如病人不遵医嘱，医生无法利益病人一样。如果自己虽已服用正法妙药而未修持，则像一位病人的枕边虽有无数妙药和药方却未服药对病无益一样。当今时代有许多人认为：只要祈求上师以大悲观照我，就大有希望。好像自己虽然积累了许多不善业而不需要感受果报，仅以上师的悲心力就会像抛石块一样，将自己投到清净刹土。而实际上，所谓上师的悲心，是指以慈悲心摄受弟子，开示甚深教言及取舍之教理，依照如来言教开示解脱胜道，除此之外没有任何更殊胜的大悲心。依靠这种大悲心是否能趋入解脱道则依赖于自己。尤其我们如今已获得暇满人身，并已知晓取舍的关要，而且能自在取舍此时是计划永远行善或永远作恶，所以依照上师的一切教言如理修持而彻底分清轮回和涅槃的界限非常重要。

此外，现在许多经忏师到亡人的枕边念诵“上去下去之关键，犹如马口被辔头所转”。那时，除了少数生前修道的大德外，大多数亡者都是背后为赤风所吹送，前面有恐怖的黑暗相迎而进入中阴的狭道中，不可思议的阎罗狱卒喊着“杀杀、打打”前来追逐。一切逃脱处、隐藏处、救护者、指望处都没有，正是无可奈何的时候，怎么会是上去下去的关键呢？如邬金莲花生大师所说：“灵牌之上灌顶时已迟，灵魂漂泊中有如愚狗，忆念善趣彼者有困难。”所以就像马口被辔头所转一般的上去下去之关键即是现在活着的时候。依靠此生的人身行持向上的善业之力胜过其余五道，即此世可作为永舍天灵盖的关键；积累向下的恶业也比其余五道众生的能力大，这将成为不能从恶趣深渊中获得解脱之因。因此，如今已值遇了如名医般殊胜的上师，获得了如起死回生之甘露妙药般的正法，应当依靠四种真实想，修持自己所听闻的正法，趋入解脱道。应当断除四种真实想的违品——四种颠倒想。如《功德藏》云：“人性恶劣诳如绳，依止上师如捕獐，已得正法麝香物，实喜狩猎舍誓言。”即是说，（人性恶劣者）观上师为獐子想，正法为麝香想，自己为猎人想，精进修持为箭、陷井等杀獐子的方便想。求法不修持、不念上师恩德的这些人，依靠佛法积累恶业则终将成为恶趣的基石。

2. 具足六度

一切法行之窍诀——《现观续》云："奉献花座等，随处持威仪，不害诸含生，于师生正信，勿散闻师教，解疑问难题，闻者具六支。"闻法前，摆设法座，铺陈坐垫，供养曼扎罗以及鲜花等，即是布施度；随处做洒水清扫等善事，遮止自己不恭敬的举止，即是持戒度；不损害包括蝼蚁在内的含生，忍受一切艰难困苦、严寒酷暑，即是安忍度；断除对上师及正法的邪见，以真实信心、满怀喜悦之心而闻法，即是精进度；心不散于他处而专心谛听上师的教言，即是禅定度；提出疑问、遣除怀疑、断除一切增益即是智慧度。闻法者都应当具足六波罗蜜多。

3. 依止其他威仪

《毗奈耶经》云："不敬勿说法，无病而覆头，持伞杖兵器，缠头者勿说"。又如《本生传》云："坐于极下地，当具温顺仪，以喜眼视师，如饮语甘露，当专心闻法"。因此说，应断除一切不恭敬的举止。

所讲之法

所讲之法的**暇满难得**之引导分四：思维本性闲暇；思维特法圆满；思维难得之喻；思维数目差别。

一、思维本性闲暇

总的来说，未生于八无暇之处，有空闲修持正法，称为**闲暇**。**无暇**是指八无暇处，如云："地狱饿鬼及旁生，边鄙地及长寿天，邪见不遇佛出世，喑哑此等八无暇"。如果生在地狱中，则日日夜夜感受寒热之苦，无有空闲修法；如果生为饿鬼，则恒时感受饥渴之苦，无有空闲修法；如果生为旁生，则感受被役使及相互损害之苦，无有空闲修法；如果生于长寿天，则在无有意念、无想之中虚度光阴而无有空闲修法；如果生在边鄙地，则无有佛法，所以无有空闲修法；如果生为外道或成为随同他们的持邪见者，则自相续被邪见染污，所以无有空闲修法；如果生于暗劫，则连三宝之声也听不到，不了知善恶，所以无有空闲修法；如果生为喑哑，则心相续无法调顺，所以无有空闲修法。

八无暇中三恶趣的众生恒时不断感受由各自往昔所造恶业的果报所引发的寒热饥渴等痛苦，所以无有空闲修法。

所谓的边鄙地：据说有罗卡查族等共三十二种边鄙地。他们的宗教以损害为正法，并将杀生视为善业。那些边鄙地的野蛮人，虽然形象似人，但是意识不调顺，所以不能转向于正法方面。又有随行娶母为妻等祖辈传下的恶习陋规，违背如法行为，并且对于杀生狩猎等造不善业的方法极为擅长。一生中惟有造恶业，多数人死后立即堕入恶趣，所以是无暇之处。

所谓的长寿天即是无想天，认为无有任何善恶之念的禅定是解脱。修持无想禅定后生于无想天，在禅定中安住数个阿僧祇劫，如果引业穷尽后，将以邪见之因转生于恶趣，所以无有空闲修法。

邪见：总的来说，除佛法以外的外道邪见者或常断见者，他们的自相续被邪见染污，对真实正法不能生起信解，因此也无有空闲修持正法。在藏地因邬金第二佛（莲花生大师）曾嘱咐护地母十二尊守护西藏，所以外道不能进入。如果是对真实正法和上师起邪见、类似外道种姓的那些人，也没有空闲如理修持正法。例如：善星比丘虽然承待世尊二十五年，但是对佛陀无有丝毫信心，惟生邪见，最后于花园中堕为饿鬼。

佛不出世：即是转生于无佛出世的暗劫中。如果生于佛未出世的空刹中，则连三宝之声也听不到，远离正法的光明，所以也是无暇之处。

喑哑：如果生为喑哑，则自相续无法调顺，无法进行任何的闻法、讲法和修法。所谓喑哑，总的来说是指语言喑哑，也就是指不具足知言解义这一人之法相，所以是无暇之处。因为意根喑哑、十分愚痴，不能领悟正法的含义，所以也是无暇之处。

二、思维特法圆满

思维特法圆满又分二：五种自圆满；五种他圆满。

（一）五种自圆满

龙树菩萨说："得人生中根具足，业际无倒信佛法。"若未获得人身，则不能值遇佛法，而如今已得暇满人身，故**所依圆满**。如果生于无有正法的边鄙地，则不能值遇正法，而如今生于佛教兴盛的中土，故**环境圆满**。不具足诸根，则将成为修法的障碍，而如今无有这类过患，故**根德圆满**。如果业际颠倒，则经常行不善业，违背正法，而如今对善法生起信解，所以**意乐圆满**。如果对信心的对境——佛法不起信心，则意识不能趋入正法，而如今自心已趋入正法，所以**信心圆满**。这五种圆满是观待自己方面应该具足的，因此称为五种自圆满。

要想修持真实正法，必定需要获得人身。若未获得人身，虽然三恶趣中最好的是旁生，但现在世间那些形色美妙、价值昂贵的旁生，无论被认为有多么美好，假使你对它说："现在如果你念诵一遍'嗡 玛尼贝美吽'便可成佛。"它却既不懂心咒的词句，也不了知意义，更不会讲话，甚至即将冻死，也只能低头忍受，而不知道想任何其他办法。若是一个人，无论多么脆弱，起码他知道去岩洞或树下捡柴生火、烤火取暖。但是旁生却连这种本能也没有，更何况说思维修法呢？天人等虽然身体极为善妙，但是却不能成为具相别解脱戒的法器，所以其相续不具有获得圆满佛法的机缘。

所谓的中土可分为地界中土和佛法中土。地界中土：总的来说，南瞻部洲中央印度金刚座是贤劫千佛成佛的地方，据说空劫时也不会被毁灭，并且远离四大的损害，宛如空中悬桶一般，中央有菩提树严饰。以金刚座为中心的圣地诸城市，称为地界中土。所谓的佛法中土是指佛教正法存在之地。无有佛法存在的地方称为边地。因此，从以前佛出世以来到佛法存在之时，印度既是地界中土也是佛法中土。但是据说现在（作者所处年代）印度金刚座已被外道所占，无有佛教，所以已成无有正法的边地了。此雪域藏地，在佛陀出世的时候，无有很多人类众生，并且佛教也未得以弘扬，所以称为边鄙藏地。后来人类众生逐渐增多，出现了许多圣者化身的藏王。拉托托日年赞时期，《百拜忏悔经》和神塔小像印模降落到王宫上，此为正法的开端。根据当时授记，过五个朝代以后会有人了知经中含义。大悲圣尊（观世音菩萨）化现为藏王松赞干布，派遣译师吞弥桑布扎前往印度学习声明、文字等，创立了藏文字，结束了西藏没有文字的历史，并将二十一种观自在经续及玄秘神物等翻译成藏文。依靠藏王的众多神变以及大臣嘎尔东赞的种种智慧善巧，迎娶汉地及尼泊尔的两位公主为王妃。并将佛陀的代表两尊释迦牟尼佛等身像等许多三宝所依迎请到西藏，修建了以拉萨大昭寺为主的镇肢寺和镇节寺等许多寺庙，开创了正法。到了第五朝代藏王赤松德赞时期，迎请了三地无与伦比、密咒大持明者邬金莲花生大师等一百零八位班智达，建造了桑耶不变自成大殿等身所依的寺庙；大译师毗卢遮那等一百零八位译师学习翻译，并翻译了印度圣地十分兴盛的所有以经续论为主的语所依；预试七人出家创立了僧团为意所依。当时佛教十分兴盛，犹如阳光普照大地，留传至今虽然经历了一系列的兴衰，但实际上如来的教法与证法从未被毁灭，所以西藏是佛法兴盛的中土。

如果五根中任何一根不具足，都不能成为出家持戒的法器，并且因为无有亲见恭敬对境所依——如来的身像等，或者阅读、听闻、思维的对境——经典如意宝的缘分，所以不能堪为真实的法器。

所谓的业际颠倒是指生为猎人、妓女等种姓，从小就趋入业际颠倒之道。但实际上三门所做的违背正法的行为也属于业际颠倒。所以即使起初没有生于这样的种姓，但将来也很可能变为业际颠倒之人，因此必须精勤使自相续不违背正法。

如果对信心的对境——佛法不起信心，而对其他世间大力天龙等、或外道教派无论生起怎样的信心，都不能从轮回和恶趣的痛苦中解脱出来。所以，真实了知如来的教法和证法的道理，并因此生起坚定信心的正信者，才是真正无谬的法器，此为五种自圆满的根本。

（二）五种他圆满

如云："如来出世与说法，佛法驻世入圣教，为利他故心悲愍。"若未生于佛出世的光明劫，那么将无有正法的名称。而今值遇佛陀出世的贤劫，所以为**导师殊胜圆满**。虽然佛出世，但如果没有宣讲正法，也无有利益，而今佛已三转法轮，所以为**佛教正法圆满**。虽然佛已宣讲正法，但若佛教隐没，也无有利益，而今佛法驻世尚未满期，所以为**时间圆满**。虽然佛法驻世，但自己若未入佛门将无有利益，而今已入佛门，所以为**自之缘分圆满**。虽然已入佛门，顺缘善知识若未摄受，也不能了知法性，而今善知识已摄受，所以为**殊胜悲心圆满**。这五种圆满需要观待他缘才能具足，因此称为五种他圆满。

三有的成、住、坏、空四期称为一劫，其中圆满如来正等觉出世之劫称为明劫，佛未出世之劫称为暗劫。过去的现喜大劫中有三万三千佛出世，随后出现一百暗劫；后于具圆劫中有八十俱祇佛出世，随后又有一百边鄙劫；后于具贤劫中有八十四俱祇佛出世，随后有五百暗劫；后于见喜劫中有八十俱祇佛出世，随后出现七百暗劫；后于具喜劫中有六万佛出世，随后此贤劫出现。在此劫形成之前，整个三千大千世界变成一大海洋，海中生出千朵千瓣莲花。净居天的众天人以神通观察其原因，得知此劫中将有一千尊佛出世，因此说："如今此劫是贤妙之劫。"所以将此劫取名为贤劫。从人寿八万岁时拘留逊佛出世至最后人寿无量岁时胜解佛出世之间，有一千尊佛到此世界南瞻部洲中央的金刚座现前成就圆满正等觉，转妙法轮，所以是光明劫。后有六十恶种边鄙劫，后于具数劫中有一万佛出世，后有一万恶种劫。这样暗劫和明劫交替出现。若遇暗劫，则连三宝之声也没有。尤其是密咒金刚乘的佛法，只是偶尔出现，其他时无有。邬金莲花生大师说："往昔初劫普严劫时，先生王佛的圣教中已广泛宣扬密法，现在释迦牟尼佛的圣教中出现密法，将来千万劫过后华严劫时，与现在的我相同的文殊师利佛出世，将广泛弘扬密法。因为这三劫的众生堪为密法法器，其他任何时候都无有密法，因为众生不能堪为密法法器。"而今于此贤劫人寿百岁之时，圆满正等觉释迦牟尼佛出世，所以是光明劫。

虽然佛已出世，但若值佛不说法而住于平等定中，则尽管佛在世，也不会有佛教正法的光明，与佛未出世无有差别。譬如释迦牟尼佛在印度金刚座菩提树下现前圆满正等觉的果位后说："深寂离戏光明无为法，吾得犹如甘露之妙法，纵为谁说亦不能了知，故当无言安住于林间。"之后于七七四十九日中未说法，因此梵天、帝释天请求世尊转法轮。不仅如此，如果持教的高僧大德未传讲正法，也很难直接利益众生。例如：印度的美德嘉那尊者为了救度转生于孤独地狱的母亲，前往西藏，途中，因其译师去世而漂泊于康区。因语言不通，只好以牧羊为生，最终未能以正法广利众生而圆寂。后来阿底峡尊者来到西藏听说此事，感慨万分：“呜呼！你们西藏人福德实在太浅薄。在我们印度东西两方的班智达中无有一人能超过美德嘉那尊者的。”边说边合掌流泪。而如今释迦牟尼佛依次三转法轮，为适应所化众生根机而示现不可思议的身相，以九乘次第法成熟解脱所化众生。

虽然佛出世说法，但若圣教驻世期圆满、正法已隐没，则与暗劫无有区别。前佛的圣教已圆满，后佛的圣教尚未出现，期间称为圣教空世。除了有因缘福德的刹土中有独觉出世之外，无有讲法、闻法和修行。就如今释迦牟尼佛的圣教来说，普贤密意的圣教期或名果期为一千五百年，修行期为一千五百年，教期为一千五百年，惟持形相期为五百年，共有五千年。现在已经到了三千五百年或者近四千年了，虽已是时世、众生、寿命、见解及烦恼五浊炽盛时期，但教法与证法还没有隐没、尚存于世，所以也具足圣教正法圆满。

圣教虽然驻世，但如果自己未入佛门，则自相续不能得到教法和证法。如同太阳出现在世间，对盲人无有少许利害，或者到了河边而不饮水，则不能解除干渴一样。如果入佛门是为了息灭今生的病魔或者害怕来世恶趣的痛苦，那么虽然已入佛门，法也只能称为救怖之法，人也不可能真正趣入正道。另外，为了追求今生的衣食等利益或者来世人天的乐果，虽然已入佛门，法只能称为善愿之法。如果是因知晓一切轮回无有实义，为求解脱而趣入佛门，这样才能称为入道者或入佛法者。

虽然入了佛门，但善知识若未摄受，也无有利益。如《般若摄颂》云：“佛法皆依善知识，功德胜主佛所说。”因为佛经浩瀚、圣教数多、所知无有穷尽，所以若未依靠上师的窍诀，就不可能了知摄集诸法的要点而修持。从前阿底峡尊者来西藏时，库、鄂、仲三人曾问尊者：“一个修行人要得到解脱和遍知果位，经论教典和上师的窍诀哪一个重要?”“上师的窍诀重要。”“为什么呢?”“因为虽然能够读诵传讲三藏，也通达了诸法的法相，但如果修行时没有上师窍诀的修法，那么正法和修行人将脱离。”“若将上师窍诀的修法归纳，能否概括为净持三种律仪、勤修三门向善?”“仍有不足。”“这又是为什么呢?”“虽然清净守持三律仪戒，但若对轮回未生起厌离，仍然是轮回之因。即使是三门日日夜夜精勤修善，但如果不知回向圆满菩提，那么善法也会被颠倒分别念灭尽。虽然具有智德持戒修学等功德，但如果没有舍弃世间八法，则一切所为只能成为今生的生计，不可能获得来世之道。”因此上师善知识的摄受非常重要。

这样观察自相续，若圆满具足八闲暇、十圆满共十八种，则可称为具足十八暇满的人身。此外还有全知法王在《如意宝藏论》中讲述了暂生缘八无暇及断缘心八无暇。我们不被这些逆缘所转是非常重要的。

暂生缘八无暇：《如意宝藏论》云：“五毒愚痴魔所持，懈怠恶业如海涌，随他救怖伪法相，暂生缘之八无暇。”

五毒粗重：嗔恨怨敌、贪爱亲友等五毒烦恼十分粗重种姓之人，虽然暂时生起修持正法的念头，但是由于自相续中五毒力量强大，大多数人被烦恼所控制，不能修持正法。

愚昧无知：极其愚痴种姓之人无有少许智慧的光明，他们虽然已入佛门，但丝毫不能了知正法的句义，无有闻思修习的缘分。

被魔所持：如果被见行颠倒的魔知识所摄受，则自心将转入邪道而违背正法。

懈怠懒惰：虽然想修学正法，但是丝毫也无有精进的懈怠者，常被懒惰、懈怠所控制，不能修持正法。

恶业涌现：恶业如海浪般涌现、罪障深重之人，虽然精进修法，但自相续不生功德，其不知这是自己所造恶业的果报，反而对正法生起厌烦心。

为他所转：自己无有自在、被他人役使之人，虽然想修持正法，但被他人控制，得不到修法的机会。

求乐救怖：为了今生的衣食或者害怕被他人所害之人，虽然入了佛门，却对正法无有稳固的定解，并由于往昔的串习力而行非法。

伪装修法：为贪求资具、名闻利养等伪装修法形象之人，虽然在他人面前装作修法者，但是自心惟一追求今生的利益，远离解脱正道。

上述八种也是无空闲修持正法之处。

断缘心八无暇：如云："紧缚现行极下劣，不厌轮回无少信，不善恶行心离法，失坏律仪三昧耶，断缘心之八无暇。"

为今束缚：因被今生的财产受用、亲戚子女等紧紧束缚，仅为了这些利益辛勤劳作而散乱度日，无有空闲修法。

人格恶劣：因自相续恶劣，连芝麻许的善良人格也不具有，一切行为无有进步。如往昔的圣者们说："弟子学识诚可改，人格下劣不可改。"这种人虽然遇到了真正的善知识，却很难转向正道。

无出离心：虽然已听闻了恶趣和轮回过患以及今生的一切痛苦，但如果内心丝毫不畏惧，则根本不会生起趋入佛法之因——出离心。

无有正信：如果对真实正法和上师无有少许信心，则阻塞了佛法之入门，不能趋入解脱正道。

喜爱恶行：因爱好不善恶行，所以三门极不调顺，远离殊胜的功德，违背正法。

心离正法：如果无有善法功德和正法的光明，对正法无有一丝兴趣，则如于狗前放置青草，自相续生不起功德。

毁坏律仪：如果进入了共同乘后毁坏发心及律仪，那么只能转生到恶趣而无其他去处，不能从无暇之处解脱。

失毁誓言：如果进入密乘之后以上师和金刚道友为对境而失坏三昧耶，则损害自他，从而断绝了成就的缘分。

上述八种无暇远离圣法，称为息灭解脱灯。

如果没有善加观察这十六种无暇，在当今浊世之中，即使具足暇满和修法的形象，也只能是像法座上的法王、伞盖下的上师、深山中的苦行者、云游各地的舍事者一样，自以为贤善，实际上已被这些无暇之因控制了，虽然表面上修法，但终不能趣入正道。

因此，不应过早草率地进入修法的影像，而应该首先善加观察自相续，是否具足这三十四种暇满的自性。如果已具足，应生起欢喜心，并且再三观修，诚心思维：如今已获得如此难得的暇满人身，不应空耗，而应尽力修持正法。如果不具足这些暇满，应想方设法使自己具足。随时随地都应励力精进观察自相续是否具足此等暇满之功德。若未如是观察，假设这些功德中仅有一个不具足，则不会有真实修持正法的缘分。就是仅仅成办世间一件平常的小事也需要许多因缘、缘起聚合，更何况永久的计划——修持正法，怎么会不需要许多因缘、缘起聚合呢？例如：一个人在途中烧茶，就需要具备烧茶的茶器、水、火等许多因缘。哪怕单单生火也是一样，需具足火燧、火石、火绒等许多因缘，如果其中仅仅火绒不具备，即使其他一切都具足也无济于事，只好从根本上放弃生火。同理，假如这些暇满的功德中仅有一个不具足，那么根本不会有真正修持正法的缘分。

因此若善加观察自相续，则仅仅十八暇满也很难具足。即使获得了闲暇，也很少能具足十圆满。尽管已获得人身，诸根具足，生于中土，但是如果入于业际颠倒的邪道，并且不信仰佛教，那只具足三圆满了；如果上述二者中任何一者不具足，则具足四圆满。尤其是业际无倒非常困难，如果三门行持恶业，并且一切所作全是为了今世的生计，虽然被称为贤者或智者，实际上也是业际颠倒之人。五种他圆满中，虽然佛已出世并说法，佛法也驻世，但如果未入佛门，则只具足三种圆满。虽入了佛门，但仅仅从表面上求法或得法，也不可能真正趋入正法。

真正趋入解脱道者，必须了知一切轮回无有实义而生起无伪的出离心。若行大乘道，也必须在相续中生起无伪的菩提心，至少要对三宝有坚定不移的诚信，纵遇命难也不退转。如果没有这种决心，仅仅在表面上口诵经文、身着僧衣等并不表示已趋入佛法。因此，如理无误了知、观察暇满之自性至关重要。

三、思维难得之喻

佛经中说：在波涛汹涌的海面上漂浮的木轭之孔与海底盲龟之颈相遇很困难，而得到人身较此更难。意思是说，假设整个三千世界变成一片大海洋，在海面上有一连结耕牛角用的木材，通称为木轭，其上有一孔。木轭随着波浪四处飘荡，一刹那也不停息。在海底有一只盲龟，每一百年上升到海面一次。这二者相遇十分困难。无心的木轭没有寻找盲龟之意，盲龟无有能见木轭之眼。如果木轭静止于一处，也可能相遇，而它却一刹那也不停息。如果盲龟经常漫游在海面上，也可能相遇，而它每百年只浮到海面一次，所以这二者相遇十分困难。但以偶尔的机缘，盲龟的颈也可能进入木轭的孔中，而获得暇满人身比这还要难。依据经中所说的法义，怙主龙树对乐行王教言：“大海漂浮木轭孔，与龟相遇极难得，旁生转人较此难，故王修法得胜果。”寂天菩萨也说：“如海中盲龟，颈入轭木孔，人身更难得。”此外，《涅槃经》等佛经中也讲述了“在光滑的墙壁上撒豆，豆难以附着”以及“在针尖上堆豆，连一个也难以留住”等比喻。因此我们应当了知人身极为难得。

四、思维数目差别

若观察众生的数量及次第，则可推知获得人身实属稀有。如经中所说：“若地狱众生数量如夜晚繁星，则饿鬼数量如白昼之星；若饿鬼众生数量如夜晚繁星，则旁生数量如白昼之星；若旁生众生数量如夜晚繁星，则善趣众生数量如白昼之星。”此外又说：“地狱众生犹如大地的微尘，饿鬼众生犹如恒河沙，旁生犹如酒糟，阿修罗犹如弥漫的大雪，而人及天人仅仅像指甲上的微尘一样。”总之，善趣众生的数量极其稀少。现在我们观察夏季仅仅一块草地上存在的含生或仅仅一个蚁穴中蚂蚁的数量，也超过了南瞻部洲的人数。如此人与旁生的比例显而易见。思维人间也是一样，如果观察无有佛法光明之边地的众生数量，就会了知生在佛法光明地方的人极为稀有。尤其是具足暇满的人身更是稀有难得。思维这些道理之后想到自己如今已获得了真实暇满，应当生起欢喜心。如果暇满的所有功德完全具足，则从今天起实现了所谓的珍宝人身。如果不具足，即使世间法方面聪明伶俐，智勇双全，也不能算是珍宝人身，只是普通人身而已，或称为相似者、灾祸者、无心者、空返者。这种人就像手中已得到如意宝，却无义空耗，或者已到了珍宝金洲却空手返回一样。如颂云：“获此人身宝，得摩尼难比，诸无厌离人，岂不见空耗？遇殊胜上师，得王位难比，诸无恭敬者，岂不视等伴？求发心律仪，得官位难比，诸无悲心者，岂不见抛石？得续部灌顶，转轮位难比，诸无誓言者，岂不徒灌水？见心性本面，见诸佛难比，诸无精进者，岂不见迷乱？”这样的暇满也并非是偶然或侥幸获得，而是多生累劫中积集二资粮（福德资粮、智慧资粮）的果报。大智者扎巴坚赞说：“得暇满人身，非由力强得，乃是积福果。”

虽然仅仅得到人身，但若无正法的光明，恒时造恶业，则比恶趣众生更恶劣。如米拉日巴尊者对猎人多吉贡布说："本来佛说暇满人身珍贵极难得，但看见像你这样的人，便觉得人身并没有什么珍贵难得的。"没有比人更容易成为恶趣的坠石。如今无论行善或者造恶都是自己作主，如颂云："此身行善即是解脱舟，此身造恶便是轮回锚，此身乃为善恶之奴仆。"因此由往昔积累的福德力，如今获得了具有十八种暇满的人身。如果没有求得殊胜妙法精华，而在寻求今生的衣食和世间八法中无义空耗暇满人身，到临终时只能是手抓胸口，追悔莫及，可怜可惜！《入菩萨行论》云："已得此闲暇，我若不修善，除此更无惑，除此更无痴。"因此，今生是决定永远行善或永远作恶的关键，所以我们应当思维：如果今生没有得到坚固地，而来世难以获得如是闲暇，如果转生到恶趣之中，则无有正法的光明，不知取舍，将越来越向下堕入无边无际的恶趣中。如今应当精进，并且应以加行发心、正行无缘、后行回向三种殊胜摄持，反复观修、行持。

如是修持在自相续中生起（定解）的界限是怎样的呢？应像京俄瓦格西一样，因为他从来不睡觉，惟一修持善法，所以善知识仲顿巴说："弟子呀，应当去除身体的疲劳，否则四大不调，身体会生病的。"京俄瓦格西说："身体健康（固然好），但我一想到此暇满难得时，就觉得无有空闲休息。"京俄瓦格西念诵了九亿遍不动佛心咒，一生中从未睡眠过。所以在相续中没有生起定解之前，应当精进修持。

虽得闲暇然缺实义法，虽入佛门耽于非法行，
我与如我愚痴诸有情，获得暇满实义祈加持。

暇满难得之引导终

第二章 寿命无常

现见三有无常幻化相，舍弃今世琐事如唾涎，
苦行修习追随先辈迹，无等上师足下敬顶礼。

寿命无常的引导分为两部分：**闻法方式**，与“暇满难得”相同；**所讲之法**。

所讲之法的**寿命无常**之引导分七：一、思维外器世界而修无常；二、思维内情众生而修无常；三、思维殊胜正士而修无常；四、思维世间尊主而修无常；五、思维各种喻义而修无常；六、思维死缘无定而修无常；七、思维猛厉希求而修无常。

一、思维外器世界而修无常

由众生共同的福德所形成的外器世界，如四大洲、须弥山、天界以及坚固的铁围山等，虽然可存在数劫，但它们却是无常的，最终必将因“七火一水”而毁灭。即此大劫毁灭之时，从内情众生逐渐灭尽，到第一禅天以下将无有一个众生存在。之后将依次在天空中出现七个太阳，第一个太阳烧尽一切树木园林；第二个太阳出现时，一切溪流池沼无余干涸；第三个太阳出现时，一切大江河水全部干涸；第四个太阳出现时，无热恼大海也干涸；第五个太阳出现时，外界深达一百由旬的大海之水全部干涸，随后连两百由旬深、七百由旬、一千、一万一直到八万由旬深的海水也逐渐干涸。剩下的从由旬及闻距开始最后连蹄印许水也无余干涸；第六个太阳出现时，大地雪山焚毁；第七个太阳出

现时，须弥山、四大洲、八小洲、七金山及铁围山全部燃烧成一团火焰。火焰向下旋绕，燃尽一切地狱之处，火焰冲向上方，烧燃梵天所有的空无量宫殿。此时光明天的小天子们惊恐地叫喊：“如此大火燃烧起来了！”老天子们则安慰他们：“这大火以前也是烧到梵天后就退去了，不要害怕。”如是七次火烧过后，二禅天便形成水云，大如轭木、箭矢般的暴雨从天而降，光明天以下犹如盐溶于水般毁灭。如是七次毁灭过后，下基的十字杵金刚风向上冲起，三禅天以下犹如风吹灰尘般地毁灭。这样，一百俱祇的四大洲、须弥山、天界容纳在一个三千世界中，全部同时毁灭，最后一切都变成虚空。既然大千世界也有成为那样空劫的时候，那么我们这样的人身，犹如秋蝇，有什么恒常稳固的呢？故应诚心修持。

二、思维内情众生而修无常

从有顶以下，到地狱底层以上，所有众生没有一个能逃脱死亡的。如《解忧书》云：“地上或天间，有生却无死，此事汝岂见，岂闻或生疑。”有生则必然有死，从善趣天界以下，从未听说或见到过某某众生有生而不死之事，即使是对死或不死产生怀疑也必定无有。尤其在劫末时，我们生在寿命无常的南赡部洲，很快就会死亡。因为从出生时起便越来越接近死亡，寿命无有增加只有减少，而且死魔主一刹那也不停息犹如落日下的影子般越来越逼近，所以在何时何地死亡无法确定，也无法确定明天或今晚甚至仅仅现在呼吸间能否不死。如《因缘品》云：“明日死谁知，今日当精进，彼死主大军，岂是汝亲戚？”怙主龙树亦云：“寿命害多即无常，犹如水泡为风吹，呼气吸气沉睡中，能得觉醒极稀奇。”人们于安然的沉睡中，平缓地向内吸气和向外呼气时，也无法确定能否不死，所以睡眠时如果没有死去，能够安然醒来，也应当感到希奇。现在我们这些人虽然知道总有一天要死亡，但因相续中没有生起死期不定的心念，所以执著常有生计，在患得患失中虚度人生。正在贪执寻求今生的安乐、幸福、名誉之时，死主阎魔手持黑索、紧咬牙关、獠牙毕露突然来到，纵有英勇的军队、强大的势力、丰富的财产、智者的辩才、美女的身色、奔驰的良驹都无济于事。即便钻进一个无有缝隙的铁箱中，有数十万勇士手持锋利兵刃，箭矛的尖端指向外面围绕保护，也丝毫守护不了、遮挡不住。死主阎魔将黑索套在他的颈上，这时他只能面色铁青、泪水莹莹、五体僵硬地被带到后世的道路中。勇士无法救护，大德不能吩咐，饮食无法引诱，无有逃脱处、躲避处，也无有任何依靠者、救护者、亲友、方便和大悲，哪怕是药师佛亲自降临也无法延缓寿命已尽的死亡。因此我们不应被懈怠、懒惰所控制，而应诚心修持对临终一定有益的殊胜正法。

三、思维殊胜正士而修无常

在此贤劫中，过去出世的胜观佛（毗婆尸佛）、宝髻佛（尸弃佛）等七佛及其不可思议的声闻、缘觉、阿罗汉众眷属，以三乘佛法利益无量的所化众生。然而现在只有释迦牟尼佛的教法存在，除此以外诸佛都已趋入涅槃，教法也逐渐隐没。现在此教法中，各大声闻、缘觉及其五百阿罗汉眷属众，虽然有许多已出世，但他们也次第于法界中趋入无余涅槃。此外，在印度圣地虽然曾出世具足地道功德、众多神通、无碍神变的集结经教之五百阿罗汉及二胜六庄严、八十大成就者等，然而如今已无一人在世，仅有记载他们出世情况的传记留存于世。在雪域藏地，邬金第二佛莲花生大师广转成熟解脱法轮时，出世了君臣二十五大成就者、耶瓦八十大成就者等。之后又涌现了旧派（宁玛派）的索、宿、努三师、新派的玛尔米塔三师等不可思议的智者及成就者。他们大多已获得了成就的果位，四大自在，示现有实变为无实、无实变为有实等离奇之神变，火不能焚、水不能溺、土不能埋、不堕险地，远离一切四大的损害。

例如，米拉日巴尊者在尼泊尔的尼祥嘎达雅山洞中禁语而住时，来了许多猎人问道："你是人还是鬼？"尊者没有回答，只是直视虚空而安坐。他们首先向尊者射了许多毒箭但没能射中，接着又把尊者拖到水中、丢下深渊。然而尊者依旧返回到原地安坐。他们在尊者的身上堆积木柴点火，火却不能燃烧。虽然曾出世了许多像这样的大成就者，但最终一切都显示无常的本性，现在仅有传记留存而已。我们这些人以往昔恶业为因，为恶缘之风所吹动，由恶劣习气相联结，心的相续依靠四大假合的不净肉身，无法确定此虚假的身相于何时何地毁灭，因此从现在起三门应当精进修善。

四、思维世间尊主而修无常

寿命长达数劫、具足威光的诸天人和仙人也不能摆脱死亡。如世间的尊主梵天、帝释天、遍入天、大自在天等寿命可住多劫，身高可达一由旬及闻距，并且具有胜过日月的威光，但他们也无法摆脱死亡。《功德藏》云："梵帝自在转轮王，无法摆脱死魔主。"此外，具有五种神通的天人及仙人，虽然以神变力可以行走于虚空，但最终他们也无法摆脱死亡。《解忧书》云："大仙具五通，能行于虚空，然而却不能，诣于无死处"。

人间也是同样，财势极高的诸转轮王、印度圣地的众敬王延袭下来的统治南瞻部洲的不可思议的国王、还有三巴拉王和三十七赞扎王等印度东西方地位显赫、财富兴盛的许多国王虽已出世（而今却无一人在世）。

在雪域西藏，自从除盖障菩萨的化身藏王聂赤赞布以来，已出世了天座七王、地贤六王、中德八王、初赞五王、幸福期十三代、极乐五代等。藏王松赞干布时期，以幻化的军队征服了上至尼泊尔下至汉地的境地；藏王赤松德赞在位期间，统辖了南瞻部洲三分之二的领地；藏王热巴巾时期，在印度恒河边竖立一铁碑，作为印度与西藏的界限，并且征服了印度、汉地、格萨、大食等许多国家作为附属国。之后每逢新年宴会，各国使臣需在同一天内聚会拉萨城、进贡等等。虽具如此之威力，然而现在这些也都成了历史记载，除此之外无有任何留存下来。若思维上述道理，那么我们现在的住房、受用、眷属、权势等虽然自以为比较善妙，但与前人相比，则如同蜂巢一样。所以应当观修：这些无有任何恒常稳固。

五、思维各种喻义而修无常

总的思维劫之增减也是无常。在往昔最初劫时，天空无有日月，所有的人全部是自身发光，他们以神变在空中行走，身高可达数由旬，以甘露为食，幸福美满可与天人相媲美。然而由于众生的烦恼和不善业的缘故，人们的各种福报逐渐衰败，变成了如今这种状况。现今人们的烦恼是越来越粗重，所以福德越来越减弱，寿命越来越短。最后至人寿十岁时，各种疾病、战争、饥馑等灾荒恶劫盛行，南瞻部洲的大多数众生也将濒临灭绝，仅剩下少数众生。弥勒菩萨所示现的化身为他们弘扬断除杀生的妙法，此时人们的身高为一肘左右，人寿增为二十岁。尔后逐渐增至人寿八万岁，此时怙主弥勒菩萨出世，示现成佛转大法轮。这样反复增减满十八次以后，当一切众生的寿命达到无量岁时，有胜解佛出世，其住世寿量是前面贤劫千佛寿量的总和，饶益众生的事业也等同于千佛事业的总和，最终此劫也会灭尽。所以观察劫之增减也不离无常的本性。

分别观察四季之变化也是无常的：夏季时，所有的草地一片青绿，雨水犹如甘露般普降，一切众生享受着幸福安乐的生活，各种五颜六色的鲜花争奇斗艳、绚丽多彩犹如天境；秋季时，萧瑟的寒风将绿野变成黄色，所有的花草也渐渐枯萎；冬季时，地冻如石，结水成冰，寒风凛冽，虽然到许多马路旁寻找也得不到像夏季时生长的一朵鲜花。如此春、夏、秋、冬的变化次第出现，前面的一切显现，将变成另外的情形，这些都是无常。若善加观察昨天和今天、今天早晨和今天晚上、今年和明年等，这一切也是无常。所以说无论何事何物都没有恒常、可信和稳固。

我们曾住过的城市、村庄、寺庙等皆旧貌换新颜；从前财富圆满兴旺发达之人，现在沦落衰败甚至家破人亡；昔日贫穷羸弱之人，如今财力具足，这些都不离无常的本性。我们生活在一个家庭中的人也是如此，历代宗亲都逐渐死去，现在只剩下名字而已，同代兄弟姐妹等也有许多已故去。时过境迁，如今我们丝毫不知他们转生在何处。许多人昔日虽财势圆满犹如人间之庄严，而今只有名字留存。现在具足财富权势、为众人所羡慕之人，明年的此时或下个月还在不在世谁也不知道。甚至自家牲畜圈里的牛羊狗等，以前已死去多少？现在又剩下多少？若观察，诸如此类的一切法最终都不离无常的本性。百年以前在世的人都已死亡，现在南赡部洲所有的人百年之后也将无余死亡。所以内外情器所摄的诸法都无有恒常坚固的，此所谓生际必死、积际必尽、合久必分、堆际必倒、高际必堕。

生际必死：凡是亲怨、苦乐、贤劣及一切分别念都是无常的，无论何人，即便是高如天空、厉如霹雳、富如龙王、美如天仙、艳如彩虹，当死亡突然到来之时，也无有刹那的自在，只能赤身空手离开人间。虽然对财产、亲友、眷属、部属、弟子、仆从、饮食等一切受用依依不舍，此时也只能舍弃，犹如从酥油中抽出毛发一般独自离去。纵然是数千僧人的上师也不能带走一个弟子，即便是数万部落的首领也不能带走一个仆人，哪怕是拥有南瞻部洲一切财产的主人也无法带走一针一线，甚至自己所珍爱保护的身体也要舍弃。有些人虽然活着的时候身着绸缎、口饮茶酒、身居高位、美如天人，但他们的身体死后也只是一具尸体而已，东倒西歪地放在那里，令人见而生畏。如米拉日巴尊者言：“见而生畏之尸体，本为现在之身体。”死后，用绳子捆绑，用布幔遮盖，以土石垫靠，将其碗扣于枕边。无论活着时如何端庄可爱，此时都将变得悲惨至极、令人作呕。以前在世时睡在层叠舒适的床上，身穿温暖的羔皮，头枕柔软的皮毛，醒后稍有不适，就要左右翻转。但死后，也只是在身下垫上一块石头或者草坯而已，头上还布满灰尘。现在有些一家之主认为，如果我不在了，我的家人将挨饿受冻而死，或者被怨敌所害，或为大水溺死，因他们现在所拥有的一切财富和幸福都是惟有依靠我才得到的，所以他们不能没有我。但这些人死后，他们的尸体仅是被亲友火化或投到水中，或者丢到尸陀林，尔后他的亲人便心安理得了。死亡时无有任何伴侣，只有自己一人独自漂泊于中阴界，所能依靠的惟有正法。所以从现在起应当再三思维，尽力精进修持正法。

积际必尽：同样，一切积聚终将散尽，即使统治南赡部洲的国王也有沦落为乞丐的时候。许多人上半生受用圆满，下半生一切财产受用耗尽，饥饿而死；有的人虽然去年拥有数百头牦牛，但遇到大雪或其他灾难，今年沦为乞丐；昨日地位显赫、财富圆满的富豪，被仇敌摧毁，今天变成乞丐等等有许多我们亲眼目睹的实例。受用财物不可能常有，所以应当反复观想思维而广施财物。

合久必分：一切聚合终将分离，某地的大市场或大法会虽然集聚了来自四面八方、成千上万的人，最终他们也将各奔东西。虽然现在师徒、主仆、施主福田、道友、兄弟、夫妻等和睦相处，但最终也无法不分离。若突然出现死亡或暂时的恶缘，则立即会分离。这些都是无有定数的。现在朝夕相处的道友、家人等不久也必将分离，所以相互之间不应嗔怒、争吵、斗争、发生矛盾等。应当思维不一定能长期相处，很快就会分离，因此在极为短暂的岁月中应互敬互爱，和睦相处。如帕单巴尊者言："夫妻无常犹如集市客，切莫恶语争吵当热瓦。"

堆际必倒：一切修砌成的建筑都将倒塌。昔日，兴旺发达的城市和寺庙都有贤德之士管理和主持，而如今仅留下遗址，甚至成为鸟窝雀巢。如藏王赤松德赞时期，由幻化工人修建、邬金莲花生大师开光的桑耶三层宝顶宫殿也遭受火灾，毁于一旦。藏王松赞干布时期，如尊胜宫般的红山宫殿，如今连基石都不存在。我们对现在如同虫穴般的城市、住宅、寺庙等珍爱耽著又有何用呢？所以应像噶举派诸前辈高僧的传记中所说的那样："背井离乡，奔赴异地，居住岩洞，与野兽为友，完全舍弃衣食名利。"尔后彻底依止噶当四依处，即：心依于法，法依于贫，贫依于死，死依于干涸之壑。我们应诚心观修此圆满四法。

高际必堕：英勇无比、极具权威，如我乳轮王是统治四洲的金轮王，并主宰三十三天，与帝释天王同坐一座，能战胜阿修罗，但最终也堕落于地上，于一切欲望未满足中死去。如今我们所见到的国王、教主、尊者身边的眷属、地方官员等，所有具有权势、地位的人也无一是恒常不变的。可以见到去年给他人判刑的官员今年却成了阶下囚，无有恒常的地位又有何用呢？所以我们应当诚心修持能获得无有衰败、人天应供、圆满正等觉果位的正法。

亲怨也同样是无常的。从前，嘎达亚那尊者去化缘时，看到一施主怀抱儿子，津津有味地吃着鱼肉，并用石头击打正在啃食骨头的母狗。尊者以神通观察，发现那条鱼是施主父亲的转世，那条母狗是他母亲的转世，前世杀害自己的仇人转生为他的儿子来偿还宿债。观察后尊者说了这样的偈颂："口食父肉打其母，怀抱杀己之怨仇，妻子啃食丈夫骨，轮回之法诚希有。”可见此生许多人虽然是自己的主要仇人，但后来也许会变成朋友，互相交亲，关系亲密。虽然是父母兄弟，有些却为了微薄的财产受用而心生嗔恨以致互相残害；虽然是家人或亲戚，但也有因暂时的琐事之故而成为仇敌甚至互相残杀。所以一切亲怨都是无常的，应当反复思维以大慈大悲心爱护所有的人。

苦乐也是无常的。有些人上半生富裕快乐，下半生却穷困潦倒；有些人上半生痛苦下半生幸福；也有人上半生为乞丐而下半生变成国王等等。例如：米拉日巴尊者的伯父，上午（为儿子）迎娶新娘大摆喜宴，下午房屋倒塌而痛苦哀嚎，其悲惨情形不堪想像。然而为求正法所作的苦行，虽然暂时感受了许多痛苦，但最终将获得无上的安乐，就像往昔出世的诸佛以及米拉日巴尊者等前辈们那样。有些人虽然以造恶业而积累受用、获得了暂时的快乐，但最终也将会感受无边的痛苦。例如，从前的尼洪国，最初降了七天的珍宝雨，接着降了七天的衣服雨，之后又降了七天的粮食雨，最后降下了土雨，所有的人被埋于土下，死后转生到恶趣。因此说苦乐是无常的，不要患得患失，对于此生世间的一切幸福受用应如丢唾液般地舍弃，应当至诚观修，追循诸佛前辈们求法苦行、策励精进、不畏痛苦的足迹。

贤劣也是无常的。虽然许多人从世间方面而言能言善辩、知识渊博、机智勇敢，但也有衰败之时。那时往昔积累的福德已经耗尽，思维颠倒，做事不顺，常受他人挖苦，自己遭受痛苦，备受众人欺侮，以前仅有的少分功德耗尽后，已是一无所有。许多人以前无有智慧，见识浅薄，被他人称为狡猾、虚诳者，后来获得财富，受用圆满，别人也很信任，将他看成是贤善和见多识广之人，此所谓：“狡者年老成主人。”从出世间法方面而言，有这样的俗话：“具证年老求学问，舍士年老积财物，法师年老成家长。”许多人虽然上半生是抛弃一切世间琐事的舍事者，下半生却努力积聚财物；也有人上半生是为人传法的阿阇梨，下半生却成了猎人、窃贼或强盗；还有些人上半生是持戒清净的戒师，下半生却子嗣成群。反之，有些人上半生惟造恶业，下半生却惟一修持正法而获得成就，或者虽未成就但已入佛门，死后往生清净刹土。所以现在的贤劣只是暂时的显现，无有任何是恒常、稳固的。有些人自己偶尔生起一点点厌离心，只是表面上修行相似之法，世间人也因此认为他是贤善的，后来又有了施主和弟子在足下恭敬顶礼，这时他们自己没有详细观察自相续，反而真的认为“我已如何如何了……”生起傲慢心，行为一反常态，认为“我什么事都可以做了”，这真正是着魔了。

在未断除我执、未生起无我之智慧、未得到圣者果位之前，贤劣的显现都是无常的。所以我们应当恒时修习死亡无常，观察自己的过失，恒常置于低劣地位，生起厌离心，三门调柔不放逸，一切有为观无常，思维轮回的痛苦，恒时处于强烈的信心和深深的厌离心之中。如米拉日巴尊者言：“无人山谷岩洞中，恒常具足厌离心，上师乃为三世佛，强烈坚信永不离。”应当如此修行。因为这些暂时的分别念都是无常的，所以无法确定将来会变成怎样。

从前有一人，亲友都变成了仇敌，后来他入了佛门并修行成为一位了不起的唐巴比丘，身心获得自在，可以在虚空中飞行。一天，他供施食子时招集来了许多鸽子，他想：如果我有这样庞大的军队，就能够消灭那些敌人。因当时的恶念没有转为道用，后来他还俗成了军队首领。

同样，暂时以上师和善友的助缘，虽获得修法的良机，但凡夫的想法是无有恒常可信的，所以应当日日不断专注修法，活到老，修到老。如是思维各种喻义，应深信上至三有之顶下至无间地狱，无有丝毫恒常稳固，都是迁变增减的本性。

六、思维死缘无定而修无常

我们南瞻部洲的人有出生就必定会有死亡，但死的方式、死缘和死的时间是不定的。即于何时何地、以何种方式、以何因缘死亡谁也不能确定。在此世间，生缘很少，死缘众多。如阿阇黎圣提婆说：“死缘极众多，生缘极稀少，彼亦成死缘。”如水、火、毒、险地、野人、猛兽等等死缘很多，生缘却微乎其微，而生缘中自足所需的衣食等也都将成为死缘，食用有毒食物或者虽然无毒暂时有利于身体而食后却变成毒物，或者因不适应造成中毒而成为死缘的也有许多。尤其在当今时代，许多人过分喜爱肉食，肆意食用血肉，因此似乎没有不染上“玛敦”病或“夏珍”病的。此外由于饮食不当，患肿瘤、涎分、水肿病而成为死缘的也不计其数。为追求财富和名誉等而奔赴杀场，或遭遇凶猛野兽而被吞食、随意涉水而被溺死等成为死缘的也数不胜数。

因为死缘多种多样，所以死期也无法确定。有些在母胎中便已死亡；有些刚刚出生就死了；有些刚刚学会爬行就夭折；有些在壮年时死亡；有些衰老而死；有些因为未得到及时治疗而死；有些因长期患病卧床不起，于瘦骨嶙峋中死去并且死不瞑目；也有很多患了“洞特”病的人在食物还未吃完、话还未说完、事情还未做完中死去；还有些自杀而死。在以上无数死缘当中，生缘如风中残烛，极其稀少。也许现在死亡就会突然降临，谁也无法确定明天会不会转生为头上长角的旁生，所以应当诚信死期无定、生处无定的道理。

七、思维猛厉希求而修无常

时时刻刻惟一观修死亡，并且观想行、坐、卧等一切行为都是此世最后的行为，口中所言、心中所想也是如此。如果去其他地方要观想将客死他乡而没有重返故土的机会；走路或者在台阶上休息时要想可能死于此处；无论坐在何处都应观想可能死在此处。晚上睡觉时要想今晚会死在睡觉的地方，无法确定明天是否还活着；早晨起床时要想：在今天当中也许会死，无法确定今晚是否还有睡觉的机会。当诚心殷切地观修死亡。从前，噶当派的格西们在晚上睡觉之前常思维：不知道明天早晨还用不用生火。因此他们常不盖火并且碗也是扣放的，一切时分中惟一对死亡生起信解。我们也应像他们那样修行。

仅仅修习死亡不定还不够，因为临终时只有正法有益，所以应当恒时不离正知正念，并了知轮回一切事物皆是无常、无有实义而应策励修持正法。本来身心的暂时组合就是无常的，所以不应该把假合的身体执著为我。路上行走无常故，应当如理如法行；所住之处无常故，应当意念为净土；饮食受用无常故，当以禅定为食物；床上睡眠无常故，迷乱修为光明梦；财物珍宝无常故，应依圣者之七财；亲友近邻无常故，当于静处修出离；名誉地位无常故，应恒处于低劣位；言谈话语无常故，当勤念咒与诵经；信心出离心无常，故应坚定立誓言；思维分别念无常，应具贤善之人格；验相证悟无常故，当至法界之尽地。此时了脱生死已，获得欲死之把握，已获无死之坚地，如鹰翱翔于虚空，死亡到来无所惧，自彼时起无需修。如米拉日巴尊者说："吾初畏死赴山中，数数修行死无定，已获无死本坚地，此时远离死畏惧。"无等塔波仁波切说："初时害怕生与死，需如鹿子逃出笼，中期死亦无遗憾，当如农夫勤耕田，最后内心得安乐，应如伟人成大事。最初无暇思余事，应如箭中人要害，中期无散中修行，当似死独子之母，最终了知无所为，如敌赶走牧童牛。"在未生起如此定解之前应惟一观修死亡无常。世尊也说："若多修无常，已供养诸佛；若多修无常，得诸佛安慰；若多修无常，得诸佛授记；若多修无常，得诸佛加持。犹如众迹中，大象迹最胜，如是佛教法，所有修行中，惟一修无常，此乃最殊胜。”又如《毗奈耶经》云：“我之眷属中，犹如妙瓶者，比丘舍利子，及目犍连等，于如是百人，供斋与供物，不如一刹那，忆念有为法，为无常殊胜。”

有一居士问博朵瓦格西：“若专修一法，何法最为重要？”格西说：“若惟修一法，无常最为重要。倘若修行死亡无常，首先可作为进入佛法之因，中间可作为勤修善法之缘，最后有助于证悟诸法本性。又倘若修行无常，最初作为断除此生绳索之因，中间作为舍弃贪诸轮回之缘，最后有助于趣入涅槃之道。又最初生起信心因，中间精进作为缘，最后生慧为助伴。又若修行无常，且于相续中能生起者，初可成为求法之因，中间可作修法之缘，最后有助于证悟法性。又倘若修行无常，并于相续中能生起无常之念，则最初为盔甲精进之因，中间为加行精进之缘，最后可成为无退精进之助伴。”帕单巴格西也说：“若于相续中，生起此无常，初为入法因，中为精进鞭，最终能获得，光明之法身。所以，相续中若未生起真实无常之念，仅仅在表面上求法、修法，最终将成为佛教油子之因。”单巴仁波切又说：“西藏修法者之中，无有一人修死亡，亦未曾见谁留世。身着僧衣喜积财，岂是供养于阎王？收藏一切妙财宝，岂非企图暗地中，贿赂供养地狱卒？若见西藏修法者，不觉仰天哈哈笑！谁具广闻我慢高，修行好者积财宝，谁依静处多散乱，谁离故乡无羞愧，彼为形象修法者。彼等喜爱造恶业，虽已见到他人死，然却不知自将亡，如是此等修行人，首先应当予呵责。”所以，观修无常是开启一切修行之门的前行。

一居士问博朵瓦格西消除恶缘的窍诀。博朵瓦格西回答说：“汝当多思死无常，若心生起死亡念，净除罪业无困难，修持善行无困难。倘若在此基础上，汝多修持慈悲心，于自相续能生起，利益有情无困难。倘若在此基础上，多修诸法实相空，于自相续能生起，清净迷乱无困难。”如果于自相续中能对无常生起定解，则能够彻底舍弃对今生世间一切事物的贪执，犹如呕吐症患者不愿吃油食一样。我的至尊上师（吉美·加卫尼固）也再三说：“我虽然看见世间那些最高贵、有权威、极富裕、具美貌的人，但对他们不起羡慕之心，而注重前辈高僧大德的事迹，这是自己的相续中生起了少许无常定解的缘故。因此，我除了无常以外没有其他更殊胜的教言传给别人。”

那么在相续中对无常生起定解的界限是怎样的呢？应像喀喇共穹格西那样。格西在后藏的觉摩喀喇山修行时，岩洞口有一荆棘丛，常常刮到他的衣服。开始他想砍除，但转念一想，唉，我也许会死在此岩洞中，不知能否再有出去的机会，惟有修持妙法为要，所以一直没有砍除荆棘丛。出洞时又想，不知道能否再返回此洞。这样在此洞修行了多年，直到格西已经获得成就，始终都没有砍除荆棘丛。此外吉美林巴尊者有一秋季七月（藏历）沐浴的水池没有阶梯，进入时很困难。弟子问他：“是否应在此修一阶梯？”他回答：“不知明年有没有再于此沐浴的机会，那么费事有什么用呢？”他对弟子经常教诫无常之法。所以，我们也应如此修持，在相续中未生起定解之前，加行发心，正行以各种方便调正自心，乃至在相续中未生起真实无常之前反复修持，后行以回向印持。之后追循圣者前辈的足迹，尽力精进修持。

无常现前反而执常有，老年到来然却以为幼，
我与如我邪念诸有情，相续生起无常祈加持。

寿命无常之引导终

第三章 轮回过患

了知轮回诸事无实义，以大悲故惟利诸有情，
不贪有寂依行大乘教，无等上师足下敬顶礼。

轮回过患的引导分二：**闻法方式**，与前面相同；**所讲之法**。

所讲之法的**轮回过患**之引导分二：总的思维轮回的痛苦；分别思维六道各自的痛苦。

一、总的思维轮回的痛苦

如前所说，虽然已获得了难得的暇满人身，但是不可能长期住留，最终必将走向死亡。如果死后如同灯灭或水干一样，那也就没有什么了，但是死后不可能了结，必然要转生，而有了转生就离不开轮回。总的来说，所谓的轮回，如同陶师手中的轮盘、井中的水车、瓶中的蜜蜂一样，在接连不断地旋转。譬如将蜜蜂放在瓶内封闭瓶口，那么蜜蜂只能在瓶中飞来飞去。同样，无论生善趣或堕恶趣都超不出轮回的范围。善趣的人间和天境如同瓶子的上端，三恶趣就像瓶子的下端，如此六道众生以有漏的善业和不善业为因，接连不断投生流转，所以称为轮回。

我们这些人从无始以来就漂泊于轮回之中，一切众生都曾互为父母、亲友、怨敌或平常人。这个人的母亲又成为那个人的母亲。佛在经中说：如果把整个大地的土抟成像枣核一样的丸子，其数量可以数尽，但是各个众生互相作为母亲的次数却不可胜数。怙主龙树说："抟土成如枣核丸可数，然为母之边际不可

尽。”从无始以来到现在没有不如此转生的，所以，以贪心的缘故断过的头和肢体不计其数。如果把曾经生为蚂蚁等小含生的肢体堆集一处，将比须弥山王还高；因口中无食，身上无衣，感受寒冻、饥饿、干渴等痛苦而哭过的泪水比海水还多；甚至仅仅投生于地狱时所喝过的铜汁铁水也比四大海洋的水还多。现在对此轮回没有生起刹那的出离心，而是被贪执所束缚的人们还将在无边轮回中感受比以前更多的痛苦。虽然仅以随福德分的少许善果获得了如梵天和帝释般的长寿、相好、财富圆满的身体，但是最终也摆脱不了死亡，死后也将感受恶趣的悲惨痛苦。我们这些人现在虽然暂时拥有财富、无病等少分的安乐，但在几年或几个月甚至仅仅几天的时间里，善趣的安乐果耗尽之后，将会变得非常贫穷、极其可怜或者不愿意也要感受恶趣难忍的痛苦。

现在暂时的幸福好似梦中正在兴旺发达之时突然醒来，有何实义呢？以暂时的一点点善果享受幸福快乐的人们引业耗尽之后，将没有刹那自在住留。即便是坐在天宝严饰的如意宝座上，尽情享受五种欲妙的快乐天王，当寿命结束后也将在一眨眼的瞬间堕入地狱，在烧铁的地板上低着头感受痛苦。同样，太阳和月亮虽具照耀四洲的光芒，最后也会转生到黑暗之处，到那时甚至连屈伸肢体也看不到，这样虚假的轮回安乐是没有什么可信的。所以此时此地为了脱离轮回的大苦海、获得永久的圆满正等觉果位，应尽力精进以加行、正行、后行圆满而修行。

二、分别思维六道各自的痛苦

分别思维六道各自的痛苦分六：地狱、饿鬼、旁生、人、阿修罗、天人。

（一）地狱之苦

地狱分十八种：八热地狱、八寒地狱、近边地狱、孤独地狱。

八热地狱

从复活地狱逐渐向下到无间地狱之间层层累累，像房屋一样。这些地狱中间和周围所有的地方全是燃烧的铁地，脚一接触便被烧焦，无有丝毫安乐，在火舌炽燃的界域内惟有炽热。

1. 复活地狱

炽热的铁地上，炽红的余烬中间，地狱中无量的众生由于业力感召犹如暴风雪般聚集在一起。这是由于嗔恨引业感受这样的同行等流果，所有的众生相互之间如同见到大仇敌一样，互相生起嗔恨心而争斗，手中拿着由业力幻化的兵器相互打杀，全部死后，从空中传来“愿你们复活”的声音，所有的众生立即复活，又如前一样争斗，然后又死又复活，轮翻交替，极其痛苦。寿量：人间五十年是四大天王的一天，三十天为一个月，十二个月为一年，四大天王所在的天界五百年是复活地狱的一天，这样计算复活地狱三十天为一个月，十二个月为一年，此地狱众生需要感受五百年的痛苦。

2. 黑绳地狱

阎罗狱卒们把身体如柴烬般的地狱众生带到炽热的铁地上，在他们的身体上用黑线划分为四份、八份、十六份、三十二份等，然后用火红的铁锯锯割，锯开后又马上粘合复活，如此反复感受剖割的痛苦。寿量：人间一百年是三十三天的一天，三十三天的一千年是黑绳地狱的一天，此地狱的众生需感受长达千年的痛苦。

3. 众合地狱

地狱的无量众生被关在如大盆地般的铁臼内，狱卒们挥舞大如须弥山般的铁锤捶打他们，所有的众生嚎哭喊叫，在无法想像的痛苦和恐惧中死去。铁锤举起时他们又重新复活，又如前面一样感受痛苦。此外，在山谷中所有相对着的山变成自己以前杀害的鹿、黄羊、山羊等动物的头像，它们的角尖燃火，并且角抵角而相斗（两山合并）。地狱的无量众生由于业力所牵来到此山间，两山互相撞击时这些众生全部死去，分开时又复活，然后又如前一样被挤压在山间感受极大的痛苦。寿量：人间二百年是夜摩天的一天，夜摩天的二千年是众合地狱的一天。此地狱的众生需要感受二千年的痛苦。

4. 号叫地狱

此地狱的众生在无门的炽热铁室内感受着煎熬的痛苦，每当想到从这里无法解脱的时候，就猛烈地大声惨叫。寿量：人间四百年是兜率天的一天，兜率天的四千年是号叫地狱的一天，此地狱的众生需感受长达四千年的痛苦。

5. 大号叫地狱

阎罗狱卒们手持令人恐怖的各种兵器，将地狱的无量众生驱赶到有双重铁门的炽热铁室中，然后用铁锤等捶打他们。这些众生想到内外两个门都是用铁水浇铸，即便能逃脱内门却难逃外门，不禁大声悲惨喊叫。寿量：人间八百年是乐化天的一天，乐化天的八千年是大号叫地狱的一天。这样，此地狱的众生要感受八千年的痛苦。

6. 热地狱

犹如三千大千世界一样大的铁器内充满了沸腾的铁水，地狱的无量众生在里面煎熬，痛苦难忍。每当他们浮到水面时，便会被阎罗狱卒们用铁钩钩住、用铁锤锤打他们的头。因为昏绝之时暂无痛苦的感觉，便以为是一种安乐，（醒后即）感受强烈的痛苦。寿量：人间一千六百年是他化自在天的一天，他化自在天的一万六千年是烧热地狱的一天，此地狱众生需感受长达一万六千年的痛苦。

7. 极热地狱

燃火的铁屋内，阎罗狱卒们用火红的三尖铁矛从该地狱众生的两足掌和肛门刺入，从双肩和头顶径直穿出，并用燃烧的铁片在他们身上缠绕，极为痛苦。寿量：长达半个中劫，因此无法用人间的年数衡量。

8. 无间地狱

周围有十六个近边地狱围绕的燃火铁屋内，地狱的无量众生被阎罗狱卒们放到堆积如山、如木炭般燃火的铁块中央，用豹皮和虎皮所制的皮火筒吹火，使此地狱众生的身体与火燃为一体，感受强烈的痛苦。只能听到大声嚎叫的声音而看不见他们的身体，他们不断生起想解脱的念头，却没有解脱的时候。有时火门稍稍打开一点，他们企图逃出，狱卒们则用铁弩、棍棒、铁锤等击打他们，并向他们口中灌注沸腾的铁水等，需要感受前七种地狱的所有痛苦。寿量长达一中劫，再没有比这更强烈的痛苦，所以称为无间地狱。造无间罪业的众生或已入密乘对金刚上师产生邪见的人将转生到此地狱，以其他业力不会转生于此。

无间地狱的周围有**近边地狱**，在无间地狱的四面各有煻煨坑地狱、尸粪泥地狱、利刃原地狱和剑叶林地狱四个地狱。东方有四个，南方四个，西方四个，北方四个，共十六个。东南有一座铁柱山，同样西南、西北、东北各有一座铁柱山。

1. **煻煨坑地狱**

由于无间罪的业力减轻而从无间地狱中解脱，见到远处有黑色的荫凉，便高兴前往，结果陷入剧烈燃烧的炭火坑（煻煨坑）里，血肉焦烂，痛苦难忍。

2. **尸粪泥地狱**

从前面的地狱（煻煨坑地狱）中获得解脱，从远处看到一条河。因为前一大劫毁灭前一直在火堆中煎熬，所以非常干渴，看见水后欣然前去饮用。可哪里有什么水？结果陷入散发浓烈臭气、糜漫许多小虫的人尸马尸犬尸等腐烂尸体的污泥内，最后头也没入其中，被许多具锋利铁喙的昆虫啄食，感受无量痛苦。

3. **利刃原地狱**

从前面的地狱中解脱出来后，看到有一悦意的青青草原，欣然前往，结果遇到的却是一片兵器所成的利刃原。整个大地长满形状如草、锋利燃火的铁刺。右脚踏在上面右脚被戳穿，左脚踩下左脚被刺透，脚抬起时又恢复，再踩踏时又如前一样被穿透，痛苦难忍。

4. **剑叶林地狱**

从前面的地狱中刚刚解脱出来的众生，看到悦意的树林，兴奋地狂奔而去。可哪里有什么悦意的树林？遇到的却是剑叶林。铁树上生长着许多像树叶一样的利剑，随风摆动，将这些众生的身体切割成碎片，复活后又割截，如是感受切割的痛苦。

5. **铁柱山地狱**

毁坏梵净行、破戒的出家人或行邪淫的众生转生于此地狱。由于业力的牵引，来到恐怖的铁柱山前，听到山顶上有昔日喜爱的友人呼喊自己，便向山上攀登，结果身体被铁树上生长的、朝向下方的树叶刺穿。爬上山顶时，又有乌鸦、鹰鹫等前来啄食他们的眼睛。这时，又听到山下传来呼喊他们的声音，如前一样又向山下奔去，此时所有的树叶朝向上方，从他们的前胸刺入径直穿透后背。到了山脚下被可怖的铁男、铁女拥抱，将他们的头吞入口中，从嘴角两边流出白色的脑浆，异常痛苦。

如此，自己认真观察了八热地狱、十六近边地狱和铁柱山地狱的痛苦后，当于寂静处闭目观想：我已真的生在那些充满恐惧和痛苦的地狱之中。又沉思：啊！我现在其实并不是真正生在那些地狱里，而仅仅是内心意念，竟然那么恐怖、痛苦！而今真正堕落于地狱中的众生不可胜数，这些众生都曾做过自己前世的父母，也无法确定现世的父母亲友等许多人死后不堕入地狱。转生到那些地狱的主因就是嗔恨心，而我们这些人前世和今生造过无数嗔恨烦恼的恶业，后世一定会转生到那些地狱中。因此应当反复思维：如今我们得到了暇满人身，值遇了具有法相的上师，听闻了甚深窍诀，有了行持佛法获得佛果的机会，应当精进修持，为今后一定不要投生到那些恶趣之处，以猛厉追悔之心忏悔往昔所有的恶业，并猛烈发誓：今后即使遇到生命危险，宁死也不造堕于地狱的恶业。对现在生于地狱中的众生也要发起强烈的悲心，并发愿：愿这些众生即刻从恶趣中解脱。以圆满加行、正行、后行而修持。

八寒地狱

总的来说，八寒地狱在狂风暴雪弥漫之处，中央和周围所有的地方都是雪山、冰川。

此地狱的众生赤身裸体感受寒冻之苦，身上生了许多疱疮，所以称为**具疱地狱**；由于那些疱疮破裂，形成疮伤而称为**疱裂地狱**；由于寒冷难耐、牙关紧咬而称为**紧牙地狱**；由于不断悲惨地喊着阿啾啾而称为**阿啾啾地狱**；连阿啾啾的声音也间断了，只能发出叹息的呼呼声，称为**呼呼地狱**；由于外面的皮肤冻成青色，身体裂成四瓣，称为**裂如青莲花地狱**；皮下的肉冻成红色并冻裂成八瓣，称为**裂如红莲花地狱**；甚至冻成了黑红色，裂成十六瓣、三十二瓣或无数瓣，称为**裂如大莲花地狱**。在冻裂的伤口中爬入许多铁喙的昆虫咬噬并感受寒冻之苦。因为这八种痛苦各不相同，所以安立了八种名称，称为八寒地狱。

八寒地狱的寿量：二百藏升的大盆里装满芝麻，具疱地狱的每一百年从中取一粒芝麻，这样，将所有的芝麻全部取完，具疱地狱众生的寿量方尽。其余地狱的寿量依次比前面的增加二十倍，寿量越来越长，痛苦越来越强，即：疱裂地狱的寿量是具疱地狱的二十倍，紧牙地狱的寿量是疱裂地狱的二十倍，依此类推。在相续中如前一样观修那些地狱的痛苦，并观想：如果在此人间，冬季时裸体在外面停留一刹那也无法忍受寒冷的痛苦，更何况生在那些地狱里呢？又如何能够忍受呢？所以应忏悔自相续的罪业，防非止恶，并对生在地狱里的有情生起大悲心，如前一样以加行、正行、后行圆满而修持。

孤独地狱

孤独地狱的处所不定、痛苦也不定。有的夹于山崖中，有的困于石头内，有的冻结在冰里，有的煮于沸水中，有的焚烧在火里……有的众生藏在树木内，伐木时，它们会感受肢体和分支被砍断等痛苦；还有些转生为日常使用的杵臼、笤帚、瓦罐、门、柱子、灶石、绳子等色法，也以意识感受彼等痛苦。例如：大成就者卓滚朗吉日巴在羊卓雍湖中看到的鱼；大成就者唐东杰布在石头内见到的青蛙等等。

羊卓雍湖是以前益西措嘉空行母修行时，将笨波教徒投来的一枚金币变成的湖，是四大名湖之一。湖的源头起自得龙刚亲（地名），湖的尽头进入贼玛格热（地名），中间有许多天的路程。大成就者卓滚朗吉日巴向湖中看后悲泣着说：“哎哟哟，不要享用信财！不要享用信财！”弟子问他：“上师，什么事？”“这湖中有一条由一位享用信财的喇嘛的神识所转生的鱼正在感受孤独地狱的众多痛苦。”弟子请他示现给他们看。上师便以神变使此湖刹那干涸。这时，现出一条大鱼，身体大到周遍整个湖。在它的身体上无有空隙地布满了无数含生在蚀食它，它痛苦难忍而不停地翻滚着。弟子问：“承受此恶报者是谁的转世？”上师回答说：“这是后藏黑马喇嘛的转世。后藏那个黑马喇嘛的咒力和加持力非常大，对于着鬼魔损害的人只是看看就会有效，所以成了前后藏四翼地区人们的供养处。超度亡人只是念一声‘啪’后便收取许多牛马等牲畜。他死后便转生为这条鱼。”

大成就者唐东杰布在一块大石头上修气脉瑜伽，石头裂开两瓣，里面有一只大青蛙，身体上粘附了无数小含生在蚀食它，只见它张着黑洞洞的口，痛苦难忍。弟子问：“上师，这是怎么回事呢?”上师回答：“这是一位作血肉供养的喇嘛的转世。”

如今许多喇嘛也是如此，施主们宰杀肥羊后，在它的咽喉或脾脏等内脏里装上血肉，放在脊椎骨的精肉上供养这些喇嘛。他们则拉起披单甩到后头，像小孩吮吸母乳一样吃着内脏，又掏出小刀慢慢食用外面的肉。饱餐之后嘴上油腻腻的，头顶也是热气腾腾，与餐前判若两人，变得满面通红，趾高气扬。今生如此享用之人，后世将用自己的身体来偿还，堕入孤独地狱中，将是何等的痛苦难忍啊!

还有大堪布具德护法在德格时，有一天对弟子们说：“今天俄达河里出现什么都不要放过。”许多弟子去河边守候，一直到午后时分，才看到有一段树木被水冲来。弟子们将木头捞出，禀告上师只有这一截树木，其他什么也没有。具德护法让弟子劈开树木，裂开的树木中有一只大青蛙，身上有许多含生在蚀食。上师对它念诵仪轨并说：“这是德格管理信财的监院师哦吉的转世。”所以，拥有强权而欺凌属下的官员们，虽然现在极具权威，但是想到这些地狱也应引起注意。

以前世尊在世时，城中有一位屠夫晚上守持不杀生戒（白天杀生）。后来他转生到孤独地狱，晚上住在悦意美妙的宫殿里，四位美女供养饮食、受用，快乐无比；白天时，宫殿变成了燃烧的铁屋，四位美女变成了恐怖的恶狗啃食他。还有一个邪淫者白天守持不邪淫戒（晚上邪淫），后来转生到孤独地狱中，白天晚上所感受的苦乐与前面的例子相反。这是昼辛吉尊者亲眼目睹的。

另有一座环境优雅的寺庙居住着五百比丘，每天中午敲击犍椎集聚僧众供斋时，经堂变成了燃烧的铁屋，钵盂碗具则变成兵器，僧人们互相打斗，供斋时间过后，又恢复如初。这是以前迦叶佛时许多比丘午饭期间争吵的异熟果。

这样八热地狱、八寒地狱共十六个，加上近边地狱和孤独地狱共十八个，称为**十八地狱**。应当详细了知这些地狱的数量、寿量、所受的痛苦以及转生地狱之因等等，对转生于地狱的有情生起悲心。并应精进行持自他一切众生将来不转生地狱的各种方便。否则，虽表面上闻法行法却未实修，将会成为傲慢的佛教油子之因，并成为圣者呵责、智者羞辱之处。

从前，有一位外表调顺、内心极其傲慢的比丘前来拜见上师扬仁波切。上师问他："这位比丘，你对佛法了知得如何？"他回答："我对佛法，广闻博学。"上师又问："那么十八地狱是指哪些呢？"他回答："八热地狱，八寒地狱共十六个，加上嘎玛巴黑、红帽两个共十八个。"他并非是因为不恭敬嘎玛巴而把他们列入地狱的数目中，而是因为忘记了孤独地狱和近边地狱的名称。由于当时嘎玛巴黑、红帽闻名遐迩，所以随意加到了地狱的数目里。如果像这样求法修行，对词句都尚未明了，那就真的成了惭愧之处。

（二）饿鬼之苦

思维饿鬼之苦。饿鬼分为隐住饿鬼和空游饿鬼两种。

1. 隐住饿鬼

隐住饿鬼有：外障饿鬼、内障饿鬼、特障饿鬼等。

（1）外障饿鬼

数百年中甚至连水的名字也未曾听说过，长期遭受饥饿与干渴的逼迫，经常为寻找饮食而四处游荡，结果却一无所得。有时看到远处有清清的河流，以僵直的肢体艰难地支撑着巨大的腹部，痛苦而疲惫地踉跄奔去，到了近前，却见所有的水已枯干，仅仅剩下河床，痛苦不堪。有时从远处看到果实累累的绿树，也如前一样奔去，到了近前却已干枯成了用来燃烧的树干；又看到许多丰美的饮食、受用，但是到了近前却有许多手持兵器的人守护着，驱赶他们、用兵器殴打他们，痛苦难忍。夏季时感觉月亮十分炎热、炙烤；冬季时太阳却是非常寒冷、清凉，备感痛苦。从前，昼辛吉尊者来到饿鬼境内，结果中了饿鬼的吝啬之毒，感到口干舌燥。在一座大铁城门前，有一可怖的黑面红眼饿鬼，尊者问："哪里有水？"结果聚来许多如烧焦的树干般的饿鬼，都说："圆满的大尊者，请赐给我们水。"尊者说："我也得不到水，正在寻找，你们是谁呀？"他们回答："我们生在这山谷中已经十二年了，可连水的名字也没有听过。"

（2）内障饿鬼

此类饿鬼口如针眼一样，欲饮大海里的水，水却无法进入他们细如一根马尾毛般的咽喉，而且口中的毒也会使水干涸。即使有少量的水进入咽喉却无法满足他们大如盆地的腹部；待腹内稍感饱足，到了晚上却要感受腹内燃火焚烧心肺等所有内脏的难忍痛苦。想走动时，如灰白色茅草般的肢体难以支撑大如盆地的腹部，非常痛苦。

（3）特障饿鬼

在躯体庞大的每个饿鬼身上，居住着成群的小饿鬼啃食他们。此外，感受苦乐的数量多而不定。

从前，昼辛吉尊者来到饿鬼的境界时，见到在一座无量宫殿里有一相貌端庄、令人见而生喜的美女，以珍宝饰品装饰的宝座四脚上系缚着四个饿鬼。美女饿鬼向昼辛吉尊者供养食物，并告诉他："如果这些饿鬼向您讨要食物，一点也不要给他们。"之后她就出去了。尊者受用食物时，这四个饿鬼前来索要。尊者给了一个饿鬼，结果食物变成了糠秕，又给另一个饿鬼，结果变成了铁水，再给剩下的饿鬼，一个变成了她自己的肉，另一个变成了脓血。这时，美女饿鬼回来了，“我不是说不要给他们吗？难道您的悲心胜过我吗？”尊者问：“他们与你是什么关系？”她回答：“这是我（前世）的丈夫，这是我的儿子，这是我的儿媳，这是我的仆女。”尊者又问：“你们是以什么业力转生到这里的？”她说：“南瞻部洲的人很难相信的，说了也不会信，还是不说为好。”尊者说：“我已现量见到了，怎么会不相信呢？”于是她开始讲述：“我前世是一个城市中的婆罗门女，在一个节日前的夜晚准备了丰美的饮食。嘎达亚那尊者前来化缘时，我对尊者生起信心并供养了他，满心欢喜地以为丈夫也一定会随喜，便告诉丈夫：‘我供养了佛的弟子嘎达亚那大尊者，你应随喜。’丈夫听后恼羞成怒地说：‘我没有供养婆罗门，甚至没有孝敬亲戚们，你却首先供养那个光头，那个光头怎么不吃糠秕呢？’然后我又对儿子说了，儿子也气愤地说：‘光头怎么不喝铁水呢？’当天晚上我的亲戚们给我捎来丰美的食品，让儿媳带回，结果她自己偷吃了，只将不好的食品给了我。我问她：‘你是不是未将好的食物给我而自己吃了，只将不好的食物给了我？’她妄言答道：‘我吃你的食物还不如吃自己的肉呢！’同样，我让仆女捎给亲戚的食物她在路上偷吃了。我问她时，她回答说：‘我偷吃你的食物还不如喝脓血呢？’当时我发愿：愿我将来转生在能看到他们感受各自业果的地方。所以如今我转生为大力饿鬼，否则以供养尊者的功德可以转生到三十三天。您如果去我曾住过的城市，请转告我那做妓女的女儿说：‘我已见到了你的父母等人，此业的果报是令人痛心的。’告诉她断除非法的恶业，改过自新。如果她不信，再告诉她，你的父亲生前的房间里有四个装满黄金的铜锅，还有金盘和金瓶，取出这些物品时常供养嘎达亚那大尊者，然后念我们的名字作回向，这样可以减轻我们的业力，并能逐渐消尽。”

此外，哲达日上师出游时到了饿鬼界。一位有五百个孩子、相貌丑陋的饿鬼母对哲达日上师说："我的丈夫去印度金刚座觅食已十二载，至今未归，您若去印度金刚座，请转告他：'如果不赶快回来，孩子们就要饿死了'。"哲达日问："你的丈夫是什么样子啊？所有的饿鬼都一样，我能认识吗？"她说："不会认错的，他是一个大嘴巴、塌鼻子、小眼睛具足九种丑相的饿鬼。"哲达日去了金刚座。一个沙弥倒供过的水和许多食子时，聚集了许多饿鬼争食，其中有她的丈夫。哲达日转告了他妻子的口信。那个饿鬼说："我流浪到这里虽然已十二年了，但只有一次一位清净的比丘丢弃鼻涕时，我们这么多饿鬼集聚争夺才获得一点点，除此之外什么也没得到，而且我自己在争抢鼻涕时，被其他饿鬼打得遍体鳞伤。"

如此看来，无论生在饿鬼中任何一处，都同样要遭受以饥渴为主的各种痛苦。我们应诚心观修：现在我们这些人仅仅没有吃早饭，便会感受怎样的痛苦？如果转生到许多年连水的名字也听不到的地方那将如何呢？转生到饿鬼界的主因是吝啬和悭吝。因为我们曾经也造过无数这样的恶业，所以现在我们应当尽己所能为不转生到恶趣诚心以圆满加行、正行、后行而修持。

2. 空游饿鬼

妖精、王鬼、死魔、厉鬼、女鬼、独角鬼等等，这些饿鬼恒时处于恐惧、怖畏和迷乱的境界之中，经常生起恶念，惟有精勤于损害他人的恶业，他们死后多数都立即堕入地狱等恶趣的深渊。无论他们生前是以病死、兵器所杀或悬梁自尽等何种方式而横死，每隔七天，他们都要感受一次以那种方式死亡的痛苦。他们想把这种痛苦转移给别人，但无论到哪里都是害人不利己。满心欢喜地来到昔日的亲朋好友面前，却令他们生病或发疯等感受不乐意的痛苦。瑜伽士们做诅烧抛仪轨时，将这些饿鬼压伏在地下黑暗之处，长达数劫；或者做火供，将他们烧在火里；或者抛撒驱邪芥子或石子，将这些饿鬼的头裂成百瓣，身断成千截等，恒时不离痛苦。这些饿鬼还要感受冬季太阳寒冷、夏季月亮酷热等反常现象的痛苦，这些与一般饿鬼相同。有些饿鬼则以鸟、狗等令人讨厌的形象感受难以臆测的无量痛苦。因此我们应诚心诚意思维，自己代受那些饿鬼的痛苦，并对生在饿鬼界的众生发起慈悲心，以圆满加行、正行、后行而修持。

（三）旁生之苦

第三恶趣之旁生分为海居旁生和散居旁生两种。

1. 海居旁生

一望无际的大海中，鱼、鲸、螺、龟、虾等如酒糟般密集一处，其中长蛇、鲸等大动物的身量可以绕须弥山数周，小动物则如微尘或针尖一般。大的旁生吞食小的旁生，小的径直刺入大的身体蚀食它们，每一个大的动物身上都有许多小含生筑窝居住蚀食它。有的生在无有阳光的岛屿上，连自己屈伸肢体也无法看见，非常痛苦。因为极为愚痴的缘故，不了知任何取舍之处，处于无边的痛苦之中。

2. 散居旁生

虽然生在人间天境，但惟有感受愚昧和被役使的痛苦。如龙王遭受大鹏鸟的威胁以及降热沙雨的危害。这些旁生愚痴、呆笨、野蛮、具毒等非常可怜。尤其是人间旁生，无有主人饲养的野兽等恒时处于恐怖、畏惧之中，即便吃一口食物也难得安宁。它们遭受互相啖食，或被猎人捕杀，或被猛兽吞食等众多危害。如鹞鹰吃鸟雀，鸟雀吃小虫等都表明它们恒时惟造互相残杀的恶业。而猎人们又精通伤害残杀这些众生的技巧，如设陷阱、撒网罟、射火箭等，瞬间便可以使它们丧命。有些旁生因为自己身体上所长的角、毛、皮等而遭杀，如为了珍珠采海贝；为了牙骨杀大象；为了兽皮杀老虎、豹子、水獭和狐狸等；为了麝香杀獐子；为了获取血肉杀野牛、野马等等。自己的身体成了遭受杀害之因，非常痛苦。

主人所饲养的旁生，因为愚痴呆笨，当屠夫手持刀剑来到面前时，它们只是眼睁睁地看着，丝毫也不知道逃避。还要感受如挤奶、驮运、阉割、穿鼻、耕地等众多役使的痛苦。马牛等背上虽已伤痕累累，仍然驮运货物，被人骑使。走不动时主人就用鞭子抽打，或用石头击打，根本没有想过它们也有疲劳和病痛。许多牦牛、山羊、绵羊从小到老一直被主人使用，老的时候或被主人宰杀，或被卖给别人，但不管如何都将被宰杀，自然死亡的几乎没有，感受无法想像的痛苦。

看到遭受如此痛苦的众生时，当详细思维，观想如果自己遭受这种痛苦，那将如何忍受。所以我们应该对转生于旁生界的有情生起悲心，自己若有饲养的旁生，应仁慈爱护它们。甚至虫蝇和细微含生无一不有苦乐的感受，所有这些旁生也无有一个未曾做过自己的父母，应当对它们生起慈悲心。以圆满加行、正行、后行而修持。

在三恶趣中无论生在何处，都要感受剧烈而漫长的痛苦。它们愚昧无知，无有正法的光明，一切所为惟有成为恶趣之因。如果生到恶趣后将难以解脱。我们自相续中今生或他世一定造了许多转生恶趣的业，应诚心忏悔以前所造的恶业，发誓今后不再造恶业，精进修持，对生在恶趣中的众生生起强烈的悲心，自己三世所积的一切善果都回向给生在恶趣中的这些众生，愿它们能从恶趣中解脱。并观想我如今值遇大乘正法，有了行持成办自他二利正道的机缘，所以应发心刻苦求法、精进修持，将来接引恶趣的所有众生到清净刹土，愿上师三宝加持我获得此能力并祈祷上师本尊，发誓、念诵等。如此善根也回向众生，以回向等三殊胜摄持而修持。

若有人想：生在三恶趣都是痛苦的本性，那善趣是安乐幸福的吧？实际上善趣也是无有安乐的。

（四）人类之苦

第一善趣人的痛苦有：三大根本苦；生、老、病、死苦；怨憎会苦；爱别离苦；求不得苦；不欲临苦等。

1. 三大根本痛苦

（1）变苦

现在所拥有的片刻的安乐瞬间将变成痛苦，例如，食用利益身体的饮食后腹内饱足，觉得很幸福时，胃肠里却生了寄生虫，突然患了严重的浪踏病，痛苦不堪。现在充满快乐之时，如果被怨敌赶走了家畜，大火烧毁了房屋，突然遭受病魔的损害或听到别人的恶语中伤等，快乐瞬间变成了痛苦。从这一点来说，凡是轮回中似乎拥有的安乐、幸福和名誉，其实都无有丝毫恒常与稳固，皆不离痛苦的本性，故此应对轮回之事生起厌离心。

（2）苦苦

前面的痛苦尚未断尽之时又遭受新的痛苦，如麻风病未痊愈又生毒痈，毒痈还未好又生疮；父亲去世后接着母亲亡故，遭怨敌抢劫又死了亲人……无论生在轮回的何处，都是惟有以苦上加苦而度日，无有一刹那安乐的时候。

（3）行苦

现在我们这些自以为安乐的人，好像没有亲身感受到痛苦，但实际上也绝未超越痛苦之因，如吃饭、穿衣、住房、受用、装饰及宴会等，一切都成了造罪业的因，一切所作所为也全都不离造恶业的虚伪之行，这一切业果惟有感受痛苦而已。例如：仅仅就茶和糌粑而言，也不离痛苦之因。

茶是汉地所种植的一种植物，在播种、剪叶等时杀了无数的众生。从康定以下，依靠人力运上来的时候，每人要带六十二卡。他们将茶顶在头上运来，前额的皮肤被磨得糜烂，白骨清晰可见，但仍然还在运送。从康定以上用犏牛、牦牛、骡子等驮运上来的时候，所有的牲口也是腹背疮伤、毛脱皮烂等，感受无法想像的役使之苦。经销茶叶时，惟以打妄语、违誓言等欺骗的手段或争吵来销售。大多数商品是用绵羊毛和羊羔皮兑换来的。这些绵羊毛也是同样，夏季时，一只羊身上的虱子和吸血虫等含生与它身上的羊毛数量一样多。当用剪刀剪羊毛时，这些含生大多数被割头断腰，内脏脱出而死；未死的也是与羊毛绞在一起，憋得喘不过气而死去。羊羔皮也是如此，小羊羔刚刚出生，诸根圆满具足并有了苦乐的感受，身体在发育成长，刚刚感受到世间的快乐之时，就立即被宰杀了。虽然是愚昧无知的旁生，同样也渴望生存、畏惧死亡、害怕遭受气息分解的痛苦。被杀的小羊羔的母亲也如同死了独子的母亲一样悲痛，这些都是我们现量所见之事。思维诸如此类的商品买卖，仅仅喝一口茶也不离恶趣之因。

糌粑也是如此，最初开垦田地之时，地下的小虫被翻到地上，地上的小虫被埋到地下。耕牛走到哪里，乌鸦、鸟雀等跟在后面不停地啄食小虫。当灌溉田地时，水里所有的含生干涸而死，旱地上所有的含生溺水而亡。到播种、收割与舂磨时，所杀的含生也不可胜数。如果想到这些，我们吃糌粑就如同在吃虫蝇的粉末一样。

同样，酥油和牛奶等虽然称为三白三甜，算是无罪清净的食物吧，但事实上并非如此。大多数小羊羔和牛犊被杀，未被杀的刚刚生下来便吃不到一口甘甜的母乳。主人用绳子将其拴在桩子上，行走的时候把两头牛犊互相连在一起，吃一口母奶的机会也被剥夺了。主人取出牛奶的精华，而母亲身体的精华是孩子生命的源泉，牛奶被夺走后牛犊处于半死不活的境地。虽是强壮的母牛，（因主人日日抽取其身体的精华），到了春季时，从卧处爬也爬不起来，精疲力尽，奄奄一息。大多数牛犊、羊羔也因饥饿而死，未死的也是干瘪羸弱，行走艰难，四肢萎缩，濒临死亡，犹如拔炒棍头一般。因此现在我们认为幸福的所有东西，包括口里吃的、身上穿的、一切财物、食品、受用，都是惟以造罪业而形成的，这一切的果报最终将要感受无边的恶趣痛苦，所以现在一切表面上的快乐也是行苦的本性。

2. 生、老、病、死苦

(1) 生苦

南瞻部洲的人大多数是胎生，以寻香的意识，趋入父母的精血中，便形成凝膜、皮包、血肉、肉团和支节等肢体。

住胎时期的痛苦：肢体和分支等诸根圆满具足的时候，感觉到母胎中非常狭窄、异常恶臭、漆黑一片，犹如关在监狱中一样痛苦。母亲食用热的饮食时犹如在火中烧灼一样痛苦；母亲食用冷的饮食时，犹如浸在冷水中一样痛苦；母亲睡觉时如被山压着一样痛苦；母亲饱足时，犹如夹在山崖中一样痛苦；母亲饥饿时，犹如堕入深谷一样痛苦；母亲行走时，犹如被风刮走一样痛苦。

这样住胎月数圆满以后，出生时被三有之业风吹动，头足翻转颠倒。通过产门时犹如被一个大力勇士拉着脚拽出来、摔打在墙壁上一样痛苦。从整个盆腔中间出来时，犹如通过铁孔一样痛苦。如果母亲产门狭窄不能生出，也许就死在母腹中或者母子二人全都死亡，即使没有死但已感受到濒临死亡的痛苦。莲花生大师曾说："母子二人中阴迈半步，除母颌骨余骨皆分裂。"

出生后被放到垫子上时，犹如落到荆棘丛中一样痛苦；剥脱背上的胎膜时，犹如活活剥皮一样痛苦；擦拭身上的不净物时，犹如用荆棘的鞭子抽打一样痛苦；母亲抱在怀里的时候，犹如鹞鹰叼捉雏鸡一样痛苦；在头顶涂抹酥油时，犹如捆绑后抛到坑里一样痛苦；放在睡床上时，犹如沉溺于粪尿之中。无论出现饥渴病痛等任何痛苦时只有啼哭而已。

当发育成长到韶华之年时，表面看来青春美满，但实际上人的生命一天天在不断缩短，正一步步走向死亡。今生世间的一切琐事没有了结圆满之时，犹如水面的波纹一样此起彼伏、不断涌现。这一切都是与罪业相关联的，所以只能成为恶趣之因。

(2) **老苦**

轮回之事无有实义，并且没有完结的时候，正在享受之中，不知不觉就已感受到衰老的痛苦。这时周身体力逐渐减弱，美味食品不能消化；眼根减弱，看不到远处的景物或细小的物体；耳根减弱，无论说话声音如何，都听不清楚；舌根减弱，品尝不出饮食的味道，并且说话吞吞吐吐；意根减弱，记忆模糊、健忘，昏昏沉沉；口中牙齿脱落，不能咀嚼坚硬食物，而且口齿不清；体温失调，衣服稍微有些单薄，便会觉得寒冷；支撑力下降，不能承受重衣；虽然渴望妙欲受用，却无力享用；身体的风脉衰退，所以承受力和忍耐力都很脆弱；受到众人的欺辱，内心异常痛苦；因身体的四大紊乱，故遭受许多疾病和损害，一切行动都无力而且艰难。

米拉日巴尊者说："拔出牧桩之起式，悄捉小鸟之走式，重物落地之坐式，倘若具足此三时，祖母身衰心意败；外皮集聚诸皱纹，内失血肉现凹凸，痴哑盲聋境迷乱，倘若具足此三时，祖母示现愤怒母；身着沉重褴褛衣，口食冰冷浑浊食，睡处四层皮垫褥，倘若具足此三时，人狗践踏似证士。"站起的时候，不能立即起来，要用两手插在地上，就像从坚硬的大地中拔出牧桩一样；行走的时候，弯腰低头，双足不能迅速起落，缓慢而行，就像孩童悄悄捉小鸟一样；坐下的时候，由于手足所有的关节疼痛难忍，不能轻缓坐下，身体沉重落下时，如同重物落地一样；身体的肉耗尽了，所以皮膜聚集，身体和面部全都布满了皱纹；体内的血肉减少，所以骨节全都很明显，牙腮骨、关节头全都凸出在外；因记忆力减退，所以变成了痴哑、盲聋；意识模糊，体力减弱，美丽容颜也已逝去，所有的衣服沉重破旧，饮食也是残羹剩饭；因为舌的功能丧失，所以感觉所有的食物又冰冷又浑浊；因为身体沉重，所以无论做任何事都极不方便，即便是四周都有依靠物，也无法经常从床上起来。那时候，外面的幻身衰老，里面的意识颓败，非常痛苦；容颜美貌消失后，皮肤出现了许多皱纹，所以示现了丑陋的愤怒母形象；受到众人的欺辱，并且在头上践踏，再也站不起来了，真好似无有净垢分别的证悟者一样。因无法忍受这种衰老的痛苦，所以内心希望尽快死去，而实际上又非常害怕接近死亡，因此这种老苦，也等同于恶趣众生的痛苦。

（3）病苦

身体是四大组合的本性，所以当四大不调时，将遭受风、胆、涎等各种疾病的折磨，十分痛苦。身体和诸根旺盛之时，虽是精力充沛、容光焕发、神采奕奕的精明强干之人，但是一旦染上疾病，就会像被石头击中的鸟雀一样，体力完全消失，卧床不起，身体稍作运动也很困难。问他：你哪里痛啊？他连迅速回答的能力也没有，说话也是有气无力。睡觉时辗转反侧，怎么睡都觉得不舒服，而且食欲不振，夜不成眠，感觉白天晚上都很漫长。被迫感受药味的苦、涩、酸和针灸等痛苦。想到患病可能会突然死亡，又非常害怕、恐惧。由于遭到魔障或恶缘，身心不得自在，惟一处于迷乱之中，也有因此而自杀的。如果患了麻风或中风等病，活着和死了一样，被逐出人群，自己看到自己的面容也很厌恶。总之，所有的病人生活都不能自理，暴躁易怒，别人所做的一切事都看不顺眼，性格也比以前固执。如果病期过长，护理的人也不能一如既往地耐心照顾。经常遭受疾病的折磨，非常痛苦。

(4) 死苦

卧于病榻之上不知起身，见到饮食无有食欲，因遭受死亡的痛苦，所以心无欢喜，丧失了以往的勇气和傲慢，处于迷乱显现的状态中。已到永逝之际，虽有亲友围绕却无法挽留，惟有一人独自感受气息分解的痛苦。纵有无量的财产也无法带走，虽然心中难割难舍，但这些财产也不可能跟随。回忆往昔所造的恶业，心生懊悔，想到恶趣的痛苦则异常恐惧。死亡突然到来之时，显得十分可怜，人间的一切就此而隐没，生存的显现也已隐没，所以身心十分不安。如果是一个罪恶深重的人死亡，临终时，手抓胸口，胸口留下指甲印痕而死去。因为想起以前所造的罪业，惧怕转生到恶趣，想到自己在有自在的时候未修持对临终有利的正法，因此追悔莫及、痛苦万分，以手抓胸，胸口留下深深的指甲印痕而死去。如米拉日巴尊者说："若见罪人死亡时，为示因果善知识。"在这样奄奄一息之时，恶趣的境界已经显现，所有景象都十分恐怖，一切感受都是痛苦。当身体的四大内收、呼吸窘迫、肢体颤抖、意识迷乱、眼睛变成灰白色的时候，已离开了人世。死主阎罗前来，中阴的境界出现了，无依无怙，赤身空手离开人间。

我们不能确保这种死亡今天不会来临，到那时惟有正法才会有益，其他别无依处。如云："念法始从母胎生，初生之时忆死法。"无论老、幼，死亡都可能突然降临，所以自出生以后，就应修持对临终有益的正法。但我们以前没有忆念死亡，一直为扶亲灭敌，为住处、财富等而奔波忙碌，为了亲戚朋友的利益而以贪嗔痴虚度光阴，这的确是令人遗憾的。

3．怨憎会苦

担心遇到怨敌而对财产白天守望、夜间巡逻；为了养家糊口等终日忙忙碌碌，结果却无济于事；一切财产受用被敌人享用；白天遇到强盗、夜间遇到盗贼或豺狼野兽突然出现而遭损害。总之，无论有多少财产受用都只是积累、守护、增长等无量痛苦的本性。如怙主龙树说：“积财守财增财皆为苦，应知财为无边祸根源。”米拉日巴尊者也说：“财初自乐他羡慕，虽有许多不知足；中被吝啬结束缚，不舍用于善方面，乃着敌魔之根源，自己积累他人用；最后财为送命魔，希求敌财刺痛心，应断轮回之诱饵，我不希求魔之财。”拥有多少财富，就会有与彼同等的痛苦。例如，拥有一匹马就会担心被敌人抢走、被盗贼偷走、草料不足等，虽然只有一匹马，却有许多痛苦。同样，拥有一只羊也有拥有一只羊的痛苦，甚至仅仅拥有一条茶叶也会有拥有一条茶叶的痛苦。如云：“若无财产远离敌。”如果没有财产将远离仇敌，安乐无比。所以应当观修：如同往昔出世的活佛、圣者前辈的传记中所说的那样，根除一切对财产受用的贪执，像鸟雀生活一样惟一修持正法。

4．爱别离苦

世间轮回的一切众生都是贪爱自方、嗔恨他方，偏袒亲戚、朋友、眷属一方，为了他们而感受诸多痛苦。即使亲戚朋友暂时聚合，也是无常的，都是别离的本性。对于大多数人来说，如果亲友死亡或沦落他乡，或被怨敌等损害，则比自己遭受痛苦还痛苦。

特别是父母尤为慈爱怜愍儿女，担心他们受冻、挨饿、干渴、生病或死亡。儿女生病时自己宁愿以死来代受儿女的病苦，为了心爱的儿女，宁愿独自感受痛苦。同样，由于对亲友的怜爱、担心与他们分离，从而感受痛苦。可是，如果善加观察，则亲友也不一定是真正的亲友。而父母亲虽然自以为慈爱孩子，但慈爱的方法却是完全颠倒的，最终只是害了他们。给予食物、财产，为他们迎娶作为终生伴侣的妻子，实际上是把他们束缚在轮回的绳索上；教他们如何制伏敌人，如何扶助亲友，如何增长财富等造不善业的方法，导致他们无法从恶趣深渊中获得解脱，实际上再也没有比这更严重地危害他们的了。

子女也是如此，最初吸取父母亲身体的精华，然后抢夺他们口中的饮食，最后夺取他们手中的财产。不论父母如何慈爱儿女，他们却反过来损恼父母。父母亲把一生不顾痛苦罪业、恶语所积累的所有饮食财富，毫不吝惜地给予了子女，可他们却无有一点感激之情。而如果仅仅给予普通人一把茶叶，他们也会非常欢喜，但给自己的儿子五十两银子他也觉得没什么，还认为我自己父母的财物我理所应当享用。兄弟姊妹们也为了自己能得到财产而纷纷争夺，即使给了他们也没有谢意，而且给了还要索取，甚至连父母的念珠里有一颗很好的珍珠也要拿走。若是贤善的女儿，成了别人家的荣耀，对自己方面无有利益；如果是恶劣的女儿，返回家中时，只会使家人痛苦。其他的亲戚也都是如此，自己富裕幸福圆满的时候，所有的人把你像天人一样看待并尽力饶益，饮食财富不需要也会送来。自己沦落衰败的时候，即便没有做一点错事，也受到像仇人一样的待遇，饶益他们反而以损害作回报。所以儿女、亲友等无有丝毫实义。如米拉日巴尊者说："子初悦意如天子，慈愍之心难形容，中间过分催索债，虽施一切无悦时，别人之女迎入内，大恩父母逐出外，父亲呼唤不答复，母亲呼唤不应声，后成冷淡之邻居，勾结狡者造恶业，自生怨敌刺痛心，应断轮回之耙绳，世间子孙我不求。"又说："女初笑颜如仙童，劫夺财宝具大力，中间讨债无尽头，父前公开索要走，母前暗地偷偷带，施给不知报恩德，大恩父母心怒恨，后成红面罗刹女，若善他人之荣耀，若恶自己祸害源，祸害魔女刺痛心，断除无觉之忧愁，祸根之女我不求。”又说：“亲友初遇见欢颜，密切来往漫山谷，中间酒肉如还债，送他一次还一度，后成贪嗔争吵因，恶友讼因刺痛心，舍弃乐时之食友，世间亲友我不求。”

5. **求不得苦**

在此世间无有一人不希望幸福快乐，但是几乎谁也不能如愿以偿。有人为了幸福建造房屋，但是房屋倒塌自己丧命；有人为了充饥食用饮食，但却导致疾病危及生命；有人为了获取胜利奔赴战场，却一命呜呼；有人为了追求利润而去经营，却遭怨敌破坏沦为乞丐……为了今生的幸福、受用得到满足，虽然尽力辛勤劳作，但是如果没有前世的福德因缘，则即便只是暂时的充饥果腹也很困难，并且自他备受痛苦，而最终所得到的只是堕入恶趣深渊无法解脱而已。

所以，古大德云：“勤劳如山王，不及积微福。”无有了结之时的轮回琐事有何用呢？从无始以来便精勤成办这些轮回琐事，结果只是感受痛苦而已。以前为了追求今生世间的目标，一个人于青年甚至晚年时辛勤忙碌地精进，而如果把它用于修持正法上，那么现在已成就了佛果，或者虽未成佛，但也根本不会再感受恶趣的痛苦。应这样观修：如今已了知如何取舍善恶，此时，不应再致力于成办无有终结之时的轮回琐事，而应修持真实的正法。

6. **不欲临苦**

于此世间虽然无有一人希望感受各种各样的痛苦，但不愿意也要感受，如因往昔的业力成为国王的臣民、富翁的仆从等那些人，无有刹那的自由，可不愿意也成了现实。他们仅仅犯了很小的过错，就要感受许多痛苦，而且只能是无可奈何。若现在被带到刑场，也只好跟着去，此外无法逃脱，虽不情愿也要承受那些痛苦，如全知龙钦巴说：“夫妻亲属欲恒时，不离相伴然定离；贤妙住所欲恒时，不离安住然定去；暇满人身欲恒时，不离常有然定死；贤德上师欲恒时，不离闻法然定离；殊胜善友欲恒时，不离相伴然定离。从今披着精进甲，应至无离大乐洲。深生厌离诸道友，无法乞人我劝勉。”

所以，财产受用、幸福、名声等产生的因是自己往昔积累的善业，如果有这样的因，其善果不希求也自然会得到，否则，即便如何精勤成办也不会如愿以偿，只能遭受不悦意的痛苦。所以应当依靠知足少欲这一无尽的财宝，修持真实的妙法，若不这样，虽然入了佛门却精勤于今生世间的琐事，那只能是自己痛苦，被圣者呵责。如米拉日巴尊者说：“本来佛陀世间主，为摧八法说诸法，如今自诩诸智者，岂非八法反增长？如来护持诸戒律，为断俗事而宣说，如今持戒诸尊者，岂非琐事反增多？往昔僧人之威仪，为断亲属佛宣说，如今僧人诸威仪，岂非过分顾情面？总之若未念死亡，修持正法徒劳矣！”

总的来说，世间四大洲的众生无有安乐，尤其是我们这些生在南瞻部洲的人，如今处于五浊恶世，无有丝毫安乐之时，惟有感受痛苦。年复一年，月复一月，日复一日，朝夕即逝，时世越来越污浊，劫时越来越恶劣，佛法越来越衰败，众生的幸福越来越减灭低劣……思维这些道理应生厌离心。此外，南瞻部洲是业力之地，一切贤劣、苦乐、善恶、高低、法与非法等都是不定的，对于现量所见的这些境况，自相续中应该进行取舍。全知上师龙钦巴尊者说：“有时观察自现顺助缘，了知自现验相为助伴。有时观察违害逆缘现，断除贪著迷乱之要点。有时观察道友他人师，了知贤劣策励勤修持。有时观察空中四大变，了知心性无有勤作已。有时观察自境室受用，了知如幻断除执迷现。有时观察他人财受用，了知悲心断除轮回贪。总之一切种种迷现法，观察自性摧灭实执迷。”应如此修持。

（五）阿修罗之苦

第二善趣之阿修罗的痛苦：本来阿修罗的财富受用可与天人相媲美，但是由于往昔的嫉妒、好斗的不善业习气所感，得到阿修罗之身相，嫉妒心极为粗重。在自己的范围内或区域与区域间、部落与部落间进行争斗，相互不合睦，惟以战争度日。看见上面天人的财富受用圆满，一切需求都是从如意树上生出，而且其树根是生在自己的境内，生起了无法堪忍的嫉妒心。于是身披盔甲、手持兵器前去与天人作战。天人则从粗恶苑中取出兵器，乘着护地神象，天王帝释骑在大象中间的头上，三十二眷属骑在大象的其余三十二个头上，由不可思议的天兵天将围绕，发出震耳欲聋的声音，势不可挡。作战时，天人的金刚、宝轮、短矛、铁弩等如雨点般降下。因为天人具有神变，所以可以抱起大山抛出。由于往昔的业力，身体高如站立的七个人，而阿修罗却很矮小。天人除了断头以外无论如何受伤，用天界的甘露会立即恢复，不致死亡。阿修罗则与人一样，击中要害部位便会死亡，所以经常惨遭失败。天人又在醉天象的鼻上系上宝剑轮，遣出天象时，能杀害数十万的阿修罗，他们的尸体从须弥山上滚下来，落入游戏海中，海水都变成了血红色，如此经常惟以战争度日。应当诚心观修阿修罗之处也不离痛苦的本性。

（六）天人之苦

第三善趣之天人的痛苦：本来天人活着的时候快乐幸福、受用圆满，但是惟以散乱度日，所以无有修持正法的意念。寿命虽长达数劫，但在他们的感觉中只是刹那显现瞬间即逝，散乱迷茫中寿命已尽，接近死亡。从四大天王到他化自在天，无论生在哪里都要感受死亡的痛苦。以前每个天人身体的光可以照射一由旬或一闻距，而当天人临近死亡时，身体的光则消失；以前如何坐在宝座上也无有不欢喜，此时则不愿意坐上宝座，甚感不适，所以很不欢喜；以前天人的花鬘经久不枯萎，此时则全部凋谢；以前天衣如何污染也沾不上污垢，此时天衣也已染上污垢；以前天人身上不会流汗，此时身上出现汗水。这五种死相现前时，天人自己也知道将要死亡，内心十分痛苦。天子天女们也知道他们将要死亡，所以不到他们身边，只是从远处散花祝愿："愿你死后，转生于人间，行持善业，再生天界。"如此祝愿后就全部离开了，只留下自己孤孤单单，凄凄惨惨。而且以天眼观察后，了知后世将转生何处，看到转生之处的痛苦。死亡的痛苦还未去除，又加上堕落的痛苦，使痛苦增长了两、三倍，大声哀嚎。这种情形要持续七天，三十三天的七天是人间的七百年。忆念往日的快乐幸福，而今无有自主继续住留，感受即将死亡的痛苦；看到后世生处的悲惨，感受堕落之苦，遭受这两种痛苦的折磨，内心忧伤，其苦已超过了地狱的痛苦。上面的两天界虽然无有现行的死亡痛苦，但引业穷尽后将如梦醒般堕入下趣，也非常痛苦。如怙主龙树菩萨说："梵天离贪获安乐，后成无间烧火薪，不断感受痛苦也。"

如是六道众生无论生于何处，都离不开痛苦的本性，超不出痛苦的范围，只能被痛苦包围，如火坑、如罗刹洲、如海浪、如刃锋、如不净室，无有丝毫安乐的机会。《念住经》云："地狱有情受狱火，饿鬼感受饥饿苦，旁生感受互食苦，人间感受短命苦，非天感受争斗苦，天境感受放逸苦。轮回犹如针之尖，何时亦无有安乐。"弥勒菩萨说："五趣之中无安乐，不净室中无妙香。"邬金莲花生大师说："轮回犹如针之尖，佛说永无安乐时，稍许安乐亦变苦。"因此我们应当观想此轮回之处，上至三有之顶非非想天以下，下至无间地狱以上，无论生于何处，都无有少许安乐的机会，都无有丝毫实义，所以我们应当彻底断除对轮回的贪执心。应当像有胆病的人见到油腻食物一样不生希求之心，所以不应只是表面上听闻了解轮回的种种痛苦，而应从内心深处体会这些痛苦，并对此生起定解而修持。如果能这样生起定解，则不需要精进提防恶业、喜欢善法，自然而然会行善断恶。

从前世尊的弟弟难陀因贪恋妻子不想出家，世尊以各种方便使他入了佛门。虽已出家，但是不学律仪并准备逃跑时，世尊以神变把他带到雪山上，指着那里的一只盲眼母猿问他："这盲猿与你的妻子班扎日嘎二者谁美?"他回答："我的妻子美，这盲猿不及她百千分之一。"世尊说："那么我们去天界吧。"于是把他带到天界，世尊坐在一处，对难陀说："你自己去看看吧。"他见到所有的天子在各自的无量宫殿中，被许多天女围绕，享受不可思议的安乐受用。在一座无量宫殿中有许多天女，但是无有一个天子。难陀问："这是什么原因?"她们回答："在人间，世尊的弟弟难陀守持戒律，他将从人间转生天界，这是他的无量宫殿。"难陀满心欢喜，返回到世尊面前。世尊问："你看到天境了吧?"他回答："看到了。"世尊又问："天女与你的妻子谁美?"他回答："众天女美，就像前面盲眼母猿与（我的妻子）白莲花的差别一样。"返回人间后难陀护持清净戒律。但世尊对众比丘说："难陀是为了得到善趣果报而出家，你们是为了得到涅槃的安乐而出家，你们走的是不同的路，所以不要和难陀讲话，不要和他畅所欲言，不要与他坐在同一座垫上。"所有的比丘都依教奉行。因此难陀非常苦恼，他想：其他比丘舍弃了我，但阿难是我的弟弟，应该亲近我吧。于是去阿难面前，阿难也是一样，从座位上起身就走。难陀追问："你们为什么这样对我?"阿难说这是世尊的教导，他才知道原来是世尊教他们不要理睬他的，难陀感到十分悲伤。这时世尊来问："难陀，你想不想去地狱看看?"他回答："想看。"世尊以神变把他带到地狱界，让他自己去看。难陀去那里见到了地狱的情景，并且在一处，看见一空锅里燃烧着熊熊烈火，由许多狱卒围绕着，他问："锅里为什么没有众生？"他们告诉他："世尊的弟弟难陀为了获得天人的安乐守持戒律，他转生天界享受安乐，善果穷尽以后将转生到这里。"他听后非常害怕。返回人间以后，意识到虽然转生天界，但最终会堕入恶趣，所以善趣果报无有实义，真正生起了出离心。因为已现量见到地狱，所以细微的学处也未违犯过。因此世尊说："难陀是护持根门第一。"

哪怕仅仅看到地狱的图画也会生起恐怖、畏惧之心，心生厌离，何况是现量见到地狱的景象。因此世尊说应在寺庙的门上绘画五分轮回图。怙主龙树菩萨也说："即便见闻地狱图，忆念读诵或造形，亦能生起怖畏心，何况真受异熟果？"这样思维众多轮回痛苦，应当从内心深处放弃今生世间的一切琐事。如果内心不舍弃今生之事，虽然表面修法，也不可能趋入真实正法之道。

阿底峡尊者快要圆寂时，一位瑜伽士问："尊者圆寂后我去修习？"尊者回答："修习就能趋入正法了吗？""那么我去传讲佛法？"尊者又如前一样回答。他又问："那么我应该做什么呢？""你的一切修行当依止仲敦巴，舍弃今世。"

一位僧人绕转"热振"遇到仲敦巴格西。仲敦巴格西说："尊者转绕固然值得欢喜，但是如果能修持一真实法不是更好吗？"当时那位僧人想：读诵大乘经典比绕转的修法功德更大吧。于是到经堂的走廊诵经。仲敦巴格西说："诵经固然值得欢喜，如果能修持一真实法不是更好吗？"他又想：修持禅定该比诵经修法功德更大吧。于是放下经书，在床上端坐禅定。仲敦巴格西说："参禅也是值得欢喜的，如果能修持一真实法不是更好吗？"这时他已想不出别的修法了，只好问格西："尊者，那么我应修什么法呢？"仲敦巴格西回答："舍弃今世！舍弃今世！"

今生世间的一切琐事，将导致现在和未来无法从轮回的痛苦中解脱。因此，应当斩断此生的系索，修持后世之菩提。除了具有法相的上师外，谁也不会善妙开示教言，所以今生的父母、亲属、一切亲友、饮食、财产受用应如唾液般舍弃，衣食等应随遇而安，知足少欲，惟一修持正法。印度单巴桑吉说：“此等物质犹如云雾一样，不要执著为常有；一切名誉犹如空谷回声般，不要追求名誉，应当修持法性；妙衣如彩虹一样，应当身着破旧衣衫而修行；自己的身体是脓血、黄水的皮囊，不要执著珍爱；美味食物也是不净物之因，不要为了充饥而奔波忙碌；一切外境显现都会招致怨敌，应当安住于寺庙或深山中；迷乱的荆棘会刺入内心，应当修持平等性；一切需求都是从自心产生，应当守护自心；如意宝自己具有，不要贪著饮食财物；言语过多是诤讼之因，应像哑人一样；心性能现种种之业，所以不应跟随饮食转；加持是从内心生起，应当祈祷上师本尊；长期安住一个地方，对佛陀也会见过失，不要长期安住在一个地方；经常处于低劣地位，应当断除贡高我慢；不可能长久安住世间，应当及时修行；此生犹如旅客一样，不要致力于建造作暂时栖身之处的房屋；任何琐事都是无有利益的，应当修行成就之法；自己的身体终将被小虫蚀食，何时消逝也无法确定，不要散乱虚度此生；亲朋好友犹如林中的小鸟，不要贪恋他们；诚挚的信心犹如良田，不要置于烦恼的荒地；人身犹如如意宝，不要送与贪嗔的怨敌；三昧耶犹如了望楼，不要被罪业的过患染污；金刚上师住世时，千万不要懈怠修持正法呀!”

所以若修持真实的正法，则必须了知一切轮回无有任何实义。这样的道理在相续中生起的因，惟一是观修轮回过患。自相续中未生起这样的定解之前应诚心修持。

观修轮回过患在相续中生起的界限应像朗日塘巴尊者那样。一次侍者对他说：“其他人都称上师为黑脸朗日塘巴。”朗日塘巴尊者说：“想到三界轮回的痛苦，怎么会有笑容呢?”据说，一次尊者的曼扎盘上有一松耳石，一只老鼠搬不动，“吱吱”地呼唤另一只老鼠，然后一推一拉搬走了。看到这情景，尊者露出了笑容。除此之外，尊者任何时候也未露过笑容。

观修轮回的痛苦是内心趋入正法、诚信因果、舍弃今世、对众生生起慈悲心等一切圣道功德之根本。世尊次第转三次法轮，初转法轮时给众比丘首先宣说：“此乃痛苦，当知痛苦。”所以相续中未生起如此定解之前，应观修轮回过患。

轮回痛苦虽见仍贪执，恶趣险地虽畏仍行恶，
我与如我谬道众有情，心能舍弃今世祈加持。

了知轮回过患之引导终

第四章　业力因果

善恶取舍依行因果教，行以乘义次第遂攀登，
清静见故无一所执著，无等上师足下敬顶礼。

业力因果之引导分为两部分：**闻法方式**，与前相同；**所讲之法**。

所讲之法的**业力因果**之引导分三：所断之不善业；应行之善业；一切业的自性。

众生以各自所积累的善恶之业为因，导致转生于轮回的善恶趣中。轮回是由业而生，众生感受业的果报，转生到善趣或恶趣没有其他的造作者，也不是偶尔的因缘所生。因此应当随时随地观察善与不善的因果，断除一切不善业，行持一切善法。

一、所断之不善业

所断之不善业分十种：其中身恶业有杀生、不与取、邪淫三种；语恶业有妄语、离间语、恶语、绮语四种；意恶业有贪心、害心、邪见三种。

（一）杀生

是指对外境某人或某旁生等产生欲杀的动机，最后断灭他们的命根。如勇士在战场上杀敌是以嗔心而杀生；如想食用野兽肉、为穿野兽皮而杀害众生是以贪心而杀生；如不了知善恶因果

或者像外道一样认为杀生是善业等是以痴心而杀生。尤其是杀父亲、杀母亲、杀阿罗汉被称为无间业。无间业是今生与来世之间无有中阴而直接堕入无间地狱之因。

现在我们有些人认为自己没有亲自动手杀生，所以我没有造杀生的罪业。但是，无论是高官强势之人还是卑微软弱之人，谁都在脚下杀死了不计其数的细微含生，因此没有不造这种恶业的。那些上师和僧人们到施主家时，施主们会烹调血肉供养他们。僧人们对所杀的众生无有任何大悲心、无有丝毫追悔心，只是贪爱血肉的美味，欣然享用，这样施主和福田都将无有任何差别地获得同等杀生罪业。那些大人物、大官员无论到哪里，都因迎请款待他们而杀害无数的生命。那些富翁们的牛羊无论有多少，衰老的时候都将被宰杀，几乎很少是自然死亡的，因此杀生不计其数。而且春季时，虫蝇、蚂蚁、鱼儿和青蛙等被牛羊连同草一起吞下，或者前后蹄践踏而丧命，以及马粪、牛粪中死亡的含生也是不计其数，这些杀生的罪业也将落到它们主人的身上。

除了牛马以外，以绵羊为例，也是无尽罪业的来源。这些羊以小蛇、青蛙、鸟蛋等很多微小的含生为食。春季毛纺的时候，每只羊的背上约有十万含生全部丧命；冬季产羊羔时，大多数羊羔刚出生便被宰杀，那些母羊也是从小到老，在精华未耗尽之前，被用来挤奶或哺育羊羔及使用，老的时候全部被宰杀，主人享用它们的皮肉。大小公绵羊无论到哪里都只有被宰杀。羊生虱子时每只羊的背上约有上亿含生丧命。因此，拥有百数以上羊只的主人必将堕一次地狱。

女人也是如此，为她们订亲送聘礼、结婚迎娶时宰杀了无数只羊。从此以后，每次回娘家时也要宰杀一个众生，甚至亲友们宴请她的时候，如果给其他食物则好像一点也不合这个狡诈女人的心意，并且好像不知道张口动腮一样。如果宰杀一只肥羊，把羊的胸脯、肠子等放在她的面前，这红面罗刹女便以铁匠坐式，取出小刀津津有味地吃起来。第二天，背上血淋淋的全牲肉，好像猎人返家一样回去了，每次回家都不是空手而归，真比猎人还厉害。

孩童们也是同样，在游戏玩耍的时候，看见或没看见时所杀的生命也是不计其数。甚至在夏季手拿牛鞭或皮鞭抽打大地时，所杀的含生也是无以计数。所以我们这些人惟以造杀生的各种方便来度日，犹如罗刹一样惨无人道。

被人们使用了一生、饮用牛奶、以大恩养育我们的母牛，如同父母亲一样，但是我们却宰杀它们享用血肉，如果想到这些，人甚至比罗刹还残忍。

杀生的恶业若具足四种罪业的分支，则将完整感受杀生的果报。例如，就猎人猎杀野兽而言，首先他亲眼见到了一个獐子或鹿等野兽时，他认准了这是某某野兽，称为了知对境为众生（第一分支）；然后对此野兽生起想杀的动机称为生起欲杀之意乐（第二分支）；之后，猎人用火箭、枪等击中其要害称为前行采取行动（第三分支）；紧接着断绝了那个野兽的命根，使它身心的聚合瓦解，称为究竟绝断命根（第四分支）。又就宰杀主人拥有的一只羊而言，首先主人告诉仆人或屠夫要宰杀一只羊时，了知所杀的众生是羊（第一分支）；他们想到要杀某只羊时，称为生起欲杀之意乐（第二分支）；那个屠宰者拿着一根绳索前去，捉住将要杀的羊，将其掀翻在地，用皮绳捆绑它的前后蹄，并用细绳勒住它的嘴唇等，称为采取杀生行动（第三分支）；这时，那个众生感受气息分解的强烈痛苦，呼吸中断，瞠目直视，眼泪汪汪，尸体被拽到室内时，称为究竟断绝命根（第四分支）。紧接着主人用刀子削剥皮时肌肉还在颤动，说明当时能遍之风尚未完全消失，所以和活的一样。这时主人又立即将鲜肉放在火里烤，或在炉灶上煎煮，然后进行食用。如果想到这一点，食用活生生众生的那些人简直与猛兽无有差别。

有些人生起杀害某一众生的想法或者口中也言说此类话语，虽然杀生没有成功，但是已经具足了知对境众生和生起欲杀意乐的两种罪业分支，虽无圆满正行那样的罪重，但如同镜中显现影像一样，罪业已染污了自相续。还有人认为除非是自己亲手杀生，而唆使他人杀生之人没有罪业，或者认为虽有罪业也是微不足道的。事实上哪怕是随喜杀生的人也有同样的罪业，何况是唆使他人杀生的人呢？也就是说：我们应当知道参与杀生的每个人都将得到杀害一个众生的全部罪业，而不是杀生这一罪业由许多人各分一份。

（二）不与取

不与取有三种：权威不与取；盗窃不与取；欺诳不与取。

势力强大之人，如国王不是依靠合法税收而是以非法的暴力劫夺或者以军队等兵力亲自劫夺，称为**权威不与取**或势力不与取。

如盗贼在主人没有看见的地方暗中偷偷获取饮食财物归自己所有，称为**盗窃不与取**。

如经商贸易等时为了欺骗对方而以说妄语、非法称斗等手段获取对方的财物，称为**欺诳不与取**。

现在我们有些人认为只要没有亲自去偷盗而以经商等欺骗的手段获取财物没有罪业。其实以欺诳的手段经营，获得多少利润都与直接偷盗没有差别。尤其是当今时代，许多上师和僧人不将经商之事看成是过患或罪恶，并且终生为此忙碌，还自以为精明强干。但是能毁坏僧人相续的没有再比经商更严重的了。因为经常为经商而奔波，已经遗忘了求学、清净业障等闻思修行，而且也没有求学修法的机会。甚至晚上睡觉时也一直在考虑经营的帐目，所以已断灭了信心、出离心、大悲心等的根源，一直被迷乱的外境所转。

从前，米拉日巴尊者到一个寺庙去，晚上在一僧人家中住宿。那僧人睡下后便开始盘算，明天杀一头牦牛，应当如何销售牲口的皮肉？它的头赚多少，大腿赚多少，前腿之肩胛部分赚多少，小腿赚多少等，内外所有的部分都盘算过了，整个晚上没有空闲睡觉，除了尾巴以外一切都预先计划好了。这时天亮了，他立刻起来开始修法、供施食子等。米拉日巴尊者仍在睡觉，于是他走过来讥讽道："你自以为是个修行者，可是修法、诵经等什么也不做，还在睡懒觉。"米拉日巴尊者说："我平时是不睡懒觉的，但昨晚我在考虑如何出售那头被杀的牦牛，没有空闲睡觉，因此今天早晨才睡着了。"这些话揭穿了那位僧人的罪恶。同样的道理，现在惟一经商的那些人，昼夜都是考虑经商帐目，经常处于迷乱、散乱之中，在死亡的时候，也只有在这种迷乱的境界中死去。

不仅如此，经商时自己所卖的虽然是低劣商品，但却进行各种夸耀说："从前某某人说给怎样怎样的价，但是都没有出售，我自己买进时也是花了多少多少钱……"惟说种种妄语。同样，买卖的双方进行交易时，妄说自己想买而使买卖双方不和睦，此为离间语；说对方的物品低劣，或以欠债之因造成争吵等为恶语；无意义抬高价格，不想买也讲价等为绮语；以骄举心想得到对方财物为贪心；想击败他人为害心；为了买卖进行宰杀羊只等为杀生。除了邪见和邪淫以外十种不善业已全部具足。如果经营不顺利，将浪费自他二者的财物，使大家深感痛苦，最终损害自他并且自己遭受饥饿而死亡。如果稍微顺利则获得多少财富也不知满足，哪怕拥有的财产如多闻天子，仍然热衷于从事造恶业的经商，惟于散乱中虚度人生，导致临终时手抓胸口，成为恶趣的基石。使恶业不断增长，并且毁坏自相续没有比经商更严重的了。经常怀着以谄诳欺骗他人之心，以如刀尖、锥尖、针尖般锋利的恶念针对别人，经常处于害心之中，则违背了饶益他众的菩提心，并且将增长无边的恶业。不与取也同样具有如前一样的罪业四种分支。甚至仅仅给猎人或强盗等少许麦粟，也将同样得到他们所造的杀生或不与取的所有罪业。

（三）邪淫

是在家人的戒律。往昔藏王松赞干布在位期间，制定十善法规。如在家人也以种姓护持戒律、护持正法等。在家人不能违反这些法规，所以虽然是在家人也应当具足戒律，出家人则必须从根本上断除不净行。邪淫的罪恶过患极大，可以成为毁坏其他戒律的助缘。此外，男人自出精液、与他人之妻或已付了赏钱的女人（如妓女）、虽有自由但在白天、受持斋戒日、生病期间、妊娠期间、忧愁所迫、月经期间、产妇未完全康复、三宝所依存在处等进行（交媾），则为邪淫，（此外还有）父母或种姓护持的、未成年少女，于口和肛门等处进行邪淫的，这样以环境、时间来分，邪淫有着不同的种类，应当了知并断除一切邪淫。

（四）妄语

妄语有三种：一般妄语；大妄语；上人法妄语。

一般妄语：怀有欺骗他人之心而说的一切自性妄语。

大妄语：如果说善法无有功德、恶业无有罪过、清净刹土无有安乐、恶趣无有痛苦、佛陀无有功德等等，则不可能有比此更严重的明显妄语，故称为大妄语。

上人法妄语：如没有成就说成就了，没有神通说有神通等，凡是自己没有功德说有功德，这一切皆为上人法妄语。所以如今骗子与圣者相比，是骗子更加得势、受人尊崇的时代，所有人的思想行为很容易改变。有些人自称上师或成就者，以欺诳手段尽力欺骗他人，如说：“我已见到本尊，并且酬谢供养了本尊。”或者说：“我已见了魔，并且消灭了邪魔。”大多数绝对是上人法妄语。因此不应随随便便相信骗子、欺哄者，应当依止一位熟悉的、谦虚的、表里如一的修行者，在其前求得今生后世解脱的正法，这是非常重要的。有些人虽然具有世间道中的一点有漏神通，但那只是暂时的，所以有时灵验有时不灵验。无漏的神通只有圣者才能获得，其他人没有，而那样的神通是很难得到的。

（五）离间语

离间语有两种：公开离间语；暗中离间语。

公开离间语：一般是具有权威的人在两个人同时在的时候，当面以离间语使他们分开。如说："这个人暗中说你如此如此下劣，当面也如此如此迫害你，今天你们俩好像不是那样的。"类似这种当面挑拨离间的语言称为公开离间语。

暗中离间语：在情投意合的两人之间，到一个人面前说："你虽然很关心他，但是他对你却是如何如何。"以离间语使他们分开，称为暗中离间语。其中罪业最严重的是破坏僧团和合，尤其是在密乘传法的上师与弟子之间进行挑拨，或在金刚道友之间制造不和，罪业更为严重。

（六）恶语

如对相貌丑陋的人公开宣扬他们的缺点。例如，对那些有生理缺陷的盲人、聋人等当面称呼瞎子、聋子。此外，说对方的罪恶或说一切低劣的语言（都为恶语）。虽然不是恶语而是以温和的方式使对方心中不愉悦，这种语言也包括在恶语中。另外在上师、善知识、高僧大德们面前说各种不悦耳的言语，也有极大的罪过。

（七）绮语

婆罗门的咒语等，本来是非法的却认为是正法，或妓女的语言、使自他生贪心的歌曲、军队强盗的语言等，诸如此类能引生贪心、嗔心的无关话语（都是绮语）。尤其是别人诵经念咒时，说许多令他们心思散乱的无意义的话，断了别人行善法的资粮，因此罪业极重。

言说各种绮语从表面上看是在随随便便中自然而然说的，但如果善加观察，则多数都是由贪心和嗔心引起的。而自他相续中生起多少贪心、嗔心，罪业就相应有多大。此外，诵经念咒时，如果掺杂一些无意义的话语，则无论念诵多少咒语都无有结果。尤其是在僧众中说各种无关语，此人将毁坏所有僧众的善资粮，并且损失了施主所积的资粮。本来印度圣地除了具足功德、远离过患的人以外，其他人都没有资格享用信财，世尊也未曾对此开许。但是现在我们有些人学了一两套密宗仪轨，刚刚会念诵便立即随意享用黑财。通过密宗仪轨方式享用信财，如果是未获得灌顶、不具足誓言、尚未精通生圆次第、没有圆满念修的人而随便念诵密咒仪轨，则成了笨教的吟诵一样，因此罪业极重。黑财就像烧铁丸子一样，只有具足生圆次第双运铸铁的牙齿才能享用。如果平凡人享用将焚毁相续，如颂云："黑色信财乃是生命之利刃，过分享用斩断解脱之命根。"仅仅认识词句尚且不能很好地读诵，更何况说具足生圆次第？尤其是仪轨最重要的是念咒，如果念诵咒语时打开了绮语的伏藏之门，即以言说各种令生贪心、嗔心的无关语度日，将毁坏自己与他人。因此，上师和僧人们平时应该断除绮语，以禁语精进念诵非常重要。

（八）贪心

对于他人的财物，心想：如果这财物是我的该有多好。并且反复盘算：我如何才能得到并使它归我所有呢？凡是对他人的财物生起欲求之心都是贪心。

（九）害心

对他人以嗔恨心和愤怒心而想：我应当如此这般损害某某人。对他人拥有财富，心里不高兴，并且想：如果某某人不安乐、不幸福、没有这样的功德该多好啊！如果他人发生不乐意的事，则兴灾乐祸等等，凡是对他人生起损恼之心都是害心。

（十）邪见

邪见有两种：无有因果之见；常断见。

无有因果之见：认为修善法无有功德，造恶业无有罪过，称为无因果之见。

常断见：是指外道的见解。总的来说，可分为三百六十种邪见或六十二种邪见等。若归纳则可概括为常见和断见两种。常见即认为神我常有，或者认为世间的造物主是大自在天或遍入天等见解。断见即外道认为一切诸法是自然而生，不承认有前后世、业力因果及解脱等见解。如《黑自在书》云："犹如日出水下流，豆圆荆棘长而利，孔雀翎艳诸苦乐，谁亦未造自性生。"也就是说，他们认为太阳从东方升起这不是谁领上来的；河水向下流淌也不是谁引下去的；所有的豌豆都是圆形不是谁抟成的；一切荆棘刺又长又尖、非常锋利不是谁削尖的；孔雀的羽毛五彩斑斓、绚丽多彩不是谁绘制的，而是因为它们自己的本性就是如此。同样，世间的各种苦乐、善恶虽然显现，但是因为本性就是如此，因此，他们认为往昔的业力、前后世等并不存在。（如果）认为他们的论典是真实的，并且随之而行，或者虽未随行，但认为佛的经教、上师的教言、智者的论典等都不是真实的，这样产生怀疑或者进行诽谤，则都是邪见。

十种不善业中，杀生和邪见这两种罪业极大，如云："杀生之上无他罪，十不善中邪见重。"除了地狱众生以外没有谁不畏惧死亡，也没有比自己的生命更珍爱的了，因此杀生的罪业特别大。杀害一个众生需要偿还五百次生命。此外《念住经》中说："杀害一个众生需要在地狱中住一个中劫。"尤其是以作三宝所依等善法为借口造杀生等恶业，罪业特别严重。帕单巴尊者说："依恶建造三宝像，将被后世风吹走。"同样，有人自以为把上师僧众迎请到家中，以所杀众生的血肉供养他们是修善法。而实际上这种做法必将使一切施主、福田的相续都染上杀生的罪业，施主供养食物成了不清净的供养，对于福田来说成了邪命，这种罪业大大超过所做的善业。除了杀死众生后能使他们立即复活以外，相续没有不被杀生罪业染污的，上师们这样做也一定会危害他们自己的寿命或事业。因此，除非能将所杀众生的神识超度到极乐世界，否则必须竭力断除杀生这一恶业。

即使在相续中生起一刹那的邪见，也将失毁一切戒律，不能列入佛弟子的群体中，也不能算是闲暇之人身。相续如被邪见染污，从此以后，即使是行善也不能趋入解脱圣道，造罪后也没有忏悔的对境。

❖ 十不善业的果报

这些十不善业的每一种各有四种果报：异熟果，等流果，增上果，士用果。

（一）异熟果

无论是十不善业中的哪一种，如果是因嗔心而造业则堕入地狱；如果是因贪心而造业则转生饿鬼；如果是因痴心而造业则转生为旁生。如果转生于那些恶趣中，需要感受各自的痛苦，或者按烦恼的程度、动机分为上中下三品。所谓上品是指贪嗔痴极其粗重，并且长期积累恶业，最终堕入地狱；中品转生为饿鬼；下品转生为旁生。

（二）等流果

等流果有两种：同行等流果和感受等流果。

由于异熟果感召，从恶趣中解脱后获得人身时所感受的痛苦名为等流果。不过，在恶趣中也有许多与各自的业因相同的各种痛苦。等流果分为同行等流果、感受等流果两种。

1. 同行等流果

即与前世所造业相同。如果前世是以杀业为生的人现世也喜欢杀生，如果前世是以不与取为业的人现世也喜欢偷盗等。所以，有些人在孩提时代总是见到虫蝇等便杀害它们，喜欢杀生的这些人是前世造杀生恶业的等流果。同样，从幼年时起，人们由于前世各自造业不同，所以（今世）有些人喜欢杀生，有些人喜欢偷盗，有些人不喜欢这些恶业而喜欢善业，这都是前世所造善恶业的串习或者是等流果所致。如经云："过去生何处，当视今此生，未来生何处，当视今此生。"动物也是如此，如鹞鹰或恶狼等喜欢杀生，老鼠喜欢偷盗，这些都是各自前世所造恶业的等流果。

2. 感受等流果

十不善中每一种不善业各有两种感受等流果。

杀生的感受等流果：前世杀生的果报为今生短命多病。有些婴儿刚出生便立即死亡，这是以前杀生的等流果，这些人大多数都是于许多世中刚出生便死亡了。还有些人从孩提时代起便遭受多种不同疾病的折磨，一直到年迈死亡，没有不患病的（时候），这些都是往昔杀生或殴打别人的恶业所成熟的果报。所以，不应考虑摆脱这些疾病的多种医疗法，而应精进发露忏悔往昔所造的罪业，弃恶从善、勤修对治法。

不与取的感受等流果：受用非常贫乏，即便有少许财产，也是被强夺或偷走等，被敌人共同享用。所以，现在财物受用贫乏的那些人，与其精勤劳作如山王，不如积累如火星般的福德好。

如果自己没有因往昔布施之果而获得财物受用的福分，那么今生无论如何精勤也没有利益。大多数强盗、窃贼每次获得许多财物，若经常获得那么多，恐怕大地也难以容纳。但是那些以掠夺、偷盗度日的人最后却因饥饿而死。同样可以看到商人或享用信财的人，无论获得多少也无有利益。如果有往昔布施的果报，有些人虽然不经少分精勤劳作，但他们一生中总是财源不断。若想得到财富，就必须精勤于供施。南瞻部洲是业力之地，前半生造业，大多数后半生就会成熟（果报），如果遇到殊胜的福田，瞬间也会成熟。所以，为了发财便以谄诳手段经商，或者勤于偷盗等不与取者，即是所欲所行背道而驰，将导致数劫中无法从饿鬼之处得到解脱。今生也是同样，最后以业力感召将变得越来越贫穷，越来越恶劣；或者虽然拥有少许财产，却无权享用；或者由自己吝啬之因而导致自己越富裕越觉得贫穷，甚至觉得没有财物一样；或者其财产成了恶业的因等。有些虽然拥有财产却不享用，如同守护宝藏的饿鬼一样。因此，表面上虽然是富翁形象的那些人，如果善加观察，他们的财产如未能用于为今生与来世幸福之因的正法上和安闲生活的衣食上，则他们比穷人更可怜。而且他们现在就已经感受了饿鬼的等流果，这是不清净布施的果报。

邪淫的感受等流果：丈夫或妻子相貌丑陋，或懈怠懒惰，（相互之间）犹如仇人相遇一样。现在大多数夫妻之间经常发生矛盾，互相怨恨，恶语争吵甚至殴打。丈夫或妻子认为对方性格恶劣，（其实）这些都是他们往昔各自邪淫的等流果所导致的。因此夫妻之间不要生起嗔恨心，应当认识到这是自己往昔造恶业所成熟的（果报），应当生起安忍之心。如单巴仁波切所说："夫妻无常犹如集市客，切莫恶言诤吵当热瓦。"

妄语的感受等流果：自己经常遭到别人的诽谤或者被他人欺骗。所以，如果现在自己没有过失却遭到诬陷、诽谤等，即是自己往昔说妄语的果报。因此，我们不要对造谣者生嗔恨心或恶语相争，而应当观想：以此可以净除我的许多恶业，所以他们恩德极大，并生起欢喜心。吉美林巴尊者说："怨敌反对亦使修行增，无罪遭到诬陷鞭策善，此乃毁灭贪执之上师，当知无法回报彼恩德。"

离间语的感受等流果：眷属仆人之间互不和睦，或者对主人进行反驳等。例如，有些上师的弟子、官员的随从、家里的雇佣等内部大多数人相互不和，并且主人如何劝说也不听从，反而进行辩驳。有的家庭的雇佣，虽然主人指派他们做一件很容易的事，但是说了两三次还是不听，直到主人生起嗔恨心对他们严厉呵责时，才慢吞吞极不情愿地去做，做完后也不向主人汇报事情的结果，性格一贯都是恶劣的。这些都是主人自己往昔造离间语的恶业所成熟的果报。所以应当对自己所造的恶业生起后悔心，努力化解自己与他们之间的怨恨。

恶语的感受等流果：经常听到不悦耳的话语，自己所说的语言也成了争吵之因。总之，恶语是十不善业中罪业非常重的，如世间也有这样的谚语："虽无箭尖利刃语，亦能刺入人心窝。"如此所言，恶语能使对方刹那生起嗔恨心，尤其是对严厉的对境（指上师三宝等）仅说一句恶语，也将导致许多世中不能从恶趣中解脱的恶果。譬如从前，婆罗门迦毗罗称呼迦叶佛的比丘们为"马头、牛头"等，说了许多这样的恶语，他（死后）转生为一只有十八个头的鲸，一劫中未得解脱，此果报穷尽后，又堕入地狱中。此外，一比丘尼称呼其他比丘尼为"母狗"，（以此恶业）五百世转生为母狗等，有许多类似的公案，所以应当说话温和。尤其是因为不知道圣者补特伽罗或菩萨存在于何处，所以应当对所有人观清净心，宣说称赞他人的功德。如果对一位菩萨进行诽谤、恶语中伤，则比杀害三界所有众生的罪过还严重。如云："若人诽谤菩提萨埵众，较杀三界有情罪还重，发露忏悔无意所造罪”。

绮语的感受等流果：自己的言语无有威力，并且口才拙劣，虽说实语，可别人也不认为是真实语，在众人中发言也是气势薄弱，无有辩才。

贪心的感受等流果：不能称心如意，经常遇到不悦意的事情。

害心的感受等流果：经常遭受恐怖畏惧或损害。

邪见的感受等流果：经常处于恶见之中，各种欺诳扰乱自心。

（三）增上果

（此果报）成熟于外境。造杀生恶业者，转生在环境恶劣或者深谷险地等危胁生命的地方；造不与取恶业者，转生于庄稼遭受干旱冰雹、树木不结果实、发生饥荒的地方；造邪淫恶业者，转生于粪坑、淤泥等不悦意之处；造妄语恶业者，转生于财富不稳固，并且经常遇到恐怖、畏惧的外境违缘；造离间语恶业者，转生于悬崖、深谷等难以行走的地方；造恶语恶业者，转生于乱石堆积、荆棘丛生等不悦意的地方；造绮语恶业者，转生于庄稼不结果、季节颠倒并且不稳定的地方；以贪心恶业转生于庄稼荒芜，并且经常出现众多地时恶劣、痛苦众多之处；以害心恶业转生于经常有恐怖和众多损恼的地方；以邪见恶业转生于缺乏财富、无有保护者、无有亲友的地方。

（四）士用果

造任何恶业都将与日俱增、世世代代延续无边的痛苦，恶业越来越增多，将漂泊于无边的轮回之中。

二、应行之善业

即应当行持的十种善业。总的来说，我们了知十不善业的过患后，应发誓受持不造这些恶业的清净律仪，如此称为十善业，即是不杀生，断不与取等共为十种。

不需要在如上师或堪布面前立誓，只需自己心里想：永远不杀生，或者某时某地不杀生，或者不杀害某某众生等，此为善业。若在上师、善知识、三宝所依等面前进行承诺发誓，则功德特别大。因此仅像这样随便不杀生还不够，必须在心里立下誓言：无论如何也不造恶业。若在家人等不能永远断除杀生的恶业，也可以立誓在一年中的一月或四月不杀生，或者在一个月中的十五日和三十日不杀生。此外立誓一年、一个月或一日等期间不杀生也能得到很大的功德。从前，嘎达亚那尊者所在的城市有一屠夫晚上受持不杀生戒（白天杀生），（死后）堕入孤独地狱中，白天在炽燃的铁屋内感受痛苦，晚上在无量宫殿中由四天女围绕（承侍），享受安乐。

因此，所谓的十善业是指断除十不善业，并且修持对治恶业的善法。

三种身善业。不杀生：断除杀生，爱护生命；不偷盗：断除不与取，行持布施；不邪淫：断除邪淫，护持戒律。

四种语善业。不妄语：断除妄语，说谛实语；不两舌：断除离间语，化解怨恨；不恶语：断除恶语，说悦耳语；不绮语：断除绮语，精进念诵。

三种意善业。不贪心：断除贪心，当持舍心；不害心：断除害心，修饶益心；不邪见：断除邪见，当依正见。

十善业的异熟果：转生于相应的三善趣中。

同行等流果：生生世世喜欢行善，并且增长善根。

感受等流果：断除杀生，长寿少病；断除不与取，具足受用，无有盗敌；断除邪淫，夫妻美满怨敌少；断除妄语，众人称赞且仁慈；断除离间语，眷属仆人皆敬爱；断除恶语，恒常听闻悦耳语；断除绮语，语言有威力；断除贪心，如愿以偿；断除害心，远离损恼；断除邪见，相续生起善妙之见。

增上果：成熟于外境，与前面十不善业的果报相反，将具足一切圆满的功德。

士用果：所作的任何善业都显著增长，福德接连不断出现。

三、一切业的自性

自有顶以下至无间地狱底层以上，（六道众生）各自感受不可思议的各种痛苦和安乐，都是由各自往昔所积累的善恶业所产生的。如《百业经》云："众生诸苦乐，佛说由业生，诸业亦种种，造各种众生，漂泊于轮回，业网乃极大。"有些人尽管现在拥有权力和地位，拥有许多受用，但是死期到来时其中任何一样都不能跟随，只有自己此生积累的善恶业牵转跟随自己，将自己引入轮回的善恶趣之中。《教王经》云："国王趋入死亡时，受用亲友不随身，士夫无论至何处，业如身影紧随后。"因此现在所造的善恶业，虽然不会立即现前其果报，但任何时候都不会毁灭，（因缘）聚合时各自将感受其果报。如《百业经》云："众生之诸业，百劫不毁灭，因缘聚合时，其果定成熟。"又如《功德藏》云："高空飞翔金翅鸟，虽暂不见身影现，然与其身无离合，因缘聚合定现前。"例如，金翅鸟在虚空中高高飞翔时，它的身影虽然没有现出，但是并非没有身影，最后无论它降落在哪里，黑糊糊的身影就会出现在那里。同样，所造的善业恶业（的果报），虽然暂时不会现前，但是最后不可能不降临到自己头上。

不仅如此，即便是断除一切业惑障碍的佛陀和阿罗汉，也要感受自己的业果，何况我们这些凡夫众生呢？

从前，舍卫城的帕吉波国王率领军队向释迦族所居住的城市进攻，杀了八万释迦族人，这时世尊也头痛起来。众弟子请问："这是什么原因呢？"世尊回答："往昔释迦族人作渔夫时，捕杀了许多鱼食用。一天，捕捉到两条大鱼，没有立即杀死，把它们系在柱子上。那两条大鱼由于干燥而辗转翻跳，它们俩心想：我们没有罪过，这些人却杀害我们，将来他们无罪时，我们也要杀害他们。以此业果两条大鱼转生为帕吉波国王和玛拉洛大臣，被杀的（其他）鱼转生为他们二人的兵卒，今天把释迦族的人都斩尽杀绝了。我当时投生为一渔夫的小孩，当看到那两条大鱼感受无法忍受的干燥之苦而辗转翻跳时，就笑了起来。以此业感今天头痛。如果我没有获得这样圆满的功德，那么今天也将被帕吉波国王的军队杀死。"此外，世尊脚上刺入降香木刺，是以前作菩萨时杀害短矛黑人的业果。

世尊的声闻（弟子）神通第一的目犍连也是由于业力所感被遍行外道杀害的。目犍连和舍利子二位尊者经常前往地狱和饿鬼等恶道去饶益有情。一日，到了地狱界，看到外道的本师饮光能圆死后转生于此地狱，正在感受各种痛苦。他说："二位尊者如果返回人间，请告诉我的弟子们：'你们的本师饮光能圆转生在地狱中，遍行宗派没有沙门的善行，沙门的善行惟有佛教内道才有，我们的宗派是颠倒的教派，因此你们应当舍弃自己的宗派，随学释迦佛的弟子。尤其是你们将我的骨灰做成灵塔之后，每当供养时，炽热的铁雨就会降落到我的身上，因此不要供养我的遗塔'。"二位尊者返回人间后，舍利子先去向外道转告，但是因为没有因缘，所以外道们没有听见。目犍连后来问舍利子："您有没有把饮光能圆的口信转告给他的弟子？"舍利子说："我说是说了，可他们什么也没说。"目犍连说："他们可能没有听到，那我去说吧。"于是前去转告饮光能圆的口信。外道们（听后非常）

愤怒："这个人不但责难我们，而且还诽谤我们的本师。"因此，喊来外道徒众殴打目犍连，他的身体被摧残得如苇草一般。如果是以前，哪怕是三界（所有众生）聚集在一起也动不了他的一根汗毛尖，何况被这些遍行外道殴打。但是，当时由于往昔的业力成熟，尊者连幻变都想不到，更何况说显示神变了，（就好像）与凡夫没有差别。事后，舍利子用法衣将目犍连的法体包起背到祇陀园，舍利子说："我的好友目犍连死去的消息哪怕是听也不愿听到，更何况是亲眼见到他死去呢？"于是舍利子与众多阿罗汉一起趋入涅槃，紧接着目犍连也趋入了涅槃。

又从前，克什米尔的一位日瓦德比丘获得了神通和神变，并摄受了众多弟子。（一日）他在林中煮染法衣时，附近的一户人家丢失了牛犊，主人前去寻找。看见林中冒烟，于是前去查看，看到一位比丘正在生火，便问他："你在做什么？"日瓦德回答："我在煮染法衣。"主人打开染锅看时，发现里面煮的是肉，日瓦德自己也看到了（锅里的）肉。主人把他带去交给国王，呈禀："这位比丘偷了我的牛犊，请国王惩治。"国王便将其关入监牢。几天后主人的母牛自己找到了牛犊，主人又到国王面前呈禀："那位比丘没有偷牛犊，请求国王释放他。"但因国王事务繁忙，在六个月期间没有释放他。后来他的许多获得神变的弟子从空中飞行而来，到国王的面前禀告："这位比丘确实没有犯罪，请求国王释放他。"国王亲自去释放比丘时，看到他疲惫不堪的样子，非常懊悔地对他说："我延误了这么久才释放您，造了很大罪业。"比丘说："您没有错，是我自己的业力所感。"国王问："您曾造了什么罪业？"他说："我往昔转生为一盗贼时，因偷了一头牛犊被主人追赶，到了林间我将牛犊扔在一位正在入定的独觉面前便逃跑了。因此独觉被逮捕关进监狱六天，以此业的异熟果，（我于）许多世中感受恶趣的痛苦，今生也感受这样的痛苦，不过这是最后的异熟果报。"

此外，有位印度乐行国王的太子，他的母后送给他一件五彩锦缎的无缝衣，太子说：“我现在还不穿，等继承王位时再穿。”“你没有得到王位的机会，本来国王驾崩后应由太子继承王位，但是因为你的父王和龙树阿阇黎的生命是一体的，所以如果龙树没有圆寂，你的父王是不会去世的，而龙树已获得寿命自在，没有圆寂的时候，因此你的许多兄长都没能继承王位就已经死去了。”太子问：“那么，有什么办法可以获得王位呢？”“龙树阿阇黎是菩萨，如果索要他的头，他会布施的，此外别无他法。”于是太子到龙树菩萨面前去索要他的头。龙树菩萨说：“你自己砍断带走吧。”可太子用宝剑无论如何砍他的颈部，都好像在虚空中挥舞一样，无法砍断。龙树菩萨说：“我五百世前已完全清净了兵器砍割的异熟果报，所以用兵器无法砍断我的头，但是我曾经在割吉祥草时杀害小虫的异熟果报还未清净，所以用吉祥草可以砍断我的头。”于是太子割了一根吉祥草，用来砍龙树菩萨的颈部，结果头落到了地上。龙树菩萨说：“我今往生极乐刹，将来亦入此身体。”之后便趋入涅槃。像龙树菩萨那样的圣者补特伽罗也需要感受这种业力的异熟果报，何况我们这些人从无始以来就漂泊在此轮回中，造了不计其数的恶业，而且现在仍然在造恶业，真不知何时才能从轮回中获得解脱，即便是从恶趣中解脱也是很困难的。

所以我们随时随地对于哪怕是细微的罪业也要尽力不为，哪怕是微小的善业也要尽力成办。如果没有如此精进修持，仅仅是一刹那造恶业也要在恶趣中住上许多劫。所以，即使是很微小的罪业也不应认为是轻罪而轻视，觉得无所谓。寂天菩萨说：“刹那造罪业，数劫住无间，况无始轮回，积罪失善趣。”《贤愚经》云：“虽诸微小罪，莫想无害轻，火星虽微小，能焚如山草。”

同样，微不足道的善业也能产生很大的果报，所以不要认为只这么一点点而轻视。我乳轮王往昔转生为穷人时，（一天）拿着一把豌豆去看一位新娘，途中遇见德护如来去城中，他生起了极大的信心，将那把豌豆撒向佛陀。其中四粒落入佛的钵中，两粒接触到佛的胸口，以此异熟果转生为南瞻部洲的转轮王。以四粒豆落入佛钵中的果报，统治四大洲的国政八万年。两粒豆接触到佛的胸口，其中一粒的果报成为四大天王的主尊八万年，另一粒的果报在三十三天第三十七代帝释王朝与帝释天平起平坐，执掌国政。

如果我们以佛作为所缘境，甚至仅向空中抛撒一朵花作供养的善果，获得帝释和转轮王的果报也是无穷无尽的。如《贤愚经》云："诸善虽微小，莫想无益轻，水滴若积聚，渐次满大器。"《功德藏》亦云："无忧树种如芥子，每年果实成熟时，一枝亦增一由旬，善恶果增不可喻。"无忧树的种子比芥子还小，树木成长过程中，每年它的树枝都增长到一由旬许，但是这也无法比喻善恶果报的增长。

另外，虽然违犯细微的学处，也会产生很大的罪果。从前，翳罗叶龙王以转轮王的身相来到世尊面前。世尊说："你已经破坏了迦叶佛的教法，难道还要破坏我的教法吗？你当以自己本来的身相来听法。"翳罗叶龙王说："有很多众生损害我，所以我不能现出自己的身相来。"世尊便让金刚手菩萨保护它。于是它立即显相为一条遍布数由旬的巨蛇，蛇头上长着一棵翳罗大树重重地压着，树根上布满了小虫（在啃食它），感受着巨大的痛苦。弟子们请问世尊："这是什么原因？"世尊回答："往昔，在迦叶佛教法中他曾是一位比丘，有一次在途中，一棵翳罗大树刮了他的法衣，他非常愤怒，轻毁学处，砍了那棵树，以此果报今生变成龙王。"

如此一切善恶业中，辨别是黑业、白业或是轻业、重业等惟有看他的心善与不善。例如：一棵大树的根是药，那么树干和叶子也肯定是药；如果树根是毒，那么树干和叶子也肯定是毒，因为毒根不可能生长出妙药的枝叶来。同样，以贪心和嗔心引起的不清净意乐，虽然表面上行的是善业，实际上却变成了不善业。如果意乐清净，虽然表面上好像是造恶业，但实际上是善业。《功德藏》云："树根为药芽亦药，树根为毒芽何说，惟随善恶意差别，不随善恶像大小。"因此，如果根本没有牵涉私欲，意乐清净，那么对于佛子菩萨身语七种不善业也有直接开许的时候。例如，大悲商主杀害短矛黑人、以及星宿婆罗门子对婆罗门女行不净行等。

从前释迦牟尼佛曾经转生为大悲商主，和五百位商人一起去大海（取宝）。途中，一个名叫短矛黑人的凶残强盗企图杀害五百商人。大悲商主心想：这五百商人全部是不退转菩萨，如果这个人杀害了他们，他将会在地狱中住无量劫，实在可怜，若我杀了这个人，他就不会堕入地狱，只好我自己堕地狱了。这样想了之后，大悲商主以非凡的勇气杀了那个强盗，（以此善念大悲商主不但未堕入地狱，反而）圆满了七万劫的资粮。此公案表面上看，大悲商主是造了恶业，因为作为菩萨的他，亲手杀了一个人。但实际上这是善业，因为他没有牵涉私欲，暂时保护了五百商人的生命，并且究竟把短矛黑人从地狱的痛苦中解救了出来，所以是极大的善业。

同样，星宿婆罗门的儿子，许多年中在林中持梵净行。一次他到城中去化缘时，一位婆罗门女对他生起贪心，欲绝身亡。星宿婆罗门子对她生起大悲心，与她结成夫妻，（以此善念而）圆满了四万劫的资粮。

诸如此类的杀生及破梵净行都是开许的。但是，惟以私欲的贪嗔痴所引起的行为，对任何人也没有开许。

不与取也是同样，对于根本无私欲并具非凡勇气的菩萨，为了供养三宝、布施乞丐等而盗窃富贵者、吝啬者的财产是开许的。

妄语也是同样，如果为了保护即将被宰杀的生命，或者为保护三宝财产等说妄语是开许的。但为了私欲欺骗他人而说妄语是不开许的。

说离间语也是同样。例如，一个行善法的人和一个喜欢造恶业的人相互为友，而且造恶业的人力量很大。因担心行善法者堕入罪恶邪道，说离间语使他们分开是开许的，但说离间语使志同道合的人分开是不开许的。

恶语（也是如此），对于以温和的方式不能调伏之人，可以用粗暴的方便恶语使他们趋入正法，或者宣讲教言来揭露他们的罪恶等等，说这种恶语是开许的。阿底峡尊者说："殊胜上师为揭露罪恶，殊胜窍诀为击中要害。"而轻视对方说恶语是不开许的。

说绮语（也是同样），对于喜欢讲话的一些人，以禁语的方式不能使他们趋入正法，（必须）以各种方便法才能使他们进入佛门，说这种绮语是开许的，而说令自己和他人散乱的绮语是不开许的。

三种意罪业（贪心、害心、邪见），不能转变成善法，因生起一个恶分别念，就成了不善业，所以任何时候对任何人都没有开许。

如此善与不善业的作者惟一是自己的心，虽然身和语没有表露出来，但是心的分别念也有很多会导致严重的善与不善业的果报。所以，我们应当经常观察自己的心，如果是善心应生欢喜并使善业增上；如果处于恶念中应立即忏悔，并且思维：我这个人是如此恶劣，虽然听闻了那么多正法，但现在还生起这样的恶分别念，实在惭愧。从今以后应当努力使自相续中不再生起这样的分别念。

每做一件善事时，首先要善加观察自己的心。如果是善心就去做；如果是为了与别人竞争或者装模作样、贪图名誉等心态，应当认真改正恶心，以菩提心摄持；如果竭尽全力也无法转成善心，那么舍弃做那件善事为好。

从前，有许多施主要去拜见奔贡嘉格西。那天上午格西在三宝所依前摆设好供品，装饰得非常善妙。当时，他观察自己的起心，发现是为了在施主们的面前表现出很庄严的形象而做，认识到这是不清净的起心，于是他向三宝所依和供品上撒了一把灰，自言自语道："你这个比丘不要那么虚伪。"帕单巴尊者知道这件事后说："西藏的所有供品中，奔贡嘉的那把灰最殊胜。"

因此我们应随时随地善加观察自相续，在此凡夫地，相续中不生起丝毫恶分别念的意乐前行是不可能的，但如果造罪业应马上意识到，并立即忏悔，发誓不再造恶业，使自相续不与恶业同流合污。

有一次，奔贡嘉格西到一位施主家里，当时施主们都到外面去了。他想，我没有茶叶，应当偷一些以后住山修行时用的茶叶。当他把手伸进茶叶袋时，立即以正念摄持。于是，他大声呼喊："我这个人正在偷茶叶，将这只手从手腕处砍断。"

阿底峡尊者说："我自己入了别解脱门后，连细微的过患也未染上过；入了菩萨乘，对于菩提心的学处，出现过一两次过失；入了密宗金刚乘后，虽然出现过很多过患，但都立即忏悔了，从来没有不忏悔而让罪业过夜的。"他在行路途中也是一样，出现恶分别念时，马上取出一木制曼扎罗，立即做忏悔。

在攀耶嘉的地方，有施主在众多格西聚集处供养酸奶，奔贡嘉格西坐在行列中间。他看到施主给前面的人供养了许多酸奶，心想：好像到我这里时，我的那份很可能得不到。产生了这样的念头后，紧接着他认识到自己的想法不对，便自言自语道："像你这样的比丘对饮用酸奶具有这么大的信心。"于是他把碗扣放。供养者来请他享用酸奶时，格西对他说："我已饮用过了，不再享用了。"本来他只是想和其他清净比丘平等分得一份，并没有任何不善之处，但仅仅因为有希望获得酸奶的私欲，所以就不享用了。

我们如果随时随地观察自相续，取善舍恶，调伏自心，久而久之自相续可全部成为善业。从前，扎堪婆罗门经常观察自心，生起一次不善的分别念时，放置一个黑色石子；生起一次善的分别念时，放置一个白色石子。最初时单单是黑色石子，便精勤进行对治，取善舍恶；到中间时呈现黑白各半；最后已全部成了白色的。所以我们一切时处应当以正知正念摄持，生起善的对治，连细微的罪业也不要沾染上。

虽然今生没有积累罪业，但从轮回无始时以来所积累的罪业之边际无法现见，并且都将有不可思议的业果要感受。因此现在惟一行善、修习空性的那些人，采取现行对治力后，能将后世转生恶趣的业力、随眠习气成熟于今世，于今世感受痛苦。如《能断金刚经》中说："行持波罗蜜多之菩萨，受到损恼或受极大损恼，此乃未来所受之苦业于今生成熟。"

同样，也有（今生）惟一造罪业，（但因往昔）所造的微小善业成熟而暂时感受善果的。例如，从前尼洪国家，最初七日降下珍宝雨，接着次第降下衣服雨和粮食雨，最后降下土雨，所有的人被压在土下而死，堕入地狱中。

可见，行善者感受痛苦、造罪者获得快乐都是往昔业力成熟的（果报）。同样，现在无论行善或作恶，其果报也必将成熟于后世或后后世。所以，恒时对因果的道理生起定解、如理取舍因果非常重要，不应当以高深见解的法语轻视因果。如邬金莲师对藏王说："君王，我的密乘见解极其重要，但行为不能偏堕于见解方面，否则善空恶空黑法漫布，将成为魔见。同样，见解也不能偏堕于行为方面，否则，将被实相和有相所束缚，无有解脱的机会。"又说："是故见比虚空高，取舍因果较粉细。"因此，证悟实相之见解的同时，必须细致地取舍因果。

有人问帕单巴仁波切："若证悟了空性而造罪业，有害还是无害？"帕单巴仁波切答道："若证悟了空性，便不会造罪业，因为证悟空性和生起大悲心是同时的。"所以，若想修持正法，应当以取舍因果为主，并且见解和行为不相脱离而修持。

那么，业力因果之引导在相续中生起的界限是怎样的呢？应像米拉日巴尊者那样。弟子们问米拉日巴尊者："尊者您的行为已超越了凡夫众生的意境，那么上师仁波切最初时是金刚持还是一位佛菩萨的化身呢？"米拉日巴尊者回答说："你们认为我是金刚持或某位佛菩萨的化身，这是你们对我的一种信心，但对于正法来说，再没有比这更严重的邪见了。因为我当初依靠咒力降冰雹，造了非常严重的罪业，当时想肯定只有堕地狱了，因此集中精力、专心致志地精进修持正法，依靠密宗甚深的方便要诀，在相续中生起了殊胜的功德。因为你们对因果生不起诚信而导致对正法不能如此精进。如果你们能从内心对因果生起诚信，像我那样地精进，这也是所有的凡夫都能做到的，那么你们相续中也会生起同样的功德，那时，也可以称为是金刚持或佛菩萨的化身了。"

米拉日巴尊者最初造罪业，认为一定会堕入地狱，这是诚信因果而产生的。依靠对因果的诚信，精进修持正法，像米拉日巴尊者那样苦行和精进的事迹在印度和西藏是极为罕见的。因此，应当从内心对这些业力因果的要点生起诚信，并发誓：随时随地乃至细微的善业也应以三殊胜摄持而尽力行持，纵遇命难也不造极细微的恶业。

早晨起床时，不要像牛羊从圈里爬起来一样，突然站起，应在床上放松自心，向内观照自相续：昨晚的梦是善还是恶？如果在梦中显现造恶业，应生起后悔心并进行忏悔；若梦到行善应生起欢喜心，并将善根回向众生。观想并发心：我今天为无边无际的一切众生获得圆满正等觉的果位而尽力修持白业善法，尽力断除黑业恶法。晚上睡觉时，也不要于无忆念中平卧而睡，应在床上平稳安坐，如前一样观察思维：呀！我今天做了什么有意义的事，修持了什么善法？若成办了善事，应生起欢喜心，并为一切众生获得佛的果位而回向。若造了恶业，应想：我实在恶劣，今天已毁了自己。这样生起后悔心，诚心忏悔，并发誓愿：从今以后再不造那样的（恶业）。我们应当随时随地不离正知正念，对于内外情器的一切显现不应贪执为坚固实有，应于无实如幻的游舞中修持自心，使自己的相续恒时安住于善法和正道之中，调顺自心。

以上归纳总结了修四种厌离心的中心要义。如果能如此行持，则做任何善事自然不离三殊胜。如颂云："善人如药树，依彼胜一切，恶者如毒树，依彼毁一切。"这种善人以自己的堪忍力使与他结上缘的人内心转向正法，并且自他的广大善业将越来越增上，生生世世不会堕入恶趣和邪道，并将获得善趣人天的殊胜身体。这样具法相的补特伽罗无论安住于何处，所在之处的人们都会行善，且诸事吉祥，众天人也会经常护持。

虽知因果分类然信弱，虽闻众多正法却未修，
我与如我恶行众有情，心与法能相应祈加持。

业力因果之引导终

第五章　解脱功德

众多高僧智者所摄受，依照上师言教而修持，
解脱胜道无误示于众，无等上师足下敬顶礼。

解脱功德之引导有两种：**闻法方式**，与前相同；**所讲之法**。

所谓的解脱是指脱离轮回的大苦海，获得声闻、缘觉、圆满菩提的其中任何一种果位。

解脱分为能获解脱果位之因和解脱之果两种。

一、能获解脱果位之因

从暇满难得开始，以四厌离心调顺自相续，然后从一切圣道之基石——皈依开始，至圣道正行完全圆满之间，每一修法都有各自的功德，前面已讲述了，后面还要讲述，此为解脱之因。

二、解脱之果

无论获得声闻、缘觉、圆满菩提三者中的哪一种，都是寂静清凉的，都是从轮回痛苦的狭道中得到了解脱，故此应该生起欢喜心。特别是我们如今已值遇大乘佛法，所以应当惟一希求圆满菩提，精进修持十善、四无量、六度、四静虑、四无色、二止观等一切法门，并以加行发心、正行无缘、后行回向三殊胜摄持而修持。

第六章 依止上师

依止上师之引导：一切佛经、续部、论典中从未宣说过不依止上师而成佛的历史。我们现量见到的也无有一人以自我的造就和魄力而生起十地、五道功德的。通常自己以及一切众生对于邪道很有造诣，而对于解脱与遍知的圣道却犹如无依无靠的盲人迷失在空旷荒野一般知之甚少。没有不依靠商主而从如意宝洲中取宝的例子。因此，善知识和善道友是解脱与遍知的真实引导者，应当恭敬依止。

依止上师的次第分三：首先观察上师；中间依止上师；最后修学上师的意行。

一、观察上师

凡夫很容易被友伴等暂时的因缘所改变，因此我们当于一切时处依止上师和善友。譬如，普通的一节树木落到玛拉雅的檀香树林中，经过数年后，就熏染上了栴檀木的妙香，于是，这节普通的木材也会发出芬芳的檀香味。同样，若依止具相的高僧大德，也会熏染上他的功德妙香，一切威仪也将像大德那样。如云："如玛拉雅树林中，漂落普通一节木，枝叶滋润出妙香，依止上师亦随行。"

如今处于五浊恶世，虽然圆满具足众多续部宝典中所讲的一切法相的上师极为难得。但是，对于人们所依止的上师必须具备这些功德：未违犯外别解脱戒、内菩萨戒、密乘三昧耶戒——相续清净；通晓经续论典——广闻博学；于无边的众生如母对独子般慈爱——具大悲心；精通外三藏、内密四续部的仪轨；依靠修持实义于自相续中现前殊胜的断证功德；以布施、爱语、利行、同事四摄法摄受具善缘的弟子。如云："圆满诸胜法相者，浊世力致故难得，三戒清净之大地，多闻大悲润心续，精通如海显密仪，断证净慧果丰富，四摄鲜花奇争艳，善缘弟子如蜂集。"

尤其是宣说密宗金刚乘之甚深窍诀要点的上师，必须具足诸续部宝典中所讲的：获得不间断能成熟的灌顶——成熟相续；没有违犯灌顶时所受持的誓言和其他戒律——净持律仪；烦恼和分别念微弱——相续调柔；精通一切密宗金刚乘基、道、果的一切续部意义——精通显密；面见本尊等念修之相皆已圆满——念修圆满；现量证悟实相之义——解脱相续；心相续周遍大悲心——惟求利他；断除了今生世间的贪执——琐事鲜少；为了来世精进忆念正法——精进修持；现见轮回的痛苦，生起强烈厌离心，并且劝勉他人——厌离劝他；以各种各样善巧方便摄受调伏弟子——摄受弟子；依照上师的言教行持，具有传承之加持——具有加持。应当依止如此一位上师。如云："尤其宣讲窍诀师，得灌净戒极寂静，通达基道果续义，念修圆满证自解，悲心无量惟利他，精进念法琐事少，极具厌离亦劝他，善巧传承具加持，依如是师速成就。"

除此以外，应当舍弃的上师之法相：虽然自相续中无有少许闻思修的功德，却自以为我是某某上师的儿子或者贵族子弟等，种姓方面胜过他人，并且现在我的传承也是如何如何，这是如同婆罗门世袭相传的门第观念；或者虽然具有少许闻思修的功德，但不是以希求来世的清净心而修持，而是担心自己在某处失去上师的地位，所作所为只是为了今生的目的，此师称为如木磨之上师。

有些上师不能调伏弟子的相续，自己的相续也与凡夫无有差别，无有丝毫殊胜功德。但是其他一些愚笨之人却对他生起信心，未经观察便将其置于高高的位置。他获得名闻利养后，自相续已改变，充满了我慢，见不到圣者的功德，这种上师称为如井蛙之上师。据说从前，有一只年迈的青蛙长期居于井底。一天，一只来自大海的青蛙来到它面前。井蛙问："你从哪里来？"海蛙回答："我从大海来。""你的海有多大呢？""非常大。""有此井的四分之一大吗？""不止。""那么，有没有一半大呢？""不止。""那么，有此井这么大吗？""不止不止。""不可能有那么大吧？我们一起去看看吧。"于是，两只青蛙一同前去，见到大海时，井蛙（吓得）昏倒，头顶裂开而死。

未曾依止过智者上师，也没有精进修学经续，孤陋寡闻；相续中烦恼粗重，无有正知正念，违犯戒律破誓言；相续比凡夫还低劣，而行为却如大成就者一般，所做所为高如虚空；嗔恨和嫉妒心粗重，断掉了慈悲心的吊索，这便是所谓的如疯狂向导之上师，将弟子引入邪道。尤其是无有胜过自己的少许功德、远离慈悲心菩提心的上师，被称为如盲人向导之上师，不知道打开取舍之双眼。如云："犹如梵志护门阀，顾虑失毁自地位，闻思非为来世果，犹如木磨之导师。虽与凡夫性不违，愚者起信置高位，获得利养心傲慢，犹如井蛙之上师。孤陋寡闻破律誓，心劣行为高如天，折断慈悲之吊索，若依狂师增罪恶。尤无胜己之功德，依无悲心名声师，如依盲主大错误，欺诈相伴漂暗处。"邬金莲花生大师也说："不察上师如饮毒，不观弟子如跳崖。"

上师是生生世世的皈依处，也是开示取舍道理的导师。如果不善加观察，遇到邪知识，将毁坏信士一生的善资粮，并且将失毁已得的暇满人身。譬如，一条毒蛇盘绕于树下，某人以为是树影而前去乘凉，结果被毒蛇害死。如云："若未详细观察师，毁坏信士善资粮，亦毁闲暇如毒蛇，误认树影将受欺。"

因此，善加观察并且无误辨别后，应当依止一位具足前面所讲的诸功德的上师，并且恒时不离上师为真佛之想。如此圆满一切功德的上师乃是十方诸佛大悲与智慧的本体，仅仅是为了利益所化众生而显现补特伽罗的形象。如云："圆满德相之上师，诸佛智慧大悲体，所化前现士夫相，悉地之根即无上。"

如此殊胜的上师，为了引导所化众生，他暂时的行为好像与所有的普通人相同。但是，从了义上来讲，其已安住于佛的密意之中，所以又与一切世人的行为不同。上师的一切所作所为都是为了随顺所化众生的相续而具有密意的行为，所以超胜于一切凡夫。他善巧遣除弟子的疑惑，并能忍耐弟子的一切邪行和忧劳，如独子之母一般。如云："不了义随一切众，了义异于诸众生，具密意故胜有情，善遣疑忍忧邪行。"

如此具有一切德相的上师，犹如大船，能救度众生脱离轮回大海；犹如商主，能无误开示解脱遍知的圣道；犹如甘露雨，能熄灭业惑炽燃的烈火；犹如日月，能遣除重重的无明黑暗，现出正法的光明；犹如大地，能容忍弟子的忧心劳身及一切邪行，并且广泛容纳一切见行；犹如如意树，是利乐今生与来世的一切功德之源；犹如妙瓶，是不可思议诸乘宗派一切意愿的宝库；犹如如意宝，是随心所欲四种事业大海的源泉。又慈如父母，对无边无际的一切众生无有亲疏、爱憎，平等慈爱；悲如河流，对无边无际的众生生起广大悲心，尤其是对无依无怙的痛苦众生更是迫切悲悯；喜如山王，不为嫉妒心所转，不为实执之风所动；舍如雨云，自相续不为贪嗔所扰乱。如云："解脱有海如大舟，无迷胜道真商主，灭业惑火甘露雨，遣无明暗等日月，囊括诸乘如大地，利乐源如如意树，圆具法库如妙瓶，上师胜过如意宝，平等爱众即父母，悲心广切等河流，无变喜心如山王，无乱舍心如雨云。"在大悲心和加持方面上师与诸佛相同，与其结上善缘者能即生成佛，结上恶缘者能断轮回之根，如颂云："如是上师等诸佛，害彼亦入安乐道，何人正信依止师，降下一切功德雨。"

二、依止上师

依止上师的方法，如《华严经》云："善男子汝应对自己生起病人想。"有许多类似的喻义说法，如遭受疾病折磨的病人，须依止善巧的名医；行于恐怖路途的旅客，须依止勇敢的护送者；遭到怨敌、强盗、野兽等恐怖危害时，须依止解救危难的友伴；去海中宝洲取宝的商人，须依止商主；欲到达河对岸的船客，须依止舵手。同样，要摆脱生死烦恼的怖畏，必须依止具有救护力的上师善知识。如云："如病依医客依护，怖畏依友商依主，诸乘舟者依舵手，畏生死惑当依师。"

纵遇生命危险也不违背上师善知识的意愿——精进大铠；自相续不会因出现暂时的违缘而改变誓言——智慧极坚；宁舍身命也去成办——承侍上师；听从上师所说的任何言教，不顾惜自己——依教奉行。这样的人惟以对上师的敬信必将获得解脱，如云："精进大铠慧极坚，不惜身命做承侍，谨遵师命不护己，惟以敬信得解脱。"

将上师视为真佛——具大信心；知上师善巧方便行为的密意——具大智慧；能够受持上师所宣讲的一切正法——广闻博学；慈爱那些痛苦无有依怙的众生——具大悲心；恭敬上师所传授的律仪和三昧耶戒——敬护净戒；身语意寂静调柔——三门调柔；内心能容纳上师及道友的一切行为——宽宏大量；所拥有的一切皆供养上师——慷慨大方；内心很少出现不清净的分别恶念——具有净相；如果造了恶业立即想到：诸圣者知晓我的恶行，并一定会羞辱我——具惭愧心。（以上）应当具足而依止上师。如云："具信慧闻大悲心，恭敬戒律三门调，宽宏慷慨净相愧。"此外，弟子的所作所为应时时刻刻随顺上师的心意，不做违背上师意愿之事。无论上师如何严厉呵责制裁，都不嗔怒也不怨恨，犹如驯服的良马；因上师的指派而往返奔波也不生厌烦，犹如船筏；能够承受上师所吩咐的一切好坏之事，犹如桥梁；能够忍受一切艰难、困苦、寒冷、炎热，犹如铁匠的铁砧；听从上师的一切言教，犹如奴仆；断除我慢，常处卑位，犹如扫帚；舍弃骄慢，恭敬诸众，犹如断角的牦牛。此为《华严经》等佛经中所说的依止上师的方法。如云："极护上师具善巧，厉斥不嗔如良驹，来去无厌如船筏，犹如桥梁承贤劣，犹如铁砧忍寒热，依教奉行如忠仆，断除我慢如扫帚，舍骄慢如断角牛，契经所说依师法。"

以三种承侍令上师欢喜。上等为修行供养：通过苦行及精进的方式修持上师所传的一切正法；中等为身口意承侍：自己的身口意精心侍奉上师，为上师服务；下等为财物供养：以慷慨供养饮食受用等方式令上师欢喜。如云："若有财物供上师，身语恭敬承侍事，何时一切亦不毁，三喜之中修最胜。"

有时上师的行为显现不一定如理如法，无论是怎样的行为，应当了知都是善巧方便的行为，惟一观清净心。从前，大智者那诺巴得到大成就后，有一次本尊告诉他："你生生世世的上师是圣者谛洛巴，你应前往印度东方。"那诺巴尊者立即起程奔赴东方。但是不知道谛洛巴上师到底住在何处。问当地的人，都说不认识，他又问："那么在此地还有没有谁叫谛洛巴呢?"人们回答："有个以行乞为生的谛洛巴，大家称他乞丐谛洛巴。"那诺巴尊者心想：大成就者的行为是不定的，很可能就是他。于是又问："乞丐谛洛巴住在哪里呢?"人们告诉他："就在那边正冒烟的破围墙内。"他前往而去。谛洛巴尊者正坐在那里，面前放着一个装满了死鱼活鱼混杂的木盆，从中取出的每一条鱼都放在火上烤，然后享用，接着弹一响指。那诺巴上前顶礼请求摄受。谛洛巴尊者说："你说什么？我是个乞丐呀!"那诺巴又再三诚挚请求，谛洛巴尊者才摄受了他。这样的行为并非是谛洛巴尊者因饥饿未得到食物而杀鱼，而是因为那些鱼是不知取舍之处的恶业众生，他具有超度它们的能力，为使它们与他结上缘而享用鱼肉，之后将其神识送到清净刹土。

同样，萨日哈以弓箭手的形象、夏瓦热以猎人的形象等，印度圣地许多成就自在者显现出劣等种性等极其低劣的形象。所以，对于任何行为都不能生邪见，应当惟一观清净心。如云："诸行不应生邪见，圣地数多自在者，显现劣种恶行相，恶劣之中极恶劣。"如果将那些形象看作是邪行，观其过失的话，则如颂云："长处于佛亦见过。"虽然是佛，但是也会有人见其过失。往昔，世尊的兄弟善星比丘，于二十四年中做世尊的侍者。他精通十二藏并能不参阅经文传讲。但是他看世尊的一切行为都是欺诳的，他想：除了有没有一寻光的差别外，我们二人完全相同。生起这种邪分别念后，他说："二十四年为汝仆，除身具有一寻光，芝麻许德吾未见，知法我胜莫为仆。"说完就离开世尊了。当时阿难为世尊的侍者，他问世尊："善星比丘将来转生何处?"世尊回答："善星比丘现在只有七天的寿命，死后将于花园中转生为一饿鬼。"阿难到善星比丘面前告诉他世尊所说的话。善星比丘想：有时他的妄语也可能是真的，所以这七天中我应谨慎行事，七天过后我再羞辱他。于是七天中未进饮食。到了第七天的早晨，因口干舌燥，于是他喝了一口水，没想到水未消化而死去。死后，于花园中转生为具有九种丑相的饿鬼。

因此，若看到圣者上师的行为有过失，应自作呵责，并且想：这是我自己的心识、眼识不清净所致，上师的行为无有丝毫过失或罪业，应对上师更加生起信心和清净心。如云："自己未调自心前，迷乱观察无量罪，善星精通十二藏，见师行为狡诈相，善加思维改自过。"

此外，假如上师圣者表面上似乎对自己特别憎恨，我们也不应生起嗔恨心，而应想：上师一定是看到了我的某种过失，才如此呵斥我，是上师观察到以呵责方式调伏我的时机已成熟，所以才如此调伏。应当在上师心情平静时，到上师面前作忏悔等。如云："倘若上师现忿怒，见己过失呵责调，时机成熟应忏悔，如是智者不着魔。"

平时自己在上师的身边时也是同样，上师从座位上站起时，自己不应仍坐在座位上，而应立即站起；上师安坐时应当问安，再观察时机，供养适合上师心意的用品等。上师行走之时，随行也是一样。若走在上师的前面，则后背对着上师，故不应走在上师前面；若走在上师的后面，则会踩压上师的脚印，故也不应走(在上师的后面)；若走在上师的右侧，则处于首席之位，故更不应走在上师的右侧。因此，应当在上师的左侧稍后的位置恭敬随行。若因路途有怖畏，请求上师开许后走在前面也不相违；上师的座垫和乘骑也是如此，不应踩踏上师的座垫、乘坐上师的坐骑等，也不应猛力开关上师的门或用力敲门，应轻缓开关。在上师面前时，应断除身体的弄姿作态，表情的喜笑颜开或阴险愤怒等，也应舍弃说妄语、未经观察的胡言乱语、戏耍玩笑等滑稽语以及无意义的无关绮语。应怀着恭敬畏惧之心，舍弃无所谓的心态，当修学寂静的威仪。如云："上师起时莫安坐，坐时问安供受用，若行莫随前后右，踏垫坐乘等折福，不应猛力敲师门，舍弃弄姿笑怒容，妄乱玩笑无关语，三门寂静而依师。"

假如有其他人辱骂、嗔恨上师，自己不应与其为友。如果以自己的能力可以制止他们的邪见和詈骂等，就应当去制止，若无能力则不应与其畅所欲言。如云："詈骂嗔恨上师者，不应为友尽力止，畅所欲言增大罪，失毁一切诸誓言。"

此外，对上师的眷属和金刚兄弟姐妹也应同样恭敬，无论相处多久也不应心生厌烦而应和睦友好相处，犹如腰带一般；无论暂时遇到任何事情，都应舍弃骄慢，来往融洽，犹如食盐一般；对方的恶语中伤、无理争吵或施加难以承受的压力也应尽力忍耐，犹如柱子一般。应和睦相处，恭敬依止。如云："和睦相处如腰带，融洽交往如食盐，极具忍耐如柱子，亲近师眷与道友。”

三、修学上师的意行

如此，依止上师的一切方法已明确。譬如，依止胜妙水池的天鹅不会搅混池水，而是轻盈嬉戏，尽情享受；蜜蜂飞入花丛时，不会损坏花的色香，而是吸取精华后便离开。同样，我们应当了知：无有疲倦、不厌其烦地依教奉行，受持上师的意行，依靠信心与精进的近取因，则住于上师圣者心相续中的一切闻思修的功德就能融入自己的心相续中，如同从一标准瓶倾入另一标准瓶中一样。如云：“如依胜池之天鹅，蜜蜂品尝花汁味，恒时相处希奇行，无有疲厌持师意，信心近取得功德。”

上师、圣者行持菩萨行、积累福德智慧广大资粮时，自己也应发心供养微薄的财物受用或身口劳作，甚至仅以意念随喜等结上善缘，由此圣者的无上发心力所产生的一切善业资粮，圣者获得多少自己也将同样获得。

从前，有两个人一同前往拉萨。一个人除了少量的豆粉外没有其他口粮。他将少量的豆粉放入另一个人的许多精白糌粑中混合。过了几天，有许多糌粑的人说：“你的豆粉差不多用完了吧，我们去看看用完没有。”然后两人去看，“噢，现在豆粉还没有用完。”这样看了数次，豆粉一直没有用尽，最后只好与所有糌粑一起吃完。同样，他人造善业时，仅以少许财物供养或身口劳作等结上缘，也将获得同等的善根。尤其是上师、善知识暂时的指派或信使，甚至包括清扫上师的居室在内，都是无误资粮的圣道，应当尽力精进行持。如云：“决定行持善法者，胜师广积二资时，彼中皆能结上缘，役使信使清扫等，极劳具果胜资道。”

皈依处以及积累一切资粮之无上福田没有比上师更殊胜的。尤其是上师灌顶传法时，十方三世诸佛及佛子的大悲心和殊胜加持融入于上师的相续中，并且安住于与诸佛无二无别的境界中，所以，其余时间百千供养不如此时供养一口食物的福德大。观修一切生起次第的本尊也是同样，如果了知形象虽然是某某本尊，而本体除了自己的根本上师之外，别无其他，则能速得加持。在相续中欲生起圆满次第的智慧，惟以对上师的诚信恭敬与上师的加持力和合，自相续中才会生起上师心相续中所证悟的智慧。所以，修持生圆次第等一切圣道的所修之本体都可包括在上师本性中，一切经典、续部中都说上师是真佛。如云："何为皈处资粮田，修师瑜伽内外二，所修生圆体摄师，经续说师为真佛。"因此说，上师的密意安住于与诸佛无二无别之中，为了引导我们这些不清净的所化众生而化现为补特伽罗的身相。

上师在世时，我们应当精进依照上师教言修持，并以三种承侍使自己的心与上师的智慧成为无二无别。若非如此，上师在世时没有承侍供养，不依教奉行，而当上师不在世时却绘制影像或说些进行修持、修习实相之类的话，然后寻找另一甚深法，不具备使上师心相续中的断证功德融入自相续的诚信恭敬，不进行祈祷等，这是所谓的"能修所修相违"。（要想）在中阴界能面见上师、上师指引道路等，这需要自己无量的诚信恭敬与上师的悲心愿力聚合才会产生那样的结果。当然上师不可能亲自去中阴界，如果自己没有诚信，不恭敬上师，无论上师多么贤善也不可能出现在中阴界为你指引道路。如云："凡夫愚者绘像修，上师在世不承侍，不知师意修实相，能所修违诚可悲，无信中阴难见师。"

首先应观察上师。所谓的善巧观察是指在未结上求灌顶求传法的缘分之前善加观察，如果是具足法相的上师则依止，若不具足法相则不依止。如果已经依止了上师，则上师无论行为如何都应看作是善妙的，应全部视为功德，生起信心并观清净心；如果生起恶分别念，则会导致不可思议的过患。

所谓的观察上师，本来是指需要经典续部中所说的一切功德完全具足的一位上师，尤其是心相续中具有菩提心这一条件必须具备。总而言之，观察上师可以归摄于观察是否具有菩提心这一条件中。如果心相续中具有菩提心，从今以后不可能不成办弟子们今生和来世的一切利益，这位上师所传的正法也是与大乘道相关的，所以会令所有的弟子趋入正道之中；如果不具有菩提心，上师被私欲所牵，则不可能很好地调伏弟子的相续，所传的法无论多么甚深希有，最后也只能是为寻求现世的利益而已。

因此说，观察上师的一切要点可以归摄于观察是否具有菩提心。如果其自相续中遍满菩提心，则无论他的（外表）装束如何也应依止；若自相续中远离菩提心，即使表面上暂时的出离心、厌离心、专心修法以及威仪如法等如何善妙，也不应依止。但是，对于那些自相续以隐匿形式而住的高僧大德们，我们这些凡夫无论怎样观察也无法了知他们不共同的功德。还有些狡诈、欺诳者，利用装模作样骗人的方法冒充圣者，（因此难以分辨，这时）依止自己生生世世有缘的上师非常重要。即：仅仅见到上师或听到上师的声音，甚至只听到上师的尊名也会周身汗毛悉竖，激动万分，生起无比信心，心情骤然改变，这说明他是自己生生世世的上师，不需要观察（也可依止）。

据说，从前绒顿拉嘎上师告诉米拉日巴尊者说："你生生世世的上师是住在南方卓窝隆寺庙的圣者大译师玛尔巴，你应当前往。"米拉日巴尊者仅仅听到玛尔巴尊者的尊名时，不共信心便油然而生。他暗自下定决心：纵遇命难也一定要去拜见上师，并且受持上师的意行。后来前去拜见上师时，玛尔巴尊者以耕田农夫的形象来迎接米拉日巴尊者。在途中相见时，虽然米拉日巴尊者不认识上师，但当时，他今世的敏锐分别念当下全部都消失了，怔怔地站在那里。

总的来说，对于上师（的看法）也与自己内心清净与否以及业力有关。所以，为自己传授正法窍诀的恩师，无论行为如何都应当不离真佛之想。如果自己没有宿缘，则无有值遇贤善上师的机会；若自己内心不清净，值遇真佛也不会见其功德，因此值遇自己宿世受过恩德的上师非常重要。

在依止上师的过程中，何时何地都应当不顾寒热饥渴等一切困难，依照上师的言教行持，诚心诚意恭敬祈祷。自己暂时的一切所作所为也应请示上师，上师如何吩咐，就如何去做，以“我意惟您知”的诚挚信心依止上师。

所谓最后修学上师的意行，是指对上师圣者的一切行为善加观察之后，自己也全部照样去修持、依教奉行。俗话说：“一切事情即模仿，模仿之中能生巧。”总之，修行者也是模仿往昔诸佛佛子的行为。弟子依止上师也同样应随学上师的一切行为。所以，上师的意趣行为怎样，（弟子）相续中也应当如样得到。譬如：弟子依止上师应像神塔小像从印模中取出来一样，印模中有什么样的图案，全部会显现在神塔小像上。同样，上师心相续中有怎样的功德，弟子也应与上师相同，即便不能完全相同，也一定要具有基本与上师相同的功德。

因此，首先应当善巧观察上师，中间善巧依止上师，最后善巧修学上师的意行，这样的弟子无论如何必定会趋入正道。如云：“首先善巧观察师，中间善巧依止师，最后善巧学意行，此人必将趋正道。”如果幸遇一位具有一切功德的殊胜善知识，依止时应当不顾惜身命，就像常啼菩萨依止法胜菩萨、大智者那诺巴依止圣者谛洛巴、米拉日巴尊者依止玛尔巴尊者那样。

常啼菩萨是如何依止法胜菩萨的呢？从前，常啼菩萨寻求智慧波罗蜜多法门时，一次在一片旷野上，从空中传来声音：“善男子，前往东方，将会听闻到智慧波罗蜜多，不要在意身体劳累、昏沉睡眠、寒冷炎热、白昼黑夜，也不应左顾右盼，应当勇往直前，不久你就会获得智慧波罗蜜多的经典或见到具有智慧波罗蜜多法门的说法比丘。那时，善男子，你应于此圣者前听闻智慧波罗蜜多，对其生起本师想，并且恭敬正法，随后依止而行。若见其享受五种妙欲，也应了知彼乃菩萨之善巧方便，不应不起信心。”听到此话后，他便前往东方，没走多远，意识到：我怎么没有问问那声音，现在，我根本不知道宣讲智慧波罗蜜多法的地方到底该往哪里走呀！他失声痛哭，并且暗下决心：乃至未听闻到智慧波罗蜜多法门之前，我决不在意辛劳疲惫、饥饿干渴、昏沉睡眠、白昼黑夜等，应如死去独子的母亲一般，没有其他的作意，（可是）何时才能听闻到智慧波罗蜜多法呢？想到这里，他异常悲痛。

这时一位如来的身相出现在他面前，先赞颂求法的功德，然后告诉他说：“距离此地五百由旬的地方有一名为香积的城市，由五百个七宝装饰的花园围绕，一切功德吉祥圆满。位于十字中央的是法胜菩萨的七宝宫殿，其周围达一由旬，并且花园等受用十分圆满。法胜大菩萨及其眷属六万八千女众一起享受五种妙欲，尽情享用欢乐宴会，快乐无比。在那里，法胜菩萨三时为众眷属宣讲智慧波罗蜜多，你亲近他，就会听闻到智慧波罗蜜多。”常啼菩萨听罢，内心纯然，心无旁念，当时他就听闻到了法胜菩萨在彼处宣讲智慧波罗蜜多的法语，也现前了许多禅定法门，并且见到十方世界无量诸佛在宣说智慧波罗蜜多，诸佛说法后，赞叹法胜菩萨，然后都不见了。

常啼菩萨对法胜菩萨生起了无比的欢喜心、信心和恭敬心。他想：我应以何种方式前去拜见法胜菩萨呢？因我非常贫穷，无有衣服、珍宝、妙香等任何资具供养善知识法胜菩萨，所以我应当出卖自己的身体，以所得的资财供养法胜菩萨。从无始轮回以来我曾卖过无数次身体，并以贪欲之因，无数次身堕地狱，遭受砍割而枉费，而且以前都不是为了求得这样的正法，也不是为了供养这样的高僧大德。于是他便到集市中心高声叫卖：“谁买人？有谁想买人？”但由于魔王波旬对常啼菩萨为正法如此苦行生起了嫉妒心，（从中作梗），以致无有任何人能听到常啼菩萨的声音。他没有寻到买自己身体的人，便到一旁悲伤哭泣。这时，帝释天王想观察常啼菩萨的意乐，于是化为婆罗门的身相，来到他面前说：“我不需要人，但我要做一次供施，需要人肉、人油以及人的骨髓。如果你肯卖，我可以给适当的价钱。”常啼菩萨立即用利刃穿破右手，鲜血喷出，又割下右腿上的精肉。正准备到墙角下断开骨骼而取骨髓时，一位商主的女儿从楼上看到了这一切，她来到常啼菩萨面前问：“善男子，您为何这般痛苦地折磨自己呢？”常啼菩萨向她讲述了为供养法胜菩萨而卖身的经过。她又问：“那么对他做如此承侍会得到什么功德呢？”“他宣讲诸佛菩萨的善巧方便法以及智慧波罗蜜多，若依此修学，则可获得一切遍知，并将具足佛的诸多功德，还能够将圣法如意宝分享给一切众生。”“为了那些功德中的任何一份功德，即便是舍弃恒河沙数的身体也值得。但是，请您不要令自己遭受如此的疼痛，您供养法胜菩萨所需要的一切资具我可以给您，并且我也与您结伴前去法胜菩萨那里，我也希望得到那些功德，增长善根。”此时，帝释天王现出了自己的身相对常啼菩萨说：“我是帝释天，是为了观察你的意乐而来，你需求什么我可以赐予。”常啼菩萨说：“请赐予我佛的无上功德。”“这不是我的境界，所以无法赐予。”“那么，我的身体要完全恢复不需要您费力，我可以依靠真实谛的加持。”是什么真实谛呢？他说：“愿以诸佛不退转授记之真实谛与我自己坚定不移的殊胜意乐之真实谛以及此等真实语使我的身体恢复如初。”说完身体便与从前一模一样，帝释天也不见了。于是，常啼菩萨与商主之女一同去了她父母家，讲述了事情的经过，之后取了许多供养的资具，商主的女儿及其五百名侍女一起坐上马车，与其父母及其众多随从一同奔赴东方。

（他们）来到香积城，见到法胜菩萨正在为成百上千的眷属宣讲正法。见此情景后常啼菩萨获得了犹如比丘入于禅定般的安乐。于是与五百名女众随从下了马车，前去法胜菩萨面前。

那里有一座七宝组成的智慧波罗蜜多宫殿，由红色栴檀严饰，各种珍珠璎珞覆盖，四方安置四盏如意宝灯，在四个白银香炉中燃着黑沉熏香，中央的四宝箧内放置着用琉璃溶液撰写在金函上的智慧波罗蜜多，众天人前来供养经函。常啼菩萨、商主之女以及五百女仆询问了原因之后作了善妙供养，之后来到法胜菩萨为众人传法的座前。常啼菩萨和五百女众随从向法胜菩萨供养了供品，商主之女及其随从发了殊胜菩提心。因常啼菩萨问："前面见到的诸佛是从何而来，去往何处？"所以法胜菩萨宣讲了《诸佛无来无去品》，然后从法座上站起来回到家中，七年间安住于禅定之中。

在此期间，常啼菩萨与五百女众眷属始终未曾睡眠和安坐，仅以站立和行走两种威仪度日，一心期盼着法胜菩萨出定宣讲正法。七年即将过去之时，诸天人告诉常啼菩萨："现在还有七天法胜菩萨将出定宣讲正法。"于是他与五百女众眷属一起去法胜菩萨将要传法之处一由旬以内的地方进行洒扫，为了不起灰尘需要洒水时，魔王波旬使所有的水都不见了。常啼菩萨便刺破自己身体的所有脉管，用鲜血洒地压尘，商主之女和五百眷属也刺破各自身体所有的脉管，洒血压尘，这时帝释天王将所有的血用天境的红栴檀加持。常啼菩萨及其眷属设置狮子座，一切陈设圆满之后，法胜菩萨入座，宣讲了智慧波罗蜜多。常啼菩萨听闻后获得了六百万禅定法门，面见了无数佛陀，从此以后在梦中也不离面见如来，据说现在常啼菩萨在妙音无尽如来座下。

同样，大智者那诺巴依止谛洛巴尊者时，也经历了千辛万苦。如前面所说的谛洛巴尊者以乞丐的形象安坐时，那诺巴上前拜见后请求摄受，谛洛巴尊者最后答应了。之后他无论到何处都带着那诺巴，但一直未传法。

一日，谛洛巴尊者带那诺巴到一座九层楼的楼顶说："依照上师言教行持不知有没有能从此楼顶跳下去的?”那诺巴想：这里没有其他人，这一定是说给我听的。于是他从楼顶纵身跳下，几乎粉身碎骨，受了无量的疼痛和痛苦。上师来问他：“痛吗?”他回答：“不但痛，而且简直成了尸体一样。”谛洛巴尊者做了加持后，他的身体恢复如初。又将他带到一处说：“那诺巴生火。”火生好后，上师将许多长长的竹杆涂满油在火上烤，然后做成非常坚硬锐利的竹刺，说：“依照上师的言教行持也需要这样的苦行。”便将这些竹刺插入那诺巴手指和脚趾间，他身体的所有关节都僵直了，感受了无法忍受的痛苦。上师到别的地方去了，几天后回来取出那些竹刺。从伤口处流出许多血和脓水，谛洛巴尊者又做了加持后将其带走。

一天谛洛巴尊者说：“那诺巴，现在我肚子饿了，你去讨一些吃的吧。”那诺巴到了许多农夫正在吃饭的地方，讨来满满的一托巴热气腾腾的稀粥供养上师。谛洛巴尊者津津有味地享用着，显得十分欢喜。那诺巴心想：我以前跟随上师作了那么多事，从未见过上师像这次这么高兴，如果现在再去讨会不会还得到少许。于是他又带着托巴去了。那些农夫已经去干活了，剩下的稀粥放在原地。他想现在我偷一点也没事，于是拿起便逃，但被那些农夫看到了，他们追赶上来逮住他，将他打得半死。他又受了无量的苦痛，无法站起来，只好在原地躺了几天，上师又来做了加持，然后带他走了。

一日谛洛巴尊者说：“那诺巴，我现在需要许多财物，你去偷吧。”于是他到一位富翁家去行窃，结果被人察觉后逮住了，又将他打得死去活来。几天后，上师来到他面前问：“痛吗?”他如前回答。上师做了加持后，又将他带走。这样的大苦行共受了十二次，还有十二次小苦行，如此他前后经历了二十四种苦行。

所有的苦行圆满后，一天，谛洛巴尊者说：“那诺巴，你去打水来，我在这里生火。”那诺巴提水回来，上师生完火后，站起身来，左手抓住那诺巴的喉窍说："那诺巴，把头伸过来。"说罢，右手脱掉鞋子，拿起鞋便猛击他的额头，那诺巴骤然昏迷，失去知觉。苏醒之时，他的相续中生起了上师心相续中所有的功德，师徒二人的意行成为无二无别。

就这样，大智者那诺巴经历了二十四次苦行，而实际上，因为是依照上师的言教，所以成了清净业障的方便，虽然形式上只是无意义的劳苦，好像无有一个是正法，即上师未曾宣说一句正法，弟子也未进行过一次如顶礼等的修持善法，但因值遇成就的上师后，不顾艰难困苦，遵照上师的言教行持，以清净业障之力即可在相续中生起证悟。因此，所有的修法中再也没有超过依照上师言教行持的修法了，依教奉行的功德非常广大。

相反，对上师的教言置之不理的过失也特别严重。有一次，谛洛巴尊者说："那诺巴，你不要担任布札马希拉寺护门班智达之职。"后来，那诺巴去印度中部地区时，巧遇布札马希拉寺护门班智达圆寂了，无有其他人能够与外道辩论。便请求他："需要您做北门的护门班智达。"再三诚恳请求后，他做了北门的护门。一次，他与外道辩论，数日也不能辩胜，于是祈祷上师。一日他定睛一看：谛洛巴尊者出现在自己的面前。他说："上师，您的悲心实在微弱，我前面百般诚挚祈祷，您也不降临。""我不是说过了嘛，不让你做护门班智达，现在你将我观想在头顶上，以契克印指着外道，即可辩胜。"依上师所说而行，结果那诺巴获胜，击败了所有的外道。

同样，米拉日巴尊者也如此依止了玛尔巴尊者：在阿里贡塘地方有一名为米拉希日嘉村的富户，有两个子女，长子名叫米拉闻喜，也就是至尊米拉日巴。他们兄妹童年时，父亲就去世了，所有的财产全部被伯父勇仲嘉村掠夺去了。他们母子三人饮食财产一无所有，备受种种艰辛。之后，米拉日巴从勇敦措嘉和拉吉俄穷那里学会了咒术与降冰雹术，压死了伯父的儿子、儿媳等共三十五人。因当地人过分欺凌他们，他又降了三墙板高的冰雹。

他对以往所造的恶业追悔莫及，于是生起修法之心。依照上师勇敦的教言，到一位大圆满上师绒敦拉嘎前求法。绒敦拉嘎上师说："我这殊胜大圆满法，根为生起胜，顶为证得胜，果为获得胜，昼修昼成佛，夜修夜成佛，具有宿缘者不需修持，仅以听闻就能解脱，乃是极上根、具法缘者所修之法，因此赐予你此法。"于是赐予他灌顶和窍诀。米拉日巴心想：我最初学咒术时，仅仅十四天就出现了明显验相，学降冰雹术也只用七天就成功了。现在此法比咒术、降冰雹术更容易，因"昼修昼成佛，夜修夜成佛，具缘者无需修持"，我既然已遇到此法，也算是具有宿缘之人。所以他没有修持，整天沉湎于睡眠之中，结果正法与补特伽罗已背道而驰。过了几天，上师说："听说你是个大罪人，确实如此。我对此法也有点过于夸张，现在我无法调伏你。在南岩卓窝隆寺有印度大成就者那诺巴的亲传弟子——圣者大译师玛尔巴，他是新密的成就者，三地无与伦比，你与他具有前世的缘分，应前去那里。"当时，仅仅听到玛尔巴译师的尊名，他内心就生起无以言表的欢喜，全身汗毛悉动、安乐无比、热泪盈眶，并生起无比的诚信与恭敬心。暗自思忖：不知何时才能遇到上师，得以见面。于是立即前往南岩。

上师佛父佛母也出现了许多殊胜梦境，知道米拉日巴尊者将要到来。于是玛尔巴尊者便假装耕地，到龙达路边迎接他。米拉日巴尊者首先遇到上师之子达玛多德在放牧，然后继续向前走，在路口遇到正在耕地的玛尔巴上师。刚一见面，就产生了不可思议、无以言表的喜悦之情，灭尽了今世所有的分别念，呆怔了片刻。当时他并不认识上师，他讲述了前来拜见玛尔巴上师的原因。上师说："我可以把你介绍给玛尔巴，你来帮我耕这块地。"说完赐给他满满一瓶酒就走了。米拉日巴尊者把留下的酒一饮而尽。刚好耕完地时，上师叫他的儿子来唤米拉日巴一起回去拜见上师。顶礼后他说："上师啊，我是来自拉多地方的一个大罪人，愿将身口意三门供养上师，请求上师（赐予）衣食与正法，愿我能够即生成佛。"上师说："罪孽深重，怪不得我，又不是我让你造罪的。不过你究竟造了什么罪？"米拉日巴尊者详细叙述了经过。上师说："无论如何，供养身口意很好，但是衣、食和正法三者不能全部给你，要么给你衣食，你去别处求法；要么传你正法，你到别处寻找衣食，二者只能选择其一。如果选择赐予正法，即生是否能成佛还要依靠你自己的精进与毅力。"米拉日巴尊者说："我前来依止上师的目的是求法，衣食可以到别处去寻找。"于是尊者在上师那里住了几天，随后就到南岩一带化缘去了。结果化到二十一藏斗青稞，其中用十四藏斗青稞兑买了一口四角铜锅，剩余的七藏斗青稞装入口袋，然后尊者带上铜锅和青稞回到上师跟前供养。尊者将青稞背进上师房间，放在地上，几乎占满了整个房间。上师站起来说："你这个小伙子好大的力气，你想用手力压死我们这些人呀？快把青稞拿出去。"边说边用脚踢他，"必须将这些青稞弄到外面去。"后来米拉日巴尊者只供养了那口空空的铜锅。

一次，上师说："我有许多来自卫藏具有信心的弟子，经常遭到雅卓打隆巴及浪巴地区人们的殴打，不能顺利前来供养饮食。所以，你到那两处降一次冰雹，那也是修法，如果有效，我会传窍诀给你。"于是米拉日巴到那两个地方降了冰雹，回来后请求上师赐予窍诀。上师说："你降了三粒冰雹，就想得到我辛辛苦苦从印度求来的法啊？如果真的要想得法，南岩拉卡瓦地区的人经常殴打我那些来自涅洛若的弟子，并且对我也是非常轻蔑，你去那里诅咒他们，若咒术灵验，出现效果，我将把大智者那诺巴一生一世成佛的窍诀传授与你。"在那里，咒力同样达到了效果，回来后又向上师求法。上师冷笑："嘿嘿，你想要我不惜身命求得的那些还带有空行温热气息的窍诀作为你造罪业的赏赐品吗？是开玩笑还勉强可以，这也实在太可笑了，如果不是我而是别人的话，也可能杀了你。现在你自己去赔偿雅卓人的庄稼，使拉卡瓦所有的人起死回生，能够做到那样我就传给你窍诀，否则，不要来我这里。”受到上师这样的呵责，他非常伤心失望，哭了很长时间。

第二天早晨，上师来安慰他说：“昨晚我对你训斥得太重了，你不要不高兴，慢慢来，不要着急，我会传窍诀给你。你是一个勤于做事的人，你帮我儿子达玛多德建造一座房子，竣工之后，我不但传窍诀给你，还将为你准备衣食。”米拉日巴说：“在这期间如果我没有得到法而死去了怎么办呢？”上师说：“我可以保证这期间你不会死。对法不能太夸张，据说你是一个十分精进的人，若能勤修我的窍诀，或许即生也能成佛。”这样谆谆教诲一番后，让米拉日巴在东山建一座圆形房屋，在西山建一座半圆形房屋，在北山建一座三角形房屋。所有的房屋仅建起一半时，上师就来呵责，命他全部拆毁并将土石放回原处。在背运这些土石的过程中，米拉日巴后背生了一个疮，他想：如果请上师看，只有挨骂，请师母看，又会说在夸功。所以没有给他们看，只好独自哭泣。之后，招呼道友去祈求传法，师母也请求上师赐法与他。上师对师母说：“你去准备一些丰盛的饮食，带他到我这里来。”米拉日巴来后，上师念了皈依的传承，传完皈依戒后说：“这些都是共同之法，如果想要不共密宗窍诀需要如此做。”便简略地讲述了那诺巴传记中苦行的情况，然后问道：“你能够这样苦行吗？看来很困难吧！”听到这些，米拉日巴生起了强烈的信心，泪流满面，并且立下了“谨遵师命”的坚定誓言。

几天过后，上师又将他带到西南方向一处险要位置，对他说：“你在这里建造一幢灰白色四方形的九层楼，加上宝顶共十层，建好后不会再拆毁，并且传你窍诀，你一心修持时，我将为你准备修行的口粮。”在打地基时，上师的三大心子游戏时滚来一块大石头，他也用来砌地基了。二层楼刚刚修好，上师来查看，并问："这块石头是从哪里取来的？"他讲述了原由。上师说："我的那几位弟子是修生圆次第的瑜伽士，他们岂能作你的奴仆，快取出那块石头送回原处。"他又从房顶开始拆掉，取出那块石头送回原处。上师说："你自己再搬回来放上吧。"他又搬来如前一样放好，继续建造。第七层楼建起时，腰部又生了一个疮。上师过来对他说："你暂时把这个工程放下来，在下面建一座有十二根柱子带卫生间的走廊。"他又开始修建，走廊竣工时，脊背上又生了一个疮。

当时，藏绒地方的梅敦村波来求胜乐金刚灌顶，多勒地方的策敦旺额来求密集金刚灌顶。他们二人来时，因为建房这一事情马上就要完成了，所以，米拉日巴就跑去坐在灌顶行列中，希望能得到灌顶。结果又遭到上师的责骂和痛打，并从灌顶行列中赶了出来。当时，米拉日巴整个背上已伤痕累累，三个疮口流出脓血，疼痛难忍，但他仍然背上土器继续修建房子。

又一次，绒地的鄂敦秋多来求喜金刚灌顶。当时，师母将私房财产一颗大松耳石给了他，做为灌顶供品。他又坐在灌顶行列中，结果像上次一样挨了一顿痛打和责骂，没有得到灌顶。他想：现在肯定不会得到法了。于是漂泊异乡，到了南岩地区。一户人家请他念诵《般若八千颂》，在那里看到了常啼菩萨的传记，以此为缘，他想：为求正法，要坚持苦行，恭敬上师，依教奉行，令师欢喜。于是便返回来。可回到上师那里后仍然只是挨打受骂，他非常伤心失望。这时，师母派他到鄂敦上师跟前去求法，鄂敦上师传给他窍诀后，他进行修持，但因未得到上师的允许，所以未能生起少许功德。后来遵照上师的吩咐，随鄂敦上师一起回到玛尔巴上师那里。一日，在一次会供的行列中，上师严厉呵责了他和鄂敦上师以及师母，又狠狠地打了他们，并将他赶了出去。他心想：我所造恶业的罪障如此深重，不但自己受苦，还连累鄂敦上师和师母受这样的苦，现在无法得到正法反而只有造罪，还不如自杀死了好。想到这里，他准备自杀，被鄂敦上师劝住了。这时玛尔巴上师怒气全消，将他们师徒二人唤到面前，从此开始摄受他，并赐予许多善妙的教诲，给他取名为米拉金刚幢。在胜乐金刚灌顶时，上师现量显示了六十二本尊坛城，赐他密名“笑金刚”，所有的灌顶与窍诀以注满妙瓶的方式传授给他。米拉日巴也是猛厉精进、苦行修持，最后获得了共同和殊胜的成就。

往昔出世的所有印度和西藏的大智者、持明成就者也都是依止了真正的上师善知识后，依照上师言教行持，最后与上师的意行成为无二无别。所以我们对上师的一切行为不能心生邪见，也不能有欺诳、狡诈的心态，应以正直的秉性来依止上师。如果没有这样依止，仅仅说一个小小妄语的罪业也是极其严重的。

从前，一位大成就者的弟子摄受了众多眷属。一次他正在传法时，他的上师以乞丐的形象来到他面前，他不好意思在大众中顶礼自己的上师，便装作没看到。下午法会结束后，他立即去拜见上师，并作顶礼。上师说：“刚才为什么不顶礼？”他说：“我没有看见上师。”话刚出口，他的两颗眼珠就落到了地上。后来他请求上师宽恕，并说了实话。上师作了加持后，他的眼睛才恢复。

此外印度大成就者黑行大师也是同样。他与许多眷属一起坐航船渡海时，心想：我的上师虽然是真正的成就者，但从世间的眷属受用等方面来说我还是更胜一筹。刚刚生起这个念头，航船立即沉入海中，在水中遇到了极大的艰难，他马上祈祷上师，上师亲自降临，解除了他海水的怖畏。上师说：“因你生起了很大的傲慢心，所以得到这样的报应。我也是没有致力于寻求眷属受用，否则，若致力于那些的话，至少也会成为与你同样的人。”

往昔已出世了无数不可思议的佛，以他们的大悲心也未能救护我们，而今我们这些众生仍然漂泊于轮回的大苦海中；昔日出现的不可思议的成就者高僧大德，我们也未能成为他们慈悲观照的对境，甚至连面见他们的缘分也没有。如今佛法已到末期，正值五浊增盛之时，我们虽已获得人身，但只是随不善业而流转，不知取舍之处，犹如无依无靠的盲人漂泊于空旷的荒野中一样。此时，诸上师、善知识、圣者们以无量的大悲心垂念我们，显现出适合各自不同缘分的补特伽罗身相。虽然他们安住于佛的密意中，但行为却随顺我们凡夫，并通过善巧方便来摄受，使我们趋入殊胜正法之门，打开我们取舍的双眼，并无有错谬、无有迷乱地开示解脱遍知的胜道。实际上，上师的功德与诸佛无有差别，但对我们而言，上师则以胜过诸佛的恩德加以救护。因此，我们应当随时随地以三种信心精勤依止上师。

虽遇圣士却被劣行诱，虽获胜道仍漂非道渊，
我与如我恶性诸有情，自续正法调伏祈加持。

依止上师之引导终

共同前行圆满矣！

第二篇　不共内前行

外之皈依如顶敬三宝，内之皈依成就三根本，

胜义皈依现证妙三身，无等上师足下敬顶礼。

不共内前行分为五部分：

- 诸圣道之基石——**皈依**
- 趣入最胜大乘——**发殊胜菩提心**
- 清净违缘罪障——**念修金刚萨埵**
- 积累顺缘资粮之供曼扎罗与顿然断除四魔之古萨里——**积累资粮**
- 自相续生起证悟智慧之究竟方便——**上师瑜伽**

第一章 皈 依

诸圣道之基石——皈依之引导分五：一、皈依的基础；二、皈依的分类；三、皈依的方法；四、皈依的学处；五、皈依的功德。

一、皈依的基础

总的来说，能开启一切正法之门的就是皈依，开启皈依之门的是信心。皈依之初于自相续中生起稳固的信心非常重要。

信心又分为清净信、欲乐信、胜解信三种。

清净信：进入有许多佛像、经书、佛塔的殿堂，或见到上师、善知识、高僧大德的尊颜，或者听到彼等功德及事迹，以此类因缘，能够立即想到他们的悲心广大等，这种由清净心引发而生起的信心称为清净信。

欲乐信：听闻到恶趣轮回的痛苦后生起想摆脱之心；听闻到善趣与解脱的安乐后生起想获得之心；听闻到善法的功德后生起欲修持之心；现见罪业的过患后生起欲断除之心，这些都是欲乐信。

胜解信：了知三宝的不共功德与加持之后，从内心深处生起信解，知道三宝是一切时分无欺的皈依处，想到无论是苦是乐，是病是痛，是生还是死，任何事情无欺的皈依处——三宝都会知晓，除三宝之外，没有其他的依赖和指望，这种坚定不移的信心称为胜解信。

邬金莲花生大师说："具有坚信得加持，若离疑心成所愿。"

信心能引生一切善法的功德犹如种子，若无信心就如同种子被火烧过一样。如经云："无信心之人，不生诸善法，如种被火焚，青芽岂能生？"此外，信心居于七圣财之首位，如云："信心如宝轮，昼夜修善道。"信心是一切财宝中最殊胜的。同样，信心也是无尽功德的源泉，犹如宝藏；能趋入解脱胜道，犹如双足；将一切善法揽入自相续，犹如双手。如颂云："信财宝藏双足胜，犹如双手摄善根。"虽然三宝具有不可思议的悲心与加持，但若想使之融入自相续，惟一依赖的就是自己的信心和恭敬心。因此，如果自己具有上品的信心和恭敬心，那么所得到上师三宝的悲悯与加持也是上等的；若具有中品的信心和恭敬心，则所得的悲悯与加持也是中等的；假如只具有下品的信心和恭敬心，就只能获得少许的加持与悲悯；如果根本没有信心和恭敬心，那么不可能得到上师三宝的悲悯与加持。若自己无有信心，则遇到真佛摄受也无济于事，就像前面提到的善星比丘和世尊的弟弟提婆达多等人一样。如果具有真诚的信心和恭敬心，无论谁祈祷，佛陀都会降临到他的面前赐予加持，诸佛对众生的悲心无有亲疏。如颂云："何人诚作意，能仁现彼前，赐灌顶加持。"邬金莲师说："具有信心善男女，莲生不去何处住，吾寿无有殁尽时，信士前我各现一。"只要具有胜解信，任何人都会得到佛的悲悯。"若有信心，老妇依犬牙也能成佛。"

从前有一位老母亲和她的儿子，儿子经常去印度经商。老母亲对他说："印度金刚座是圆满正等觉（释迦牟尼佛）出世的圣地，你一定要从印度给我带回一个作为顶礼对境的殊胜（加持品）。"这样嘱咐他多次，但儿子都忘记了，（一直）没有带回加持品。一次，儿子又准备去印度，母亲说："如果这次还不给我带回来一个作为顶礼对境的加持品，我就在你面前自杀而死。"儿子去印度经商到返回的期间又忘记了，临近家门时才记起了母亲的话。他想：现在该怎么办呢？我没有给母亲带回任何顶礼所依的加持品，如果这样空手而归，母亲一定会自尽身亡的。想到这里，他左右环顾，发现路边有个狗头，于是拔出狗牙，用绸缎裹好带回去，交给母亲说："这是佛的牙齿，希望你把它作为祈祷的对境。"老母亲以为这颗狗牙是真正的佛牙，生起了强烈的信心，经常顶礼供养，后来狗牙降下了许多舍利。最后老母亲去世时，出现了彩虹光环等许多瑞相。这并非是狗牙具有加持力，而是老母亲以强烈的信心力认为它是真正的佛牙，这样佛的加持力融入狗牙中，所以狗牙也就与佛牙无有差别了。

此外，在工布地方有一个叫觉沃奔的笨人。一次他去朝拜觉沃佛像。当时在觉沃佛像前，无有香灯师和其他人。他来到近前，看到供桌上的食品和酥油灯，心想：觉沃佛是将这些糌粑团蘸上灯器里的酥油汁以后才食用的，为了使酥油汁不凝固才燃烧此火的，那么觉沃他怎么享用我也应该同样食用。于是，他将糌粑食子蘸上酥油汁后吃了起来。吃完后，看着觉沃的尊颜说："神馐被狗叼走了您也是笑眯眯的，酥油灯被风吹动您还是笑眯眯的，您真是一位好上师。我的这双鞋托您保管，我绕转一圈就回来。"说完便将鞋子脱下来放在觉沃佛像前面，他自己去绕转了。香灯师来后，（看到了佛像前的鞋，）准备扔出去。这时，觉沃佛像说："这是工布奔托我保管的，不要扔掉。"他来取鞋时又说："您真是一位好上师，明年请到我的家乡来吧，我宰一头老猪炖上猪肉，煮熟陈旧的青稞酿成青稞酒等着您。"觉沃佛像说："可以。"

他回到家中对妻子说："我已经邀请了觉沃仁波切来作客，不知道他什么时候来，所以你要经常看他是否来了。"第二年的一天，他的妻子去提水，在水中清楚地显现出觉沃的影像。妻子立刻跑回家告诉丈夫："那边水里有一个人，是不是你请的客人呀？"他马上跑去看，果然看到水里现出觉沃仁波切。他认为觉沃落到水里了，于是跳进河里去捞觉沃的身体，真的抓住提上来了，便想带回家中。途中到了一块大石头前时，觉沃说："我不去俗人家里。"之后不肯继续前行，而是融入了那块岩石中。后来石头上自然出现了觉沃佛像，所以被称为"觉沃石"，显现觉沃身像的河则被称为"觉沃河"。据说至今它们仍与拉萨觉沃具有相同的加持力，信众们也经常对其顶礼供养。

也就是说，觉沃奔以自己所具有的坚定信心，得到了佛的悲悯。否则，他饮了灯油、吃了神馐，又将鞋子放在觉沃佛像前面，怎么会没有罪过呢？但是依靠信心力，他反而得到了那样的功德。

不仅如此，现量证悟实相胜义谛也惟一依赖于信心。如佛在经中说："舍利子，胜义谛惟以信心才能证悟。"依靠所生起的不共信心，上师三宝的加持融入自相续后，自相续中便会生起真实的证悟，当见到实相真实义时，对上师三宝会真正诚信不疑，生起不共的不退转信心。所以说证悟实相与胜解信二者是相辅相成的。

从前，塔波仁波切临行时问上师尊者："尊者，我何时才可以摄受眷属呢？"尊者回答："一旦你与现在不同，于相续中生起现见心性的证悟，并且对老父我也生起了如见到真佛般的坚定信心，那时你可以摄受眷属。"因此，上师三宝的大悲心与加持融入自相续惟一依靠的是恭敬和信心。从前，阿底峡尊者的一个弟子直呼尊者的名字："觉沃给我加持加持。"尊者说："坏弟子，恭敬一点吧！"只有以坚定不移的不共信心与恭敬心才可能开启皈依之门，因此，信心是必不可少的。

二、皈依的分类

具有如此信心之皈依分为三种：如果是因为畏惧地狱、饿鬼、旁生三恶趣的痛苦，希求善趣人天安乐而皈依，称为**小士道**

皈依；如果是因了知无论生于轮回的善恶趣都不离痛苦的本性，为了摆脱轮回的一切痛苦，获得寂静涅槃的果位而皈依三宝，称为**中士道皈依**；如果是因为现见沉溺于轮回大苦海中的所有众生遭受无法想像的各种痛苦逼迫，为了将他们安置于遍知无上真实圆满正等觉的果位而皈依，称为**大士道皈依**。

如今在这三种发心中，我们应当具有希求将无边众生安置于圆满正等觉果位的大士道发心而皈依。善趣的人天安乐暂时好像是安乐的，但实际上也超不出痛苦的（范畴）。善趣安乐果报耗尽后又将堕入恶趣之中，所以不应追求瞬间的善趣安乐。如果只是为了自己一人得到寂静安乐涅槃的声闻缘觉果位，而不饶益无始以来曾做过自己父母、现在沉沦于轮回苦海中的无边众生是不应理的。希望一切众生能获得佛的果位而皈依三宝是大士道广大福德之津梁，所以应依大士道皈依。《宝鬘论》云："众生界无量，欲益亦如此。"

三、皈依的方法

共同乘皈依法：诚信佛为本师，法为道，僧众为修道助伴，以此方式而皈依。

不共同密乘皈依法：身、口、意三门供养上师，依止本尊、空行为助伴，以此方式而皈依。

殊胜方便之金刚乘皈依法：脉清净现化身，风清净现报身，明点清净现法身，以此捷径而皈依。

究竟无欺实相金刚乘皈依法：皈依境圣众相续中的本体空性、自性光明、大悲周遍三相无别的智慧，我们为了使自相续生起这些智慧而反复修持、决定，以此方式而皈依。

所有的皈依方法明确后，应当明观皈依境修持真实皈依。即：将自己的住处观想为由各种珍宝组成的清净刹土，美妙悦意、平坦光滑犹如镜面，无有凹凸不平的山岗、洼地。在自己正前方观想一棵具有五枝的如意树，枝繁叶茂、百花齐放、硕果累累，极其圆满，遍满东南西北整个虚空界，所有的枝叶全部是以各种珍宝铃、瓔珞严饰。并观想：在中央的树枝上，本体为三世诸佛的总体、无等大悲宝藏具德之根本上师，外相为邬金莲花生大师，身色白里透红，一面二臂，双足以国王游舞式安坐于八大狮子所抬宝座上面的各种莲花、日月座垫上。右手以契克印执持金色五股金刚杵，左手平托天灵盖，内有充满无死智慧甘露的宝瓶，瓶口以如意树严饰。身着锦缎大氅、法衣、咒士衣，头戴莲花帽，与身色洁白、手持弯刀、托巴的佛母益西措嘉空行双运。这样安坐于自己前方的虚空中，莲师面向自己方向。再观想莲师头顶上诸传承上师以重楼式安坐。本来共同续部有无数传承上师，但此略观大圆满心髓派的根本传承上师，即：法身普贤如来、报身金刚萨埵、化身极喜金刚（噶日多吉）、阿阇黎将巴谢宁、上师熙日森哈、智者加纳苏扎、大班智达比玛木扎、邬金莲花生大师、藏王赤松德赞、译师毗卢遮那、空行益西措嘉、遍知龙钦巴、全知吉美林巴，他们各自装饰装束圆满，上者的座垫未接触到下者的头部，以重楼式安坐。其周围由四续部不可思议的本尊天众与空行勇士众围绕。

在前方的树枝上，观想本师释迦牟尼佛的周围由贤劫一千零二尊佛等十方三世诸佛所围绕，全部是殊胜化身梵净行的装束，头有顶髻、足有轮宝等具足三十二相、八十随好，双足以金刚跏趺坐而安坐，身色有白、黄、红、绿、蓝色，身体放射出不可思议的光芒。在（莲师）右方的树枝上，观想：以三怙主文殊菩萨、金刚手菩萨、观音菩萨为主的八大随行佛子由大乘圣者僧众围绕，身色也全部是白黄红绿蓝色，以十三种圆满报身装饰庄严，双足以平等式站立。于左方的树枝上观想：舍利子、目犍连声闻二圣由声闻缘觉圣者僧众围绕，身色全部是白色，身着三法衣，手持锡杖与钵盂，双足以立式安住。于后方树枝上观想：法宝经函累积，金光闪闪的格架中央最上方陈列着六百四十万大圆满续部，全部函头标签对向自己，经函光芒四射，并自然发出“啊勒、嘎勒”的声音。这些树枝的所有空隙中间有智慧护法神和业成护法神，其中男相护法神全部面朝外，成办和保护修持菩提正法、遣除违缘与障碍，以及阻止外部障碍进入内部的事业；女相护法神全部面向内，成办内成就不散失于外的事业。这些事业护法神都具有智、悲、力的无量功德，对我们十分慈爱，把他们都观想成引导众生的大导师。再观想今生的父亲在自己的右侧，母亲在左侧，前面是以自己的怨敌和损害自己的魔障为首的三界六道一切众生，犹如地面上大聚会的人们一般聚集在一起，面向皈依境而合掌，身恭敬顶礼，口恭敬念诵皈依偈，意恭敬而思想：从现在起自己无论是上升、还是下堕、是苦是乐、是好是坏、是病是痛，除上师三宝您以外我没有其他的依靠者、救护者、怙主、友军以及希求处与皈依处，因此，从即日起乃至获得菩提果之间，全心全意、诚心诚意（将自己）托付于您，（成办任何事）不向父亲询问，不与母亲商量，也不自作主张，完全依靠上师三宝您，一切奉献给您，精勤修持您，除您之外我无有其他的皈依处、希求处。以如此猛烈渴望之心念诵：

真实三宝善逝三根本
脉风明点自性菩提心
本性自性大悲坛城中
乃至胜义菩提恒皈依

如此每一座尽力念诵皈依偈，至少要圆满十万遍，在未达到此数量之前，应闭关观修，平时也必须念修皈依。

若有人想：皈依时将自己的父母观在左右，而将怨敌、魔障二者观在自己前面，为什么观想怨敌魔障比父母还重要呢？这是因为我们这些已入了大乘法门的修行者，应当修持对无边一切众生平等的慈悲心与菩提心，尤其是为了圆满广大的福德资粮，不失毁所积累的一切善根，修安忍是非常重要的。正如所谓：“若无生嗔境，于谁修安忍？”要修安忍，必须依靠怨敌、魔障进行损害，才能修成安忍苦行。若善加观察，从正法方面而言，父母教我们的是成办现世利益的一切欺诳手段，从而导致我们后世无法从恶趣的深渊中解脱。从这一点来说，父母的恩德并不很大。而怨敌和魔障呢？怨敌因对我们制造违缘、妨碍修行而成了我们修安忍的对境，并且使我们远离长期被轮回绳索所束缚、不能得以解脱以及财产受用等一切痛苦的根源，从而获得自在，所以对我们恩德极大。魔障也是我们修忍辱的对境，它使我们遭受病痛和苦痛的折磨，我们依此可以清净自己往昔所造的许多罪业。例如，至尊米拉日巴是以伯父与姑母霸占了他们家所有的财产和受用为缘，才值遇正法。又如吉祥比丘尼是因遭受龙魔的侵害而修持观音法，最后获得了殊胜的成就。所以，（怨敌和魔障）成了值遇正法之因，恩德极大。如全知法王龙钦巴尊者说：“遭受损害遇正法，获解脱道害恩大；痛苦忧伤遇正法，得永乐故苦恩大；非人损恼遇正法，得无畏故魔恩大；遭人忿恨遇正法，得利乐故敌恩大；因猛恶缘遇正法，获无变道恶恩大；他人劝勉遇正法，获真实义劝恩大。平等报恩善回向。”因此，怨敌、魔障不仅今生对自己的恩德极大，而且他们也是自己往昔生生世世的父母，这样观想非常重要。

最后收座时，自己应当以殷切的恭敬心为缘，观想皈依境的诸圣尊众，身体发出无量光芒，照射自他一切众生，自他一切众生犹如鸟雀被石簧惊动“扑楞楞”地飞起般融入皈依境的诸圣尊中，皈依境的所有尊众也从边缘逐渐融入于光中，之后，融入中间摄三宝于一体的上师中，头顶重楼式的一切尊众也融入下面的上师，上师又融于光中，光消融于法界中，最后自心随力安住于远离分别念之法身离戏本体中。起座时，将一切善根回向无边众生并念诵：

以此功德愿吾等
成就真实三宝尊
无际众生尽无余
愿能安置于彼土

随时随地自心不离正知正念而观想皈依境的尊众，行走时将其观想在自己右肩的虚空中，作为转绕的对境；安坐时观想在自己的头顶，作为祈祷的对境；享用饮食时观想在自己的喉间，作为饮食献新的供养处；睡眠时观想于自己的心间，作为迷乱的（梦境）隐入光明境界的要诀。总之一切威仪中不离皈依境尊众的光明显现，应以坚定不移的信心，诚心诚意依止三宝，惟一精勤修持皈依。

四、皈依的学处

皈依的学处分三：（一）三种应断之事；（二）三种应行之事；（三）三种等同之想。

（一）三种应断之事

皈依佛之后，不能顶礼所谓轮回中的世间天神，即不应将那些自己尚未摆脱轮回痛苦的外道天尊，如自在天、遍入天等，以及地方神、土地神等世间大力鬼神作为后世的皈依处，并进行顶礼供养等；皈依法之后，应断除恼害众生之事，尽力精勤守护三门，连梦中也不应作损害众生之事；皈依僧之后，不应与外道为友，即不能与不信仰佛教及导师佛陀的外道种姓交往。在藏地虽然没有真正的外道，但辱侮、詈骂上师，诋毁、亵渎正法，以及诽谤密宗甚深法门的人也与外道相同，不能与之交往。

（二）三种应行之事

皈依佛之后，对佛宝的身像，乃至零碎片段也应恭敬供养，以头顶戴，放置于净地，对其生起真实佛宝之想，生起信心并观清净心；皈依法之后，对只言片语乃至一字的佛经也应生起恭敬心，顶戴供养，生起真实法宝之想；皈依僧之后，对僧宝所依乃至红黄补丁也应生起真实僧宝之想，恭敬供养、顶戴，置于净处，生起信心并观清净心。

（三）三种等同之想

对现在为自己开示取舍道理的上师、善知识，应当生起真正佛宝之想，甚至连上师的身影也不能踩踏，应精勤承侍、供养。对殊胜上师所赐的任何教言都应生起真正法宝之想，依教奉行，哪怕仅仅一言一句也不能置之不理。对上师的眷属和弟子以及与自己共同持梵净行的道友们，生起真正僧宝之想，身口意恭敬依止，一刹那也不做令他们不欢喜之事。

尤其是此密宗金刚乘中皈依境的主尊是上师，所以应当了知上师的身为僧众，语为妙法，意为佛陀，即三宝总集之本体。上师的任何行为都应看作是善妙的，诚信不疑地精进依止，并且经常祈祷。倘若自己三门的行为令上师生起厌烦心，就完全舍弃了一切皈依境，因此应当随时随地以坚定不移的毅力和决心，想方设法令上师欢喜。总而言之，无论苦乐、好坏、病痛或哀伤等等，惟有一心一意依赖上师三宝。如果幸福快乐，应当了知是三宝的悲悯所致，如佛在经中说：此世间的安乐与善事，乃至于烈日酷暑时的习习微风拂面，都是佛的悲悯与加持。同样，自心生起一刹那的善分别念也是佛不可思议的加持力所致，如《入行论》云：“犹于乌云暗夜中，刹那闪电极明亮，如是因佛威德力，世人暂萌修福意。”

应当了知拥有任何利乐之事都是佛的大悲心（加持所致），无论出现病痛、苦痛、魔障等任何违缘和障碍，除了祈祷三宝之外，不依靠其他解除病痛魔障的方法，假如需要采取医疗术、禳解术等，也应了知这些都是三宝的事业，然后接受治疗等，应知一切显现都是三宝的游舞。对此，应生起信心并观清净。自己为了办事前往异地他乡时，应当先顶礼所去方向的如来或顶礼三宝后，再开始前往。一切时处应当念修宁提派仪轨的皈依偈：“真实三宝善逝三根本，脉风明点自性菩提心，本性自性大悲坛城中，乃至胜义菩提恒皈依。”或者共同乘的皈依偈：“皈依师、皈依佛、皈依法、皈依僧。”

应当经常发誓念修共称的四皈依颂。向他人赞叹皈依的功德，使他们皈依。自他所有的人今生来世的依赖处就是三宝，应精勤念修皈依。睡眠时，也应如前所说将皈依境的尊众观想在自己的心间，自心专注于皈依境而入睡；若不能那样观想，也应当意念：上师三宝以慈悲、怜悯垂念于我，他们亲自安住在我的枕头之上。自己生起诚信并观清净心而安住，在不离随念三宝的状态中入睡。享用饮食的时候也是同样，将三宝观想于自己的喉间，以饮食的美味作供养。如果不能那样观想，应当诚心意念一切所饮所食的献新首先供养三宝。如果自己穿新衣服也应在未穿之前观想供养三宝，即向空中甩动一下后，意念三宝赐给了自己，再穿上。同样，遇到悦意的外境也应供养三宝，如美丽的花园、清澈的河流、美妙的宫殿、悦意的树林、广大的财产、丰富的受用、以装饰品严饰的俊男美女等等，无论看见任何自己喜爱或贪执的事物，都应当诚心意念供养三宝。打水时也应将水献新供养三宝之后，再将水装入自己的水器。自己获得现世的幸福、安乐、名誉等等，无论出现任何希求悦意之事，都应诚心意念这是三宝的大悲心所致，首先供养三宝，自己生起恭敬心，并观清净心。自己顶礼、供养、观修本尊、念诵咒语等所成办的一切善根也应当供养三宝，回向众生。

在藏历每月的十五、三十日六时中应当尽可能供养三宝，平时也不间断供养三宝。随时随地都不应忘记：无论是苦是乐，惟一皈依三宝。能够做到这样的话，如果在梦中生起恐惧、怖畏的时候能够皈依，那么在中阴界也能做到。因此，在没有如此做到之前，应精勤念修皈依。总而言之，一心一意依托三宝之后，纵遇命难也不应舍弃三宝。

从前，印度的一位居士被外道徒抓住，他们说："如果你舍弃皈依三宝，就不杀你，若不舍弃就杀掉你。"他回答："我仅仅在口头上可以舍弃皈依三宝，从内心绝不可能舍弃。"最后，这位居士被外道徒杀害了。无论如何我们应当做到这样。

若舍弃皈依三宝，无论修持多么甚深的法也不能列入佛教徒的行列中，如阿底峡尊者说："内外道以皈依分别。"虽然外道中也有以禁忌恶业、修习本尊、观修风脉等而获得共同成就的，但因为不知道皈依三宝，所以远离了解脱道，永远不能从轮回中解脱。阿底峡尊者虽然对于浩瀚如海的显密正法无所未闻、无所不知，但尊者认为起初惟有皈依最为重要。在所有的法会中，惟一宣讲皈依，所以被称为"皈依班智达"。因此，已入解脱道，作为一名内道佛教徒的我们，今后纵遇命难也不应舍弃皈依戒，应精进修持正法。如经云："何人皈依佛，彼为真居士；何时亦不能，皈依其他众；皈依于正法，远离恼害心；皈依圣僧众，不应交外道。"

如今我们这些人自以为是三宝的随行者，却对佛经、佛塔、佛像等无有少许恭敬心，将其视为普通的财物，进行买卖或作为抵押品等，这是所谓的享用三宝的身财，罪过极其严重。此外，绘画、雕刻佛像等需要测量尺度后再进行制作，除此以外，其他时间若妄加评说指责佛像不庄严的部分，则罪过十分严重，所以不应评说指责。若将佛经文字的书函等直接放在地上，或者从经书上跨过，或者翻页时手指蘸唾液等，所有这些不恭敬的行为，罪过特别严重。世尊说："末世五百年，我现文字相，作意彼为我，尔时当恭敬。"并且世间也有这样的俗语："佛经上面不能放佛像。"所有佛像、经典、佛塔中，佛经具有开示取舍道理、保持佛教延续等作用，所以与真佛无有少许差别，甚至比佛还殊胜。现在有很多人将金刚铃杵当作一般用品，不认为它们是三宝所依。而实际上金刚杵是表示佛的五种意智慧。铃也是同样，铃具有本尊面相，下续部说此面相表示毗卢遮那佛，上续部说此表示金刚界自在母，因此它具有身相；铃上有八大佛母真实种子字的经文相；此外，其声音表示佛说法的妙音，所以铃具足了身口意三所依之相。尤其是它具足了密宗金刚乘的全部坛城轮，并且是不共三昧耶的标志，因此，若轻视则罪过极其严重，应当经常恭敬供养。

五、皈依的功德

皈依三宝是一切正法的基础，何人仅仅皈依就播下了解脱的种子，能够远离不善业，增上善业，成为一切律仪之根本，一切功德之来源，暂时也能受到善法方面护法神的保护，并且一切所愿称心如意，经常不离三宝的光明而且能忆起宿世，今生来世安乐，究竟获得佛果等有无量功德。如《皈依七十颂》云："虽众皆可受戒律，然未皈依不可得。"别解脱中比丘戒、沙弥戒、居士戒所有律仪也都依靠皈依，所以皈依是必不可少的。除此之外，一切大乘发殊胜菩提心、密宗金刚乘的灌顶等之前必须具足真实皈依，甚至仅仅受持一天的八关斋戒之前也必须皈依，同时皈依可作为一切戒律功德之根本。

不用说了知三宝功德后生起信心而皈依，甚至仅仅耳闻佛号或对佛的身口意所依中任何一种结上少许善缘，也将在其相续中播下解脱的种子，最终得到涅槃。律藏中说："曾经有一头猪被狗追赶而绕转了一座佛塔，因此在它相续中播下了解脱的种子。"此外也有"依靠一泥像，三人得成佛"的公案。

从前有个人在路边看到一尊小泥像，他想：这尊小泥像如果这样放着，很快就会被雨水淋坏，不能让它被毁坏。看到小泥像前面有一个被扔掉的鞋垫，便将鞋垫盖在它上面。另有一人看到这种情景，认为这么肮脏的鞋垫盖在小泥像上面很不好，于是将鞋垫扔掉了。盖鞋垫和扔鞋垫的二人以贤善意乐的果报，后世获得了王位。如颂云："善意将鞋垫，置于能仁顶，他人舍弃彼，二者得王位。"因此，最初造小泥像的人、中间盖鞋垫的人、后来扔鞋垫的人都暂时得到王位等善趣的乐果，究竟播下了解脱的种子，最后都已成就佛果。

远离不善业也是同样，如果内心深处以强烈的信心、恭敬心皈依三宝，那么往昔所造的恶业将会减轻或消尽。从此以后，自相续会得到三宝大悲心的加持，一切行为都会成为善法，也不会再去造恶业。譬如，佛经中说：未生怨国王杀害了自己的父亲，后来诚心皈依三宝，因此（死后）仅仅在地狱中感受了七天（的痛苦）就解脱了；提婆达多造了三种无间罪，活活地感受地狱烈火烧身时，才对佛语生起了诚信，并说："我从内心深处皈依佛"。（以此因缘）他将成就缘觉的果位，名为具骨。

如今，我们这些人从大恩上师、善知识那里听闻到殊胜正法，并生起少许修持善法、断除恶业的念头，这时如果从内心深处精勤皈依三宝，则三宝定会加持自相续，那么自己的信心、清净心、厌离心、诚信因果等一切圣道功德将越来越增上。相反，若既不念修皈依也不祈祷上师三宝，则无论现在的厌离心多么善妙，但因外境善于蛊惑人心，而自己又智慧浅薄、无有主见，分别念很容易被诱惑，所以，现在行善法也很容易转成造恶业，因此应当了知，即使今生断除不善业也不会比皈依更殊胜。

此外，一说“魔众对精进修行者特别憎恨”，又说“法深之时黑魔亦甚”。如今已到了五浊恶世，修持甚深法义、行持广大善法，经常会遭到现世的种种诱惑、亲朋好友的阻挠、病痛魔障的违缘、自心也生起疑惑分别念等等，正法的障碍变化多端，从而摧毁善业资粮。如果从内心中精进修持皈依等对治法，则一切正法的障碍将会变成顺缘，并使善法越来越增上。

当今时代有些在家人为了一年当中全家安乐、除病免灾而采取保护措施，将一些既没有得过任何灌顶和传承、也未圆满诵持基数密咒等的上师僧人们请到家中。他们则摆设一个猛修仪轨的坛城，没有任何生圆次第的境界，只是睁着如碗大的眼睛，对着一个个食团生起难忍的嗔恨心，口中喊着“召召、杀杀、呀呀、打打”，一听就令人产生面目狰狞的感觉。之后惟有进行血肉供养。若善加观察诸如此类的现象，则如米拉日巴尊者所言：“迎请智慧天尊维护世间的利益，犹如将国王从宝座上拉下来，吩咐他作扫地之事一样。”又如单巴桑吉尊者说：“将密宗的坛城设在村子的羊圈里，岂能对治乎?”此密咒将沾染上笨波教吟诵的过患。

降伏事业对于那些不牵扯私欲、为了成办广大弘法利生事业的人降伏十大应诛怨敌魔障是开许的。如果偏执自他，以自相的嗔恨心进行降伏，那么不但不可能降伏对方，反而将成为自己堕入地狱之因。无有生圆次第境界、三昧耶不清净的人作血肉供养，非但不能成就智慧天尊和护持正法的护法神，反而会集聚黑法方面的诸鬼神来享用那些供品和食子。虽然他们（鬼神）暂时好像作了些利益，但长期却会带来众多不悦意之事。所以应当一心一意皈依三宝。

若请那些自相续寂静调柔的上师、僧人们念诵十万遍皈依偈，则没有比这更保险的了。这样他已趋入三宝的庇护之下，今生将不会出现任何不愉快之事，一切所欲如愿以偿，还会得到善法方面天众的护持，而且黑法方面的诸魔障也不能靠近。譬如，从前有一个盗贼被主人逮住，主人一边念皈依偈一边用棍棒打他，如念一句皈依佛，打他一下，（最后）将他释放了。盗贼想：释迦牟尼佛恩德很大，幸好皈依偈只有四句，如果皈依偈有五句的话，我可能就被打死了。在他心中好像皈依偈的声音与疼痛成了无二无别，并且脑海中一直回响着朗朗的皈依偈声。他走到一座桥下躺了下来，这时，桥上来了许多鬼魔，他们说："这里有一个皈依三宝的人。"于是不敢过桥害他，吵吵嚷嚷地逃走了。

所以，如果从内心诚挚皈依三宝，那么今生可遣除一切损害，后世将获得解脱和遍知的果位，有着不可思议的功德。如《无垢经》云："皈依之福德，若其具色相，遍满虚空界，彼将胜虚空。"《般若摄颂》云："皈依福德若具相，此三界亦成小器，大海乃为水宝藏，藏合岂能衡量矣？"此外，又如《日藏经》云："有情谁人皈依佛，俱祇魔众不能害，纵破戒律心散乱，彼亦定能趋涅槃。"如此说，皈依具有无量功德。所以，应当勤奋念修一切正法之根本——皈依。

虽依三皈信心却微弱，虽受三学护戒然失散，
我与如我无心诸有情，信心不退坚固祈加持。

一切圣道之基石——皈依之引导终

第二章　发殊胜菩提心

以大智慧现前胜涅槃，以大悲心住于轮回中，
以巧方便轮涅证无二，无等上师足下敬顶礼。

大乘之根本——发殊胜菩提心之引导分三：修四无量心；发殊胜菩提心；愿行菩提心学处。

一、修四无量心

修四无量心分为四部分：修舍无量心；修慈无量心；修悲无量心；修喜无量心。

本来慈、悲、喜、舍四无量心中，最初应从慈心开始宣说，但这里从修持方面来讲，依次修心时，如果没有先修舍心，那么慈心与悲心会偏堕一方，不能够清净，所以首先从舍心开始修。

（一）修舍无量心

所谓的舍心是指舍弃嗔恨怨敌、贪爱亲友的偏袒，对一切众生无有亲疏、爱憎的平等心。对现世的父母亲友等自方极其贪著、对怨敌他方嗔恨难忍，这是未经观察的过患所致。现在的这些怨敌在往昔生生世世中都曾做过自己的亲友而互敬互爱、和睦相处、共同维护，所做的饶益也是不可思议的。现在被当作亲友的这些人也是一样，往昔生生世世中也有许多曾作怨敌而对自己进行过损害。

如前嘎达雅那尊者所说："口食父肉打其母，怀抱杀已之怨仇，妻子啃食丈夫骨，轮回之法诚希有。"从前藏王赤松德赞的王女莲明公主十七岁去世时，藏王赤松德赞问莲花生大师："我的这个王女莲明公主看来是个宿业清净之人。因她转生为我赤松德赞的女儿，并遇到了你们这些犹如真佛般的大智者、大译师，但为什么她的寿命如此短暂呢？"莲师说："您的这位王女莲明公主并非因为什么宿业清净而转生为您的王女，而是因为以前我莲花生、君王您以及菩提萨埵曾转生为三个劣种儿子。在修建夏绒卡绣大塔时，莲明公主转生为一毒蜂。它叮入君王您的微血管，您无意中用手擦拭而杀死了那只毒蜂，所以是因为当时的命债而转生为您的王女。"藏王赤松德赞是真正的文殊菩萨，他也有这样由业缘而生的后代，更何况说其他众生呢？

现在我们这些人与父母有着血缘关系，他们对我们的关怀、疼爱是不可思议的。如果我们发生了痛苦或不悦意的事，他们甚至比自己遭遇这类事还悲伤，但实际上这全是往昔互相加害而转生的宿缘。如今成为自己怨敌的这些人也是同样，他们在往昔世世代代中都曾做过我们的父母。现在也是一样，虽然认为他们是仇人，但他们却不一定对自己有害；虽然自己认为他们是怨敌，但他们有的却不认为自己是怨敌，即便将自己视为怨敌，他们也没有能力加害。也有以怨敌加害之因，使暂时今生的名誉增上，值遇正法，并成就究竟利乐的。如果自己以各种方便随顺他们的心意而说些相应的柔和话语，那么成为亲友也并不困难。同样，现在认为是亲友的这些人，有子孙欺骗父母、甚至残杀父母的；也有许多勾结怨敌一起抢夺自家财产而经常发生争斗的。如果他们与父母和睦的话，若出现痛苦、不快等事情，则父母比自己出现这类事情还哀伤。为了亲友子孙等积累了大量的罪业，后世被引入地狱之中；虽然自己想修持正法，但却受到他们的阻挠，或者对父母与后嗣等依依不舍而弃置正法，不能得到修持正法的空闲等等，则比怨敌更加有害。同样对来世也是如此，现在自己认为是怨敌的这些人转生为自己的后代、亲友转生为仇敌等都是不定的，所以对刹那亲怨的显现执为实有，以贪心、嗔心积累恶业，使自己成为恶趣的堕石，这样做有什么必要呢？因此自己应当对无边的一切众生生起父母与子孙之想，像往昔圣者前辈的传记中所说的那样平等看待亲怨。

首先，应当千方百计修炼自心，对那些自己不喜爱、生嗔恨心的人——嗔恨对境不生嗔恨心，把他们看成无利无害的一般人。然后，再观想这些人从无始以来生生世世中无数次做过自己的父母，与现世的亲生父母一样。在没有对他们生起慈爱心之前，应反复观修自心。最后，一切众生无论显现一般、亲、怨三者中的哪一种，都应看成与现世父母无有任何差别。对他们未生起如此慈悯心之前，应反复观修。若未生起这样的境界，对任何亲怨既生不起悲心，也不生嗔心，只是平平淡淡，那是所谓的无利无害之愚舍，不属于舍无量。舍无量应当是如仙人布施一样。仙人们宴请宾客时，对于高贵卑贱、强大弱小、贤善恶劣的一切人都无有差别而进行布施。同样，我们应当对遍布虚空界的一切众生——大悲心的对境平等相待，在没有生起这样的定解之前应反复修心。

（二）修慈无量心

这样已修了舍无量，对三界的一切众生——大慈心的对境，应当平等视之。例如，儿子小时候被父母哺育，（长大后）却反过来对父母进行反抗，而父母不顾自己的一切艰辛，只是想方设法使儿子能生活在快乐幸福舒适之中。同样，我们应当精勤寻求使众生今生与来世安乐善妙的各种方便。一切众生都希望自己快乐幸福，惟一的追求即是如此，谁也不希望痛苦哀伤。但是他们却不知道安乐之因是修持善法，反而行十不善，因此所求与所行背道而驰。应反复观想：这些希求安乐反而惟受痛苦的所有众生，都能得到各自所求的快乐幸福该多好啊！最后观想：不仅自己希望安乐，一切众生也同样惟求安乐，与自己无有差别。未生起这样的定解之前应反复观修。如经云："慈身业、慈语业、慈意业。"口中之言、手中之事都不应有损于其他众生，惟应真诚慈爱。如《入行论》云："眼看众生时，诚慈而视之。"目视其他众生也应当以含笑悦意的表情，不能以嗔恨的表情怒目而视。从前，一位蛮横的官员经常以怒目看别人，后世就转生为一俗家灶下吃剩饭的饿鬼。经中说："反目视圣者，将堕入地狱。"身的一切威仪应温文尔雅、寂静调柔、不害他人、精勤利他；口所说的每句话不应藐视、破斥、讥讽他人，应说谛实、悦耳之语；意也是同样，如果饶益他人，不应希求自己得到好处，也不应以虚伪的调柔威仪、温和语言等手段使他人将自己看作菩萨，而应内心惟求利他。应反复发愿：愿我生生世世不损害其他众生，乃至连一个毛孔也不损害，惟行饶益。尤其是对依靠于自己的眷属、奴仆、旁生等惟行饶益，乃至门犬都不应以殴打、役使方式对其摧残。行为、言语、思维任何时候都应当仁慈。如今生为奴仆、门犬而受到众人欺凌嫌憎的这些众生，也是往昔在生为有权有势之人时，造了欺辱藐视他人的恶业所成熟的果报。如果现在自己以地位显赫、受用圆满为因而欺凌他人，那么后世也将感受那样的业果，自己也将成为他人的奴仆，所以对位卑于自己的那些众生更应当慈爱。尤其是对自己的父母、久病的患者等，自己以三门尽力饶益会得到不可思议的功德。如阿底峡尊者说："若对远方的客人、久病的患者、年迈的父母等慈爱行事，则与实修空性大悲藏相同。"尤其是父母对儿女特别怜爱，恩重如山，所以在父母年迈之时，若伤害他们的感情，则罪过特别严重。世尊也曾为报母恩而前往三十三天为母说法。佛在经中说："儿子将父母扛在左右双肩上转绕大地承侍也难报答父母之恩，若使父母趋入正法，则能回报恩德。”所以，应经常以身口意侍奉父母，想方设法使他们内心趋入正法。

邬金莲花生大师说：“勿令老者忧，当以恭敬护。”我们应当身语慈爱、顺其心意关心照顾所有比自己年长的人。如今有些人说：“要维持生计，没有办法不害众生。”但实际上是有办法的。从前，新疆地区的两个沙弥修持圣文殊法，面见了文殊菩萨。文殊菩萨说：“你们二人与我没有缘分，你们生生世世的具缘本尊是观世音菩萨，现在观世音菩萨在西藏化现为藏王之相，你们去亲近他吧。”于是二人来到西藏。在拉萨药王山的后面，看到许多人被杀戮或被抓到监狱里，他们问：“这是什么原因呢？”人们告诉他们：“这是藏王下令惩治的。”二人想：这位藏王肯定不是观世音菩萨，我们俩也很可能被惩治，为了免受制裁，还是赶快逃走为好！藏王知道他们二人要逃跑，便命人将他们喊回来，叫到面前对他们说：“你们二人不要害怕，藏人刚强难调，我下令砍杀的这些人全是我幻变的，实际上我对一个众生的一汗毛孔也未曾加害过。”藏王松赞干布执掌雪域西藏，并且统辖了局部的四部王国，征服了边境的所有军队，他成办那样广大灭敌护亲的事业，但是却连一个众生的一汗毛孔也没有加害。而如今我们建立犹如虫穴般的低劣家庭怎么会没有办法不害众生呢？加害众生的结果是自己反遭伤害，并且成为今生来世感受无边痛苦之因。仅就今生而言，也不能成办丝毫利益。因为“杀人偿命，欠债还钱”，除了耗毁自己的财产受用之外，没有能依靠造这些恶业而获得财富的。

慈无量应像雌鸟养育小鸟一样：雌鸟养育小鸟时，首先建造一个柔软舒适的窝，然后用羽翼覆盖，给予温暖，在小鸟能飞翔之前，总是以轻柔的举止抚育小鸟。同样，我们应当以身口意慈爱地对待三界一切众生。

（三）修悲无量心

观想一个被猛烈痛苦逼迫的众生作为所缘境，希望他远离痛苦之处。经中说："观想一名被关进监狱，即将被杀的罪犯，或在屠夫面前临死的旁生等，以这样遭受剧烈痛苦的一个众生为悲愍的对境，对它生起母子之想。"譬如，看到一个被国王下令带到刑场的囚犯，或者一只正被屠夫捆绑的绵羊时，舍弃他（它）是其他某某众生的念头，观想：若那是我自己，该怎么办呢？专心意念那边正感受痛苦的众生是自己，现在该怎么办呢？既没有逃脱处、隐蔽处，也没有皈依者和救护者，无法逃跑，也不会飞行，以力量和武力也无法反抗，现在马上就要远离今生的一切显现，甚至连自己珍爱保护的身体也要舍弃而步入后世的大道中，这是多么悲惨啊！观想那样的痛苦落到自己的身上而修心。

或者看到一只羊被带到屠宰场之后，观想：若这是我的母亲，该怎么办呢？舍弃那是一只羊的念头，从内心深处观想那是自己的老母亲。并进一步观想：如果我的老母亲无有少许罪过却被别人这样杀害，那么现在我该怎么办呢？我的老母亲该是何等痛苦啊！内心深处会迫切希望老母亲立即摆脱被屠夫宰杀的痛苦，或者情不自禁地生起慈爱悲悯之情。这时再观想：虽然现在感受痛苦的这个众生不是我现世的父母，但是它肯定在以往的生生世世中做过自己的父母。做父母时完全与今世父母一样以大恩养育我，与现在的父母无有差别，遭受如此剧烈痛苦逼迫的父母亲，是多么可怜啊！如果现在它们能立即摆脱这种痛苦该有多好啊！生起难忍的猛烈悲心，观修至泪水簌簌而下为止。若对它们生起了大悲心，则继续观想：感受这种痛苦是往昔造不善业的果报，如今造恶业的这些人后世也一定会感受这样的痛苦，实在可怜。如此将以杀生等痛苦之因为业的人作为对境而修大悲心，然后再以生于地狱、饿鬼等痛苦众生作为对境，专心意念他们就是自己或自己的父母，精勤修持大悲心。最后观想：遍布于虚空的三界一切众生充满了恶业和痛苦，这些惟造恶业、惟受痛苦的众生多么可怜，如果所有的这些众生都能远离六道各自的一切业感、痛苦及习气，获得永久安乐、圆满正等觉的果位该多好啊！反复诚心观修。如此修大悲心，即最初以任意一个众生作为所缘境，惟一对它观修，然后逐渐（扩大范围）而修心，最后对一切众生普遍观修。否则，若心思散乱，则不可能如理如法修成。

尤其是看到依靠于自己的牛、羊、马等感受痛苦和艰辛后应修大悲心，即：对于我们自家门前的牛等旁生感受穿鼻、阉割、拔毛、活活抽血等犹如地狱般的多种痛苦，主人从未念及它们也有痛苦的感受，若慎重思考后就会（了知）这是没有修大悲心的过患所致。若善加观察则会发现，如果现在拔出自己的一根头发也会喊“哎哟哟”，这样微不足道的痛苦都不能忍受。而人们以绞木用力拔掉牦牛身上所有的粗毛，牛成了血迹斑斑的赤身，每一个毛孔都在流血，疼痛至极，悲声呻吟，但主人却不想它有痛苦，反而觉得自己手上（因此）磨起的水泡痛苦难忍。

此外，骑马行走时也是同样，因自己臀部疼痛不能端直地坐在马鞍上而需要侧身斜坐的时候，（骑马者）不曾想到那匹马也有痛苦，反而在它精疲力竭、寸步难行之时，认为它性情恶劣不肯继续前行，因而生起嗔恨心，用鞭子狠狠抽打，对它一刹那也不生怜爱之心。

尤其是绵羊等被宰杀的时候，首先从羊群中抓住时，它会产生不可思议的恐怖和畏惧感，最初被抓的部位皮下淤血，然后它的身体被翻倒在地、被皮绳捆绑四肢、被细绳缠绕嘴巴，使它呼吸中断，感受气息分解的剧烈痛苦。若死亡的时间稍微拖延，大多数罪孽深重的屠夫则生起嗔恨心说：“这该死的畜牲还不死。”便进行殴打。待它刚刚死去便立即剥掉它的皮，取出内脏。紧接着抽取另一头活牛的血液，那头牛也因体力不支，只能踉踉跄跄地行走。主人将死肉与活血混合起来装入前面宰杀的那只羊的内脏，然后勇敢地食用，这种人真成了恶业罗刹。

慎重思维这些道理之后再看到那些痛苦的旁生时，就会观想如果是自己会怎样呢？自己用手遮住口鼻阻碍呼吸稍许，将会有何种的痛苦恐惧？这样慎重考虑后，反复观修：连续不断感受这种剧烈痛苦的所有众生实在可怜，如果自己能将它们从所有不同的痛苦中解救出来该多好啊！

尤其上师和诸僧人是慈悲心的尊主。然而如今有些上师、僧人无有丝毫慈悲心，对众生造成的痛苦比在家人还严重，真正到了佛法末期，已经是将食肉罗刹作为供养处的时代了。

往昔我等大师释迦牟尼佛犹如丢唾液般舍弃了转轮王的王位而毅然出家。当时世尊与眷属阿罗汉众全部是手托钵盂、持执锡杖徒步去化缘的，非但其眷属没有骑马、骑骡子，而且世尊也未曾乘骑过一匹坐骑，因为世尊想到令众生痛苦不是佛教的宗旨，否则世尊怎么会想尽办法而得不到一匹马骑呢？

可是如今我们有些僧人去俗家做经忏等佛事时，先穿通一头老牦牛的鼻孔，再穿入一根粗糙的尾毛绳子。僧人骑在牛背上，两手用力扯拽绳子，每拽一下，老牦牛的鼻子就会疼痛难忍，当它逆向旋转时，僧人就用鞭子使劲抽打它的臀部；当它疼痛难忍而疾驰奔跑时，僧人又拽住穿鼻的绳子；当它疼痛难忍而停在原地时，僧人又再鞭打，这样轮翻不断，致使牦牛身体疲惫不堪、内心极其痛苦。从每一个汗毛孔处，流出滴滴汗水，伸出驮罩般的舌头，无力行走，发出“呼呼”的疲惫喘息声。而主人却认为现在这头老牛不肯好好走，便生起嗔恨心，用鞭柄棍棒猛击它的屁股，因心生嗔恨而用力过大，棍棒被折成两段。他将折断的棍棒插入腰间，又捡起一块尖石从牛鞍上转过身捶打那头老牦牛的脊背……这些都是相续中未生起少许大悲心所致。这时我们专心观想那头老牦牛就是自己，观想自己的背上承受着难以支撑的沉重负担，鼻子由绳子穿着，臀部被鞭子抽着，肋骨被脚镫顶着，前后左右全部是疼痛的感觉，而且没有片刻休息的空闲，还要爬上高坡，冲下陡壁，渡过大河，越过平川，连吃一口食物的空闲都没有，从早晨日出到傍晚日落，在不情愿中来来去去，感受巨大的艰辛劳累、痛苦饥渴，如果这些痛苦落到自己身上，一定会生起难以堪忍的强烈悲心。

本来所谓的上师僧人是无偏一切众生的皈依处、救护者、怙主及友军。（但如今有些上师僧人）却认为对自己作饮食供养的施主是自方的人，愿意给予保护、救护并且赐予灌顶加持；认为以恶业之因牵引转为低劣之身、为害众生的饿鬼、魔鬼等是他方，对他们生起嗔恨心，口中喊着“杀杀、打打”，做出各种击打的姿式，认为那些为害的鬼神该打该杀，这是自相续贪嗔之力的显现，也是未生起平等悲心所致。若善加观察，那些为害的鬼神其实比施主还可怜，因为他们由恶业之因感召而转为低劣的身体，感受着无量的痛苦和恐惧，经常惟有遭受饥渴和劳累，一切外境都是忧虑的显现，相续中充满了嗔恨、野蛮和粗暴，多数死后会立即堕入地狱中，没有比他们更可怜的了。而对施主来说，虽然遭受病痛或痛苦，但依此只会消除恶业而不会积累恶业。那些为害的鬼神则以恶心损害他人，其结果必将以此恶业之因被引入恶趣的深渊。所以释迦牟尼佛以大悲心和善巧方便宣说了利用强力与现行之业驱逐、降伏鬼神的法门，这也是悲悯那些鬼神，就像母亲对不听话的幼童进行打骂一样。对于惟造罪业、惟行不善的这类众生，能够断灭其恶业，并能将其神识牵引到清净刹土的人，降伏事业是开许的。否则，认为施主、僧人和眷属等为自方的人而贪执他们，认为鬼神及为害的那些众生为他方而嗔恨他们，世尊怎么会宣说这种以贪心护持自方、以嗔心打击他方的方便法门呢？

具有如此贪心和嗔心的人如果去驱逐、打击那些意形身的鬼神，他们非但不会听从，反过来还会损害自己；不仅以贪嗔之心不能调伏，而且执著那些鬼神为自相实有者也不能调伏他们。

从前，米拉日巴尊者住在穷隆时，一次外出拾柴，回来时发现魔王哦那雅嘎利用神变，变化为五个瞪着碗大眼睛的丑鬼坐在尊者的卧室里。尊者祈祷上师、本尊不起作用，修本尊的生起次第后念诵猛咒也不能使他们离开。尊者想：上师玛尔巴曾传授我现有一切直指为自心，心性直指为空性光明。如果魔障执为实有，外境肯定不会起作用，因此他安住于鬼神为自现的定解中径直走入山洞。五个丑鬼非常害怕，滴溜溜地转着眼睛，便无影无踪了。同样，在《岩罗刹女歌》中说："本习气魔由心生，倘若不知心本性，你虽劝逐吾不去，若未证悟自心空，似我之魔不可数。若已认识自心性，违缘皆现为助伴，我罗刹女亦为仆。"如果不具有鬼神为自心显现的定解，以嗔恨心怎么能降伏鬼神呢？

此外，现在（有些僧人）到施主家里时也是同样。那些施主宰杀了许多羊后供养肉食时，他们内心无有丝毫顾虑，欣然享用。尤其是进行消灾免难、祭祀祈福等时，他们要求必须用新鲜肉，认为刚杀的鲜血淋漓、热气腾腾的肉是干净的。他们以血肉装饰食子和供品，气势汹汹地举行佛事。这些只是笨波教的做法，并不是内道佛教的教规。若是内道佛教的宗旨，则皈依后必须断除损害众生的恶业。无论到何处，如果杀害众生、享用血肉，显然已违背了皈依戒。尤其是入了大乘道的我们，应当作为一切众生的皈依处和救护者。如果对于应救护的那些恶业众生无有丝毫大悲心，并且当（施主）杀害应当救护的众生后，将烹调的血肉放在我们救护者面前时，我们还欣然享用，并发出踏嗝声，那么还有什么比这更令人痛心的呢？

密宗金刚乘诸论典中说："血肉供养不依教，违背桑哈查门意，祈境空行予宽恕。"所谓的依教之血肉供养，是指必须遵照密宗续部论典中所说而行。如密宗经典中所说的"五肉五甘露，饮食外会供。"可以作为密宗誓言物的人肉、马肉、狗肉等五肉非为食用而杀、只是作为供品摆放的无罪五肉为依教之血肉供养。否则若为净秽分别所束缚，认为人肉、狗肉等为不净物或低劣物，为了食用而新杀的香肉、肥肉是干净的，则如“所受五种三昧耶，视净为秽行放逸。”中所说的“视净为秽”，也与所受三昧耶戒相违。虽然是五种净肉，但除了能将饮食变为甘露之人或在寂静处修持成就时可以享用外，若贪著肉的美味而到村落肆意享用，则称为所受誓言行放逸，即与三昧耶戒相违。

所谓的净肉是指因自己的业力自然死亡的肉，不是为了食用而宰杀的肉，即通常所说的众生因自己的业力衰老、寿终正寝或者因病而死亡之肉。如果不是那样，则如无等塔波仁波切所说：“将刚杀的温热血肉摆放在坛城中，那么一切智慧天尊将会昏厥。”又说：“此外若迎请智慧天尊后，以刚杀的血肉供养，则犹如在母亲面前杀她的儿子一样。”譬如，请母亲作客，如果将她的儿子杀了，并将其肉放在她面前，那位母亲会不会欢喜呢？同样，所有佛与佛子对一切众生犹如独子之母般慈爱垂念，杀害任何一个被恶业所转、无有思维的旁生来作血肉供养，诸佛绝不可能欢喜。如寂天菩萨说：“遍身着火者，与欲乐不生，若伤诸有情，云何悦诸佛？”所以，如果自己一边享用新杀众生的血肉，一边作血肉供养祈祷护法神，而那些智慧天尊、护持佛教的护法神全部是菩萨勇士，因此他们不仅不会享用这些犹如摆在屠夫面前的血肉，甚至也不会靠近。而那些喜爱温热血肉、恒时精勤于损害众生的恶业、黑法方面的大力鬼神则会聚集在那里享用血肉供品。暂时他们会跟随那些念诵血肉仪轨的人，并且成办一些微乎其微的顺缘，但他们恒时惟有损害众生，使他们突然生病、骤然着魔。于是那些人又来念血肉仪轨做血肉供养，他们表面上又做些暂时的利益之事。（就这样）他们二者互帮互助，形影不离。鬼神如同罗刹前来放哨一般，而惟以贪食、贪财、贪利之心做血肉仪轨的人则因鬼使神差而遮蔽了以往具有的所有出离心、厌离心、清净心、信心以及正法的光明，即便佛在空中飞行也不生信心，哪怕掏出众生的肠子也丝毫不生悲心，犹如恶业的罗刹奔赴战场一样，面红耳赤、怒气冲冲、性情粗暴、勾心斗角。因作为鬼神的助伴，自己认为诵咒有力、具有加持而心生傲慢，这些人死后只能是如投石般立即堕入地狱，或者因恶业转生为凶狠鬼神的眷属，肆意弑杀众生，或转生为鹞鹰、豺狼等旁生。

从前，为了藏王赤松德赞龙体安康，举行福寿法事。笨波教徒们进行血肉供养时，第二佛莲花生大师、大智者比玛木扎以及大堪布菩提萨埵等大译师们看到笨波教的彩盘，十分不悦，说："一教不应有二师，一法不应有二规，笨波教旨不合法，并非共同寻常罪，若尔我等返故里。"所有的班智达不约而同，藏王请他们讲法他们不传讲，宴请他们也不受用。

如今我们这些人自认为是往昔诸班智达、大菩萨们的追随者，如果将甚深的密宗仪轨变成笨波教的吟诵而损害众生，则成了出卖佛教灵魂、亵渎三宝的败类，只会将自他引入地狱。所以，我们应恒时身居卑位，穿着破衣，尽力饶益一切众生。在自相续中对慈心、悲心生起定解之前，如果能专心精进修持，那么那些诵经、修善、度众生等表面的广大佛事不成办也可以。如《摄正法经》云："欲获得佛果，学多法不成，惟当学一法，何为学一法？乃为大悲心，何人具大悲，彼获诸佛法，了如知掌矣。"从前，三同门与卡隆巴格西的一位高徒前来拜见仲顿巴格西，格西问他："博朵瓦在做什么？"他回答："在为数百僧众讲经说法。""希有！希有！那也是一正法。普穹瓦格西在做什么？""在积累自他的许多资具，建造三宝所依。"仲顿巴格西又如前一样说："希有！希有！那也是一正法。滚巴瓦在做什么？""在惟一静修。"格西又如前一样说后，问道："卡隆巴在做什么？""他总是到一蚁穴边蒙头痛哭。"闻此仲顿巴格西立即脱帽，合掌当胸，边流泪边说："极其稀有，他是真正在修持正法，此有许多功德可说。如果现在说，卡隆巴格西会不高兴的。”卡隆巴格西蒙头痛哭，是因为他想到轮回中被痛苦逼迫的那些众生，对他们生起大悲心而哭泣。此外，金厄瓦格西讲述诸多慈心、悲心重要性的原因时，朗日塘巴尊者恭敬顶礼并说：“我从现在起惟修慈悲心。”善知识金厄瓦边脱帽边连续说了三遍“非常好”。

若想清净自相续的罪障，再没有比大悲心更殊胜的了。从前印度阿毗达摩圣法三次被外道毁灭，当时婆罗门种姓的明戒比丘尼心想：我生为下劣之身的女人，不能弘扬佛法，所以应与男人婚配生子，弘扬圣法阿毗达摩。之后与一国王种姓的男人为婚，生了无著菩萨；与一婆罗门男子为婚，生了世亲论师。两个儿子长大后问母亲父亲的事业。母亲告诉他们：“你们二人不是为了继承父亲的事业而生的，是为了弘扬佛法而生的，愿你们好好修学正法，将来弘扬阿毗达摩圣法。”世亲论师前去克什米尔集贤尊者跟前学习阿毗达摩法门。无著菩萨前往鸡足山，他想面见弥勒菩萨后请求窍诀，于是在此山经过六年的苦行，观修弥勒菩萨，结果连一个吉祥的梦兆也未出现过。他想：看来我现在修不成了，于是心灰意冷而下山。途中看到路边有一人在用柔软的棉布擦磨一根大铁棒。他问：“你这样擦有什么用呢?”那人告诉他：“我没有针，要将此铁棒磨成一根针。”他心想：用这软布擦磨这根大铁棒，不可能有磨成针的时候，就算有可能，到那时他还会在人世间吗?看来世间人为了无意义之事都这么辛苦，那么我修持殊胜正法，更要有毅力。想到这里他返回原处又修持了三年，但仍然未出现丝毫验相。他想：现在我的确不能成就，于是下山，看到路边一座高耸入云的大石山前，有一人正在用羽毛蘸水拂拭那块岩石。他问：“你在做什么?”那人回答：“这座石山太高了，我自己的房子在这座石山的西面，阳光不能照在上面，所以，我准备将此山拂尽。”无著菩萨心里又如前一样想了之后，再一次返回原处。又修持了三年，还是连祥兆之梦也没有出现，所以，他又心灰意冷地想：现在无论如何也无法成就。便又下山了。途中看到路边有一条双足残废的母狗，整个下身糜漫着许多小虫，仍然还在对别人生嗔恨心，撑起上身疯狂乱叫，拖着下身扑过去咬人。无著菩萨对它生起了难以堪忍的强烈大悲心，他割下自己身体的肉施给那条狗，接着想要清除狗下身的小虫。心想：如果用手去抓，可能会捏死小虫，应当用舌头舔去这些小虫。但是，因为狗的身体已腐烂，脓汁充满，眼睁睁地看着是不忍舔的，于是他闭上双眼伸出舌头，结果舌头没有接触到狗身，反而触到地面。他睁开双眼一看，母狗不见了，至尊弥勒菩萨金光灿灿地出现在面前。无著菩萨说："您的大悲心实在微弱，一直也不现尊颜。"弥勒菩萨说："不是我不向你露面，实际上我与你从未分离过，只是因为你罪障深重，未看见我。后来你经过十二年的修行，罪业稍微减轻了，但也只看到这条母狗。现在由于你生起了大悲心，因此业障无余清净了，便真正地见到了我。你若不信，就将我扛在肩上，让众人看。"于是，无著菩萨将弥勒菩萨扛在右肩上，来到集市上。他问人们："我的肩上有什么？"那些人说："什么也没有。"只有一位罪障稍微清净的老妇人说："您的肩上有一具腐烂的狗尸。"之后怙主弥勒菩萨将无著菩萨带到兜率天，为他宣说了慈氏五论等圣法。他返回人间，开始弘扬大乘佛法。

所以，清净罪业再没有比大悲心更殊胜的法了，并且大悲心是自相续中生起不共菩提心的无倒之因，因此应以众多方便精勤修持大悲心。所谓的修大悲心应如断臂母亲之子被水冲走一样。如果一位没有手臂的母亲的儿子被水冲走，那么她会对儿子生起无法堪忍的强烈悲悯心。心想：自己没有手，不能从水中救出儿子，现在该怎么办呢？心中惟一考虑的是救脱儿子的办法，内心充满无法忍受的痛苦，一边失声痛哭一边到处奔跑。同样，观想三界中的一切众生被痛苦的河流冲走，沉溺于轮回的大海之中，对此生起难以堪忍的大悲心。但是我没有能力将他们从痛苦中解救出来，现在该怎么办呢？应当诚心祈祷上师三宝，并修持大悲心。

（四）修喜无量心

观想任意一位具有种姓、权势、财富、地位等生于人间或天境中、幸福快乐、长寿无病、眷属众多、受用具足的人作为所缘境，对他无有竞争心、嗔恨心，反而愿他圆满具足胜过这样的人天福报、吉祥富足、无损无恼、智慧广大等众多圆满的功德。并观想：如果其他众生也能获得这样的果报，那我该多高兴啊！反复观修。

首先，以容易生起喜心的任意对境，如自己的亲朋好友等具有功德、幸福快乐之人为所缘境而修喜心；其次，在相续中生起这种喜心后对一般人观修；最后，对损害自己的怨敌、特别嫉妒的对境等所有人观修。彻底根除对他人财富圆满无法堪忍的恶心，对具足安乐的所有人生起殊胜欢喜之心，最终于无缘中安住。

喜心是指无有嫉妒的心。应当以各种方便修炼自心，想方设法使自相续不生起嫉妒的恶心。尤其是佛子菩萨们发心利益一切众生，要将一切众生安置于暂时之人天果位与永久安乐圆满正等觉的果位，怎么会对众生因各自业力而获得的微乎其微的功德受用心生不喜呢？若自相续被嫉妒蒙蔽，此后便不见他人的功德，自己也会积累严重的罪业。

从前，至尊米拉日巴福德圆满、事业广大之时，法相师达罗生起嫉妒心，前来驳斥。无论至尊如何显示神通神变，他不但不生起信心，反而惟生邪见，并对尊者进行诽谤，结果后世转生为大恶魔。还有一位法相师匝普瓦格西下毒暗害至尊（米拉日巴）也是因为嫉妒心。所以，对于具有嫉妒心的人，即使真佛出现也无法引导他们。因自相续被嫉妒所蒙蔽，便不见他人功德，因不见功德，便不生丝毫信心，因不生信心，便不能堪为大悲与加持的法器。如提婆达多与善星比丘二人都是世尊的兄弟，他们二人因嫉妒扰乱相续，所以对世尊生不起少许信心。因此尽管一生在世尊身边，世尊也无法调伏他们。

对他人惟生恶念者，非但不能损害他人，自己反而会积累严重的罪业。从前有两位著名的格西互相敌对。一位格西听说另一位有了女人，便对侍者说："煮上好茶，我听到一个好消息。"侍者把煮好的茶端给他，问道："您听到了什么好消息？"他说："我们的那个对手某某有了女人破戒了。"根邦扎嘉听到这件事后，板着脸说："他们二人到底谁的罪过更严重呢？"

经常怀有嫉妒心或竞争心，既无益于己也无害于人，只能是毫无意义地积累罪业而已，所以应当断除这种恶心。若他人恒时圆满种姓、容颜、财产、广闻等功德顺缘时，应当诚心诚意修欢喜心，并且观想：某人具有这样的功德、财富，我十分高兴；如果此人具有胜过这些权势、财富、名誉、功德等福德，一切吉祥圆满，那该多好啊！从内心深处观修。修喜无量要像骆驼找回了丢失的幼崽一样。母骆驼比其他众生更加慈爱它的孩子，如果它的孩子丢失了，会非常忧伤，假如失而复得，它会产生不可思议的喜悦之心。应如此修学。

四无量心是于自相续中生起真实菩提心的无倒之因，无论如何，相续中未生起定解之前应精进观修。如果为了容易理解而将四无量的意义进行归纳的话，可以归摄于心地善良当中，所以我们应随时随地惟一修学心地善良。

从前，阿底峡尊者手痛之时，将手放到仲敦巴的怀里说："请您给我加持一下这只手，因为您具有一颗善良之心。"尊者惟有重视心地善良，问安时总是说："生起善意否？"一切教诲中着重强调："心地要善良啊！"

随着心的善恶，一切黑白之业及其业力的强弱也会发生变化。若是善心，则身、口的所作所说皆成善法。如曾有将鞋垫置于泥塔小像之上的公案。若心存恶意则虽然表面上是善行，而实际上却成恶业。因此我们应于一切时处修学心地善良。宗喀巴大师说："心善地道亦贤善，心恶地道亦恶劣，一切依赖于自心，故应精勤修善心。"如果心地善良则地道的功德也会同样圆满。

从前，有母女二人互相搀扶趟一条大河，结果二人都被水冲走。当时母亲心想：如果我的女儿能不被水冲走，那么我自己被水冲走就冲走吧！女儿也同样心想：如果母亲能不被水冲走，那我自己被水冲走就冲走吧！她们二人互相生起善良之心后溺水而亡，尔后转生于梵天界。

此外，从前在夏萨够喀地方，有六位出家人和一名信使共七人上了同一条船。船行进到河的四分之一时，船夫对大家说："船超重了，要么你们当中会游泳的一个人跳下去，要么我跳到水里，你们中的一个人来划浆。"所有的船客都是既不会游泳也不会划浆。那位信使说："所有的人死还不如我一人死好。"随后便纵身跳入水中，紧接着空中彩虹环绕、花雨纷纷，信使本来不会游泳，却顺利到达河的彼岸并且安然无恙。

心恶地道如何恶呢？从前，一个老乞丐躺在城门过道上（胡思乱想）：如果这位国王的头断掉后，让我来作国王该多好啊！再三生起如此恶念。第二天早晨，他正在熟睡还没有醒来之时，国王乘坐马车而来，车轮辗过他的脖子，他自己的头断了。

本来我们求法的目的是为了随时随地以正知正念护持自心，如果对自相续不进行详察细审，那么很容易在无意义中生起猛烈贪心恶心而积累深重的恶业。那个老乞丐生起了如此不切实际的恶念，结果其果报立即成熟了。本来安乐地坐在宝座上、睡在宝榻上的国王的头根本就不可能断掉，假使国王的头真的断了，那么国王驾崩后他的太子不继承王位，犹如狮、豹、熊般的大臣们不执掌国政，难道会让你这样一位漂泊不定、穷困潦倒的老乞丐做国王吗？所以，如果我们未善加观察自相续，那么在无意中很可能会生起那样的恶心。如夏吾瓦格西说：“当护意国政，否则三有增。”

从前世尊和比丘僧众到施主家中应供时，有国王种姓和婆罗门种姓的两个小乞丐去行乞。那个婆罗门种姓的小孩去乞讨时，佛陀和眷属还未受供，所以他什么也没得到；国王种姓的小孩是在世尊和眷属受供后去乞讨的，所以获得了许多剩余的甘美食品。他们二人下午在途中闲谈时，国王种姓的小孩说：“如果我拥有财产和受用的话，我在有生之年将会以衣、食、受用和一切资具供养世尊及其眷属并且恭敬承侍。”婆罗门种姓的小孩说：“假如我拥有权力成为一国之主，我要砍掉那个光头沙门及其眷属的脑袋。”之后，国王种姓的小孩前往他乡，在一棵大树的树荫下休息。其他树的荫影都已移动了，但是国王种姓的小孩所在的树荫却没有移动。当地的国王去逝后无有太子继承王位，便发出公告要寻找一位具足福德威望之人作国王。所有的人四处寻找，有人发现了那个小孩。虽然中午已过，但树荫仍然未动，于是唤醒他，请他继承了王位。后来他如愿以偿，履行诺言供养佛陀及其眷属。而那个婆罗门种姓的小孩躺在一交通要道上休息时，马车疾驰而来，辗在他的脖子上，断头而亡。

如果经常惟一修学心地善良，那么不仅今生的一切所愿能够称心如意，受到白法方面的天众保护以及诸佛菩萨的加持，一切所作所为将成为善法，而且临终时不会感受气息分解的剧烈痛苦，后世将获得人天果位，究竟现前圆满正等觉的果位。因此我们不应仓促行事而不观察自相续，不应仅顶礼、绕转、诵经、诵咒等装模作样地行持广大善法，而应懂得经常观察自相续，修学心地善良，此乃极为重要！

二、发殊胜菩提心

发殊胜菩提心分二：发心的分类；正式发心。

（一）发心的分类

依心力差别可分为三种：如国王之发心；如舟子之发心；如牧童之发心。国王首先要降伏一切敌人，得到自己人的拥戴，然后登上王位，接着维护属下臣民。同样，希求自己首先获得佛果，然后再将一切众生安置于佛地，这种发心称为如国王之发心。所谓舟子即船夫，他们欲求自己与所有的船客同时到达江河彼岸。同样，希求自己与一切众生一同获得佛果，这种发心称为如舟子之发心。牧童们为使牛羊先食草饮水，免遭豺狼等猛兽侵害，将其赶在前面，自己随后而行。同样，希求先将三界一切众生安置于圆满正等觉的果位以后，自己再成佛，（这种发心称为如牧童之发心）。其中如国王之发心称为广大欲乐之发心，其心力下等；如舟子之发心称为殊胜智慧之发心，其心力中等，如至尊弥勒菩萨的发心；如牧童之发心称为无与伦比之发心，具有非凡巨大的心力，如至尊文殊菩萨的发心。

若依地道界限来分，则有四种：资粮道、加行道即胜解行发心；一地至七地即清净意乐发心；三清净地即异熟发心；佛地即断障发心。

若依发心本体来分，则有世俗菩提心与胜义菩提心两种。世俗菩提心又可分为愿菩提心、行菩提心。《入行论》云："如人皆了知，欲行正行别，如是智者知，二心次第别。"譬如，一人去拉萨。最初他想：我要去拉萨。同样，首先发愿：我要令一切众生获得圆满正等觉果位。犹如欲行，为愿菩提心。已经准备好了真正去拉萨途中所需的口粮、驴马等后，正式启程上路。同样，为使一切众生获得圆满正等觉果位而真实修学布施、持戒、安忍、精进、禅定、智慧等六度，犹如正行，为行菩提心。如此愿、行菩提心为世俗菩提心。在资粮道、加行道中依靠世俗菩提心，经过长期修心之力，最后于见道中现见诸法实相真如、证悟远离一切戏论空性智慧之实义，此为胜义菩提心。

（二）正式发心

真实的胜义菩提心惟依修行力获得，而不依赖于仪轨。初学者发世俗菩提心则必须依靠仪轨，应于上师跟前听受。为使所得的菩提心不退失并且日益增上，应随时随地反复如此受持。

如前明观皈依境一样，于自前虚空中观想诸佛菩萨等作为发心的证人，并思维：遍满虚空界的一切众生，从无始以来生生世世中，没有未曾做过自己父母的，做父母时他们与现世的父母完全相同，也是备加疼爱、精心哺育，有好吃的先给我吃，有好衣服先给我穿，极其慈爱地抚养我成长，恩重如山。所有这些深恩父母如今沉溺于轮回大苦海的波涛中，被层层愚痴的黑暗所蒙蔽，不知取舍正道邪道，远离开示真实正道的善知识，无有依靠者、救护者、怙主、友军以及希求处与皈依处，犹如无依无靠漂泊于空旷荒野中的盲人一般。所有这些父母亲正流转于此轮回中，而自己一人获得解脱又有什么用呢？因此应当观思：我为一切众生发殊胜菩提心，然后修学往昔佛子菩萨们的广大利众之行，惟一为轮回中的一切众生全部获得解脱而精进修持，并尽力念诵：

吙　种种显现水月虚幻相
相续漂泊轮回众有情
自心光明法界中休息
以四无量发大菩提心

最后，当对一切圣众发起情不自禁的恭敬心之后，观想所有圣众从边缘依次化为光融入中央三宝总集——上师体内，上师也化光融入自身。以此为缘，令自相续生起皈依境中诸尊众心相续中的胜义菩提心，念诵发愿偈：“胜宝菩提心，未生愿生起，已生勿退失，不断愿增长。”并诵“文殊师利勇猛智，普贤慧行亦复然，我今回向诸善根，随彼一切常修学。三世诸佛所称叹，如是最胜诸大愿，我今回向诸善根，为得普贤殊胜行。”等回向文。如此发菩提心概括了佛陀所宣说的八万四千法门的全部精华，是有则皆足、无则皆缺之教言，犹如百病一药万应丹一样。其他所有积累资粮、净除业障、观修本尊、念诵咒语等一切修法都是为了令自相续生起如意宝菩提心之方便法而已，若不依靠菩提心则通过种种途径也不能获得圆满正等觉果位。如果相续中生起了菩提心，则修持任何法都将全部成为获得圆满佛果之因，所以我们应当一切时处惟以种种方便修学，使自相续生起菩提心。尤其是为自己宣讲菩提心窍诀的上师能使自己趋入大乘圣道，因此较开示其他教言之上师的恩德更大。

当年阿底峡尊者在提到其他上师的尊名时，双手合掌当胸，而当说到社林巴上师的尊名时，则双手合掌于头顶，一边流泪一边说上师的尊名。弟子们问尊者：“尊者您在叙说您的诸位上师的尊名时，有不同的差别。是因为上师们相续中的功德大小有差别，还是对您的恩德大小有差别呢?”尊者回答：“我的所有上师全部是大成就者，因此功德无有大小之分，而恩德却有大小之别。我相续中的这少分菩提心是依靠社林巴上师的恩德而得，因此他老人家对我恩德极大。”

发心时，生起菩提心是很重要的，即所谓“发心不为主，生心乃为主。”所以自相续中一定要生起慈悲、菩提心。反之，若未生起菩提心，则口头上虽然念诵数十万遍发心偈，也无芝麻许实义。如果已在佛与佛子面前立下发菩提心的誓言，而未如是去做，则欺骗了诸佛佛子，再没有比这更严重的罪业了。因此，我们应当恒时断除欺诳诸众生的行为，尽力精进使相续生起菩提心。

三、愿行菩提心学处

愿行菩提心学处分二：愿菩提心学处；行菩提心学处。

（一）愿菩提心学处

愿菩提心学处分三：修自他平等菩提心；修自他相换菩提心；修自轻他重菩提心。

1. 修自他平等菩提心

我们从无始以来漂泊于此轮回大苦海中的因，就是无有我却执著我，无有自己却执著自己，惟一珍爱自己。所以应如此观思：现在一切时处自己惟一希求安乐而不希望感受一点点痛苦，甚至自身被小小的刺儿刺痛或被一个火星烫伤也觉得片刻难忍，口中喊着“痛啊、痛啊”。背上若被小虱子叮咬也会立即生起猛烈嗔恨心，伸手抓搔着捉住它，放在指甲上，另一指甲用力挤压，虽然虱子已经死了，却因为余怒未消而仍然以手指反复磨擦。本来当今大多数人认为杀虱子没有罪过，但实际上杀虱子完全是以嗔心引起的，因此是堕入众合地狱的无倒之因。对于自己来说，连这种微小的痛苦也无法忍受，却反过来损害其他众生，给他们造成巨大的痛苦，这实在应深感惭愧。三界轮回中所有的众生都是同样，都希望获得所有安乐而不希望遭受丝毫痛苦，这也与自己完全相同。虽然他们希求安乐、不愿受苦，但却不知修持安乐之因——十善业，反而惟一精勤于痛苦之因——十不善业，因此所想与所行背道而驰。再三观修：惟有被痛苦所逼的这一切众生，从无始以来没有一个未曾做过自己的父母亲，我如今由具足法相的殊胜上师摄受，已趋入正法之门，并且懂得了利害差别，所以应对为愚昧无知所困的一切如母众生与自己无有区别地慈爱救护，忍耐他们的邪行与偏执，修持亲怨平等。凡希望自己随时随地拥有利乐之事，也希望其他众生同样拥有；为自己获得安乐精勤努力，为他众获得安乐也应如是精勤；自己连细微的痛苦也要努力舍弃，同样也应尽力解除他众的细微之苦；自己如果因享受幸福安乐、受用等而喜悦，对于他众拥有幸福快乐和受用同样也应从内心感到欢喜。总而言之，应当看待三界一切众生与自己毫无差别，之后惟一致力于成办众生暂时与究竟安乐之事。仲巴思那坚格西问单巴桑吉尊者："请您开示一句教言，概括所有的法要可以吗?"尊者回答："您自己希望怎样，其他众生也希望那样，所以，如此修持吧!"我们应当根除珍爱自己、嗔恨他众的贪嗔恶心，平等对待自己与他众。

2. 修自他相换菩提心

亲眼目睹遭受病痛、饥渴等痛苦的众生，或者于自前观想有一个被痛苦所逼迫的众生，自己向外呼气时，观想自己的安乐、善妙、身体、受用以及善根等犹如脱下衣服给他穿上般地施予他；向内吸气时，观想他所有的痛苦一并吸入体内由自己承担，由此他已离苦得乐。此施受法应从一个众生到一切众生之间次第观修。

在实际生活中自己遇到不如意或痛苦时，也应同样观想三界轮回中有许许多多感受如此痛苦的众生，所有这些众生是多么的可怜，愿他们的一切痛苦成熟于我的身上，愿所有的这些众生都能离苦得乐，从内心深处如是反复观修。如果自己享有幸福快乐，则观想：以我的这份安乐愿所有众生获得安乐。此自他相换菩提心是所有趋入大乘道者所应修持的无倒究竟精要，相续中生起一次此菩提心也能清净多生累劫的罪障，圆满广大福德智慧资粮，可从恶趣、邪见之处获得解脱。

从前我等大师（释迦牟尼佛在因地）转生于地狱时，与同伴嘎玛热巴一同拉地狱的马车，因他们俩力气很小拉不动，狱卒们便用炽燃的兵器捶打、猛击他们，极其痛苦。当时他想：我们两个都无法拉动马车，与其共同感受痛苦，不如让我独自拉车承担痛苦，让他获得安乐。于是他告诉狱卒："请将同伴的绳子拴在我的颈上，由我单独拉马车。"狱卒生气地说："众生感受各自的业力谁也没有办法改变。"说完用铁锤击打他的头，结果以其善心力，他从地狱转生到天界。经中说这是世尊利他的开始。

此外，世尊曾经转生为商主匝哦之女时，也是因相续中生起自他相换菩提心而立即从恶趣的痛苦中解脱。从前有位匝哦施主，他所生的儿子都夭折了，一次又生了一个儿子，为了使他生存下来便给他取名为匝哦之女。一次施主去大海中取如意宝，结果船毁人亡。儿子长大后问母亲："父亲是什么种姓？"母亲想：若如实告诉他，他定会去大海中取宝。于是便谎说："你父亲是卖粮的种姓。"所以他就去卖粮食，每天赚得四元钱孝敬母亲。卖粮食的同行对他说："你不是卖粮的种姓，经营粮食是不合理的。"于是禁止他卖粮食。他返回家中又问母亲："父亲是什么种姓？"母亲告诉他："是卖香的种姓。"他又去卖香，每天赚得八元钱孝敬母亲。那些卖香的人又同样禁止他卖香。母亲又告诉他说："你父亲是卖衣服的种姓。"他又去卖衣服，每天赚得十六元钱交给母亲，卖衣服的人又禁止他卖衣服。母亲又告诉他："你是卖珍宝的种姓。"于是他又经销珍宝，每天赚得三十二元钱孝敬母亲。后来，当地的其他商人告诉他："你是从大海中取宝的种姓，所以应去从事自己种姓的事业。"他回到家中对母亲说："我是商人种姓，所以要去海中取宝。"母亲说："虽然你是商人种姓，但你的父亲和祖辈们全部都是因为去大海取宝而丧命的，如果你去也定会一命呜呼，所以不要去，在本地经营买卖吧。”但他执意不听，准备了去大海时所用的一切资具。临行时母亲不放他走，一边扯着他的衣服一边哭泣。他怒气冲冲地说：“我今去大海取宝之时，你却这样不吉祥地哭哭啼啼。”说完用脚猛踢母亲的头，然后便走了。在海上船只毁坏，所有的人都沉入海中，大多数命绝身亡。他抓住一块扁木，漂到了一个海岛上，那里有一座欢喜城，他来到庄严、悦意的珍宝宫殿，出现了四名美丽天女，铺设柔软座垫，供上三白三甜。他准备出发时，她们告诉他：“如果继续前行，你不要向南方走，否则会有灾难出现，很危险。”但他没有听，前往南方，来到比前面欢喜城更为庄严的具喜城，有八名美丽天女如前一样恭敬承侍，并对他说：“不要朝南方走，否则会有灾难。”但他还是不听，继续向南方走，来到比具喜城更圆满的香醉城，有十六名美女前来迎接承待，又告诉他：“不要向南方走了，否则有大难临头。”但他仍然向南方走去。来到一座高耸入云的白色城堡——梵师城堡，有三十二位美丽天女迎接他，铺设柔软座垫，供上三白三甜，对他说：“住在这里吧。”但他却想走，临行之时天女们告诉他：“如果您非要前行，千万不要再向南方去，否则定会大难临头。”但他无论如何仍想向南方走，便继续向南方走去。到了一座高耸入云的铁建筑门前，有一赤目凶恶的黑人手持长长的铁棒，他问黑人：“这屋里有什么？”黑人沉默不语。他到近前去，结果看到有许多同样的人，吓得他毛骨悚然，口中喊着：“罪过罪过，真的出现灾难了。”他一边想着一边走进那座建筑物中，（屋内）一人正遭受铁轮在头上旋转的痛苦，白色的脑浆四处喷射，他问：“你造了什么业？”那人回答：“我曾经用脚踢母亲的头，现在感受此业力的异熟果报，你为什么不在梵师城享受幸福快乐，却要来此自讨苦吃呢？”他想：那么说我也同样是由这种业力牵引到这里的。这时从空中传来“愿束缚者得解脱，愿解脱者受束缚。”的声音，于是铁轮落到他的头上，他也同样白色脑浆四处喷射，感受了难以忍受的剧烈疼痛。以此为缘，他对如自己一样的一切众生生起了猛烈的悲心。他想：在此轮回中还有许许多多像我一样用脚踢母亲的头而感受此种痛苦的众生，愿所有这些众生的痛苦都成熟于我的身上，由我一人来代受，愿其他一切众生，生生世世不再感受这样的痛苦！这样想后，铁轮立即飞到空中，于是他从痛苦中解脱出来，在空中七肘高处享受无比的安乐。

这样的自他相换菩提心是修持菩提过程中必不可少的究竟正法，往昔噶当派的格西们也将此自他相换作为修行的核心。从前，已精通诸多新旧派教法以及因明经论的恰卡瓦格西，一次到甲向瓦格西家中，看到他的枕边有一小经函，便打开翻阅，其中看到一句“亏损失败我取受，利益胜利奉献他。”他甚觉此为希有之法，于是问：“这是什么法？”甲向瓦格西告诉他：“这是朗日塘巴尊者所写的《修心八颂》。”“谁有此窍诀的传承？”“朗日塘巴尊者本人有。”他立即想去求此法，便前往拉萨。（到拉萨后）数日中他一边转绕（一边打听）。一天傍晚，从朗塘地方来了一位麻风病患者，他告诉格西：“朗日塘巴尊者圆寂了。”“那谁是尊者的继承人呢？”“向雄巴格西与多德巴格西，但他们二人关于谁作法主之事意见不一。”实际上，二位格西并非是为争取自己作法主发生争执意见不合，而是互相推让法主之位。向雄巴格西对多德巴格西说：“您年长，请您作法主，我会像恭敬朗日塘巴尊者一样恭敬承侍您的。”多德巴格西说：“您年轻有为，学识渊博，理应主持寺庙。”二位格西本来互相观清净心，但是恰卡瓦格西却误解为：他们既然为继承上师的法位而不和，那他们肯定没有此法的传承，现在谁还会有此法的传承呢？格西到处寻问，有人告诉他夏日瓦格西有真正的传承。（他便前去拜见，）当时夏日瓦格西正为数千僧众传讲众多经论，恰卡瓦格西听了几天，但他所求的法却只字未宣。他想：不知这位格西到底有没有此法的传承，应当问明，若有则住，若无则离开。一日，夏日瓦格西绕塔时，他来到格西面前，将自己的披单铺在地上，请求夏日瓦格西在此稍坐片刻，有一问题请教。格西说："尊者，您有什么未解决之事，我是在一垫上圆满一切所愿。"恰卡瓦格西说："我曾看见'亏损失败我取受，利益胜利奉献他'的法语，此法与我的心很相应，此法深浅如何?""尊者内心与此法相应也好，不相应也好，尊者若不想成佛就不说了，若想成佛则此法必不可少。""请问上师您有此法的传承吗?""我确有此传承，这是我所有修法中最主要的法。""那么请上师赐予我传承。""如果您能长期住在这里，我可以传给您。"于是恰卡瓦格西依止夏日瓦上师六年。期间上师惟传《修心八颂》，他一心专修，最后完全断除了珍爱自己的执著。因此，修持自他相换菩提心可以消除今生的病痛、忧苦，而且降伏鬼神、魔障等也无有较此更殊胜的窍诀了，所以我们应当随时随地断除如剧毒般珍爱自己的恶心，精进修持此自他相换菩提心。

3. 修自轻他重菩提心

观想自己无论住于轮回还是堕入地狱，病也好痛也好，或者遭受任何其他不幸，都可忍受，并愿其他众生的痛苦成熟于我的身上，愿我所有的安乐与善果他们都能圆满具足！内心深处思维并付诸于实际行动中。如阿底峡尊者的上师仁慈瑜伽、达玛日杰达，以及我等大师释迦佛曾转生为莲花国王、投生为乌龟、转生为宝髻国王时的公案等等。仁慈瑜伽上师在讲法时，有一人用石头打狗，上师却喊着痛啊痛栽倒于法座上。在场的人看到那条狗安然无事，以为上师是假装的。仁慈瑜伽上师知晓他们的想法，便将背部示给众人看，在那条狗遭受击打的同样部位已高高肿起，清晰可见。原来上师真正地代受了狗遭石击的痛苦，众人对上师生起了诚信。

此外，上师达玛日杰达最初是声闻有部的一位班智达，前半生虽然从未听闻过大乘法，却安住于大乘种性，无勤而自然具有大悲心。一次，他的邻居患了一种严重的疾病。医生说："治疗此病需要活人的肉，如果有就能够治愈，但不可能找到，看来没有其他办法了。"达玛日杰达上师说："如果能治愈他的病，我愿施予肉。"说完便割下自己大腿的肉交给他。病人吃了肉，果然见效了。因为达玛日杰达尊者当时没有证悟空性，所以感受了剧烈的疼痛，因为悲心极大而未生起后悔之心。他问病人："您感觉好些了吗?""是的，我的病已好了，但却给您带来了痛苦。""只要您安乐我即便死亡也可忍受。"因疼痛难忍，根本无法入睡。黎明时稍稍入睡，梦中出现一位白衣人对他说："要想获得菩提必须经历像您这样的苦行，善哉！善哉!"之后用唾液涂抹伤口，用手擦拭，醒后发现伤口已完全康复如初，未留下任何痕迹。梦中之人即是大悲观世音菩萨。从此之后，尊者的相续中如理如实地证悟了实相密意，并且龙树菩萨所著的中观理聚五论之词句全部能够朗朗流畅背诵。

另外，世尊转生为莲花国王时，一次他的领土内发生了一场严重的瘟疫，死了许多人。国王唤来医生问："如何才能有效消除瘟疫?"医生回禀："若有如河达鱼的肉则可医治，其他的办法因为瘟疫之毒所遮蔽，无法知晓。"国王选择了一良辰吉日，于清晨沐浴、更衣、受持八关斋戒、对三宝做了广大供养、猛烈祈祷之后便发愿：愿我死后立即转生为斗雪河中的如河达鱼。说罢便从数百丈皇宫上跳下，立即化生为斗雪河中的如河达鱼。接着那条鱼以人语对众人说："我是如河达鱼，你们取我的肉吃吧!"于是众人纷纷割取它的肉，身体的一侧割完后，又翻到另一侧割，一侧的肉割下后，又生出来。如此交替食用鱼肉后所有的病人全部康复了。那条鱼又对众人说："我是你们的莲花国王，为了使你们摆脱疾病，舍弃了自己的性命转生为如河达鱼，你们若想报答我的恩德，则应竭力断恶行善。”于是众人都依照他的教诲去做。从此之后，他们再没有堕入恶趣与邪道之中。

此外，世尊曾经生为一只巨大的乌龟，有五百商主在去大海取宝的途中，船只毁坏，濒临死亡。这时，乌龟以人语对他们说：“你们全部骑在我身上，我救渡你们到彼岸！”于是它将所有商主载到岸边。因疲惫至极，到了岸边就睡着了。当时有八万只蚊子吸吮它的鲜血。乌龟醒来后，看到这种情景，心想：如果回到水中或者就地翻滚，恐怕这些蚊子都会死亡。于是它依然如故躺在那里，舍弃了身体与性命。世尊成佛时，当时的八万只蚊子转生为八万天子前来闻法，最后都现见真谛。

又曾经在夏给达国境，有金髻国王与王妃妙丽欢喜母生下一子，其头上天生具有一珍宝顶髻，从顶髻上流出的甘露可以触铁成金，于是给太子取名为宝髻。太子诞生时，空中降下了各种各样的珍宝妙雨，他还有一头名为妙山的宝象。宝髻国王（继位后）如理如法治理着国家，并且经常发放广大布施，消除了贫穷，也没有了乞丐。仙人折克有一位从莲花中出生的具相之女，供养给宝髻国王作王妃。她生下一子，与宝髻国王完全相同，取名为莲髻。一次国王广行供施，宴请折克仙人、难忍国王等诸多人士。当时帝释天为了观察国王的意乐，化现为罗刹从护摩火中出现，来到国王面前乞讨饮食。国王给了他各种美味佳肴，都被他拒绝了，他微笑着说：“我需要刚刚宰杀的动物的温热血肉。”国王有点为难，心想：如果不损害众生则无法得到那样的血肉，可即使舍弃自己的生命也不能损害其他众生，但若不施予，这罗刹也会深感失望，这该如何是好呢？转念又一想：看来是布施自己的血肉之时已到。于是说：“我将自己的血肉给你吧！”众眷属惊慌失措万分焦急，百般劝阻却未能阻止。国王用针刺自己的细顶脉供罗刹饮血，一直饮到它完全满足为止。之后，国王又割下自己的肉给它吃，一直吃到显露白骨为止。众眷属十分悲痛，尤其是王妃因悲痛过度昏倒在地。当国王还未丧失意识时，帝释天无比欢喜地说："我是帝释，不希求血肉，请中止布施吧！"说完便取出天人的甘露加持国王的伤口，国王便恢复如初了。

后来国王将妙山宝象赐给了大臣梵车。当时玛热则仙人有一位已得禅定的弟子来了，国王对他十分恭敬，作了广大布施后问道："您需要什么？""我在上师跟前学习了吠陀，欲报答师尊的恩德。他老人家现已年迈，无有侍者服侍，我想供养上师侍者，需要您的王妃与王子。"国王应允了，他便将王妃与王子带回去供养了上师。

难忍国王酷爱那头宝象，返回自己领土后派人送信，告诉宝髻国王："必须将宝象给我。"宝髻国王答复说："我已将宝象给婆罗门了。"但他不听，并说如果不给宝象，就动用武力。随后调动大批军队。宝髻国王十分伤心，感慨道："唉，因增上贪欲的缘故，连最亲密的朋友也瞬间变为仇敌。"心中思量：如果我率兵应战很容易就能战胜，但这样必定会伤害许多众生，因此我应自己逃走。正在这时，四位独觉出现在他面前说："大王前往森林之时已到。"然后依靠神变（带着国王）去了森林。

当时诸大臣前往玛热则仙人处索要莲髻王子，仙人归还了。后来王子作为首领，率领军队与难忍国王交战，结果大获全胜。难忍国王惨败之后逃回自己的国家。因为当时难忍国王品质恶劣、行为卑鄙，导致他的领土内发生了一场严重的疾疫与饥荒。难忍国王问诸婆罗门："如何才能有效（消除疾疫与饥荒）？"他们说："若有宝髻国王的顶髻则有效，应去索求。""他可能不会给吧。""众所周知宝髻国王没有不给的，任何东西他都会给。"于是难忍国王派遣一婆罗门前去索求。

当时宝髻国王正漫步观赏林苑诸处，（不知不觉）走到了玛热则仙人所在地附近。此时宝髻国王的王妃正到林间寻找树根树叶，遇到一个猎人，猎人对王妃生起了贪爱之心。处境十分危险之时，王妃祈祷："宝髻国王救救我。"并失声痛哭。国王从远处听到她的声音后，前去查看到底发生了什么事。猎人看到国王从远处而来，误以为是仙人，因害怕恶咒而惊慌逃走了。国王看到曾经拥有国政、无比安乐而如今感受如此痛苦的王妃，十分悲伤，不禁慨叹：呜呼，一切有为法，皆无可信矣！

这时，难忍国王派遣的婆罗门来到宝髻国王面前，讲述了事情的经过，并索要顶髻。国王说："你自己斩断拿去吧！"婆罗门砍断顶髻后带走了，结果遣除了难忍国境内所有的疾疫与饥荒。宝髻国王以被斩断顶髻的疼痛为缘，对诸热地狱的众生生起了强烈悲心而昏厥倒地。（以此功德而感召）祥兆使诸多天众及国王的许多眷属会集彼处，他们问："陛下，发生了什么事？"国王站起身来，用手稍微擦拭了一下脸上的鲜血说："难忍国王要去了顶髻。""布施顶髻陛下心中有何希望呢？""除了希望消除难忍国境内的疾疫与饥荒之外无有丝毫自私之心，但是恒时怀有一个强烈愿望。""那是什么呢？""希望能救护一切众生！""布施顶髻后陛下有没有生起后悔心呢？""未生后悔心。""看到陛下疲惫的表情真是难以令人相信。""如果我对难忍国王的眷属带走我的顶髻未生后悔之心，愿我的身体恢复如初！"说完身体便恢复如初。众眷属祈求国王返回皇宫，国王未应允。这时四位独觉来到宝髻国王面前说："您对怨敌也能饶益，为何要舍弃亲友呢？如今理当回归国土。"于是国王回到宫中，给诸眷属带来无比的利乐。

（二）行菩提心学处

行菩提心学处为六度：布施；持戒；安忍；精进；禅定，此为修行方便方面的五度；智慧资粮方面的是智慧度。

1. 布施度

布施度分三：财布施；法布施；无畏布施。

(1) 财布施

财布施包括普通布施、广大布施、极大布施。

普通布施：是指将少至一把茶叶、一碗青稞以上的财物施舍给其他众生。若自己的意乐清净，所施舍的财物则无有多少之分。《三十五佛忏悔经》中说："乃至施与旁生一口食物的功德……"佛陀是善巧方便与大悲心的主尊，我们如果依靠佛陀所说的陀罗尼与密咒之力，则仅仅作一滴水、一粒米的布施，也能利益恒河沙数的饿鬼。作素烟、荤烟等佛事能对空游饿鬼有极大的利益，依此能使那些以有情生命为食的厉鬼非人暂时享用焦烟而得到满足，并依靠法布施使他们相续获得解脱，之后他们便不再损害有情的生命，从而解除许多众生死亡的怖畏，因此也是无畏布施。实际上，焦烟施已具足了三种布施。所以水施、焦烟施等是简便易行、事半功倍之法。每年作水施十万遍，平时也不间断水施和焦烟施是十分重要的。

同样，如果自己拥有少许财产受用便紧紧守护宁死不舍，舍不得用于对今生和来世有意义的事情上；虽然财产富饶，却认为一无所有，口中也说着可怜兮兮的绝望之语，那么这些人现在已感受了饿鬼的等流果报。所以不应如此，而应上供三宝、下施贫穷乞丐等尽己所能供施。如米拉日巴尊者所说："取出口中之食，当行布施。"否则，若为私欲所控制，那么即使一个人拥有整个南瞻部洲的所有财富，也不会满足，当有上供下施的机会时，他也不愿拿出自己所拥有的财产，而是想：我以后从别处得到更多财富时再做供施。通常佛在经中所说的财施等以财物作功德主要是对在家菩萨而言，而出家人惟一修学知足少欲、依靠深山和寂静庙宇、以苦行精进行持圣道三学极为重要。有些出家人放弃自己的修行善法，整天去经商、务农等，以欺骗手段和造恶业的方式积累财物，却自认为以此进行上供下施是在作功德、修善法，这种做法实际上无有任何实义。如单巴仁波切所说："若不如法而行法，正法反成恶趣因。”所以，一切时处惟依知足少欲十分重要。

广大布施：是指将自己拥有的骏马、大象以及儿女等自己最珍爱之人和珍贵希有之物施予他人。

极大布施：是指布施自己的肢体、身体和生命等。譬如，大勇王子将自己的身体布施给母虎、龙树阿阇黎将头施予乐行王子、蔓德贤公主将身体施予母虎等。这些行为除了登地菩萨之外，凡夫普通人不能实践。所以现在我们内心应对身命和一切受用无有贪执地回向众生，并且发愿以后能够真正实行布施。

(2) 法布施

为他人灌顶、传法、念传承等，想方设法令他人相续趋入善法。然而，在我们尚未完全根除私欲之前，虽然表面上在成办利他之事，但也只是如影像而已，不能利益众生。众弟子曾经问阿底峡尊者：“何时方可摄受眷属？何时乃可行利他之事？何时才可超度亡灵？”尊者回答：“证悟了空性并且具足神通之时方可摄受眷属；自利断尽之时乃可饶益他众；获得见道之后才可超度亡灵。”此外尊者还曾说：“如今五浊之恶世，非为装模作样时，乃为策励精进时；非为寻求高位时，乃为置于卑位时；非为摄受眷仆时，乃为依止静处时；非为调化弟子时，乃为调伏自心时；非为随持词句时，乃为思维意义时；非为到处游逛时，乃为安住一处时。”

此外，三同门曾问仲敦巴格西：“于寂静处修行与以正法饶益众生，此二者何为重要？”仲敦巴格西答道：“自相续无有任何修行验相及证悟的初学者以正法饶益众生不会有益，他们的加持犹如倾倒空器一般，从彼处不会得到任何加持，窍诀犹如未经按压的酒糟酿出的薄酒一般，无有任何纯酿的滋味；虽获得暖相而未得稳固胜解的修行者也不能行利益众生之事，他们的加持犹如倾倒盈满之瓶一般，使别人满满充盈，自己却变成空空如也，窍诀则如将火炬传递给他人一般，使他人光明通亮，自己却成为漆黑一片；登地的菩萨则为成办利益众生的标准，他们的加持犹如妙瓶之成就，能令他众（相续）成熟，自己始终盈满无有空时，窍诀则如酥油主灯一般，既能点亮其他油灯，自己也无有暗蔽。如今五浊恶世之时，我们凡夫应于寂静处修持慈悲、菩提心，现今不是直接饶益众生之时，而是遣除自相续的烦恼之时。例如，不是斩断名贵药树苗芽的时候，而是保护其生长之时。”因此直接对众生进行法布施稍有困难。自己未曾实修而为他人讲经说法，对他人无有任何利益，若依靠传讲佛法而收取供养及财利，则如印度单巴仁波切所说“将正法作为得财之商品”。所以在我们的私欲未断尽之前，不应急于行利他之事，而应于自己念经、诵咒、读诵佛经论典等时发愿，使白法方面的鬼神们听闻后，其相续获得解脱，念诵水施、施身等仪轨的结尾时，应诵“诸恶莫作，众善奉行，自净其意，是诸佛教。”惟行这种法施便可以了。当私欲完全断尽之时，一刹那也不应住于安闲寂乐之中，因为惟以利他为主之时已到，故应时时刻刻以正法饶益有情。

(3) 无畏布施

对于无有救护者的众生，作他们的救护者，无有怙主者作其怙主，无有亲友者作其亲友等等。尤其是世尊曾宣说：“一切有为善法中，救护有情之生命功德利益最大。”因此，那些具有权势之人应下令禁止渔猎；也可救护某些被带到屠宰场、即将被宰杀的羊以及濒临死亡的鱼、虫蝇等，在实际行动中，应千方百计尽力饶益众生。

上述布施也是密宗三昧耶戒中最主要的部分。如《受持五部律仪续》云：“宝部三昧耶，恒行四布施。”

2. 持戒度

持戒度分三：禁恶行戒；摄善法戒；饶益有情戒。

(1) 禁恶行戒

是指身口意三门断除如毒般的一切对他众不利的十不善业。

(2) 摄善法戒

指我们随时随地应当竭尽全力成办乃至微乎其微的善根。本来世间也有此类俗语："随口随手皆可行善事，随行随住亦会造恶业。"我们应当时时刻刻以正知正念、不放逸而观察三门。如果不认真取舍善恶，则甚至仅仅于游戏中顺便也可能积累许多严重的罪业。如《贤愚经》云："莫想罪微小，无害而轻蔑，火星虽微小，可焚如山草。"同样，如果我们随时随地以正知正念护持自心而修持，就可能很容易积累不可思议的善业资粮，甚至看到路旁一刻有观音心咒的石堆，也立即脱帽、恭敬以及右绕而行，若以三殊胜摄持则可成为圆满无上菩提的无倒之因。如《贤愚经》云："莫想善微小，无利而轻视，水滴若积聚，渐次满大器。"曾有一头猪被一条狗追赶而转绕佛塔，又有七条虫从树叶上落到水中而随波逐流右绕水中的佛塔七圈等，也成为解脱之因。所以我们应于一切时处尽其所能、竭尽全力断除所有细微以上的恶业，积累包括一丝一毫在内的一切善业，并将一切善根回向众生。(此摄善法戒)可包括菩萨的一切学处及律仪。

(3) 饶益有情戒

如前所说，当彻底断尽私欲之时，依靠四摄法而直接成办利益众生的事业。初学之时，无论行持任何断恶行善的学处，都以三殊胜摄持而回向一切众生，此可包括所有的饶益有情戒。

3. **安忍度**

安忍度分三：忍辱他人邪行之安忍；忍耐求法苦行之安忍；不畏甚深法义之安忍。

(1) 忍辱他人邪行之安忍

别人当面对自己进行殴打、抵毁、恶语中伤等，以及暗中说不悦耳之语等时，我们不应心生嗔恨或忿怒，反而应生起慈悲心饶益他们。否则若为嗔心所困，便成为所谓的“嗔恨摧毁千劫所积之资粮”。《入行论》云：“一嗔能摧毁，千劫所积聚，施供善逝等，一切诸福善。”又云：“罪业莫过嗔，难行莫胜忍，故应以众理，努力修安忍。”忆念嗔恚的过患后应当随时随地精进修持安忍。印度单巴仁波切说：“嗔敌乃是业力迷乱现，当断嗔恚恶心当热瓦。”阿底峡尊者也说：“不嗔作害者，若嗔作害者，如何修安忍？”所以，如果有人对自己恶语中伤或无故加害等时，我们若能断除自己的嗔怒、怨恨之心，则可清除诸多罪障，依靠安忍可以圆满广大的资粮。因此应将作害者视如上师一般，即所谓“若无生嗔境，于谁修安忍？”

当今时代有人说：“某某是一位贤善上师或好比丘，只是嗔恨心很大。”其实在世界上没有比嗔恨更严重的过失了，怎么会有嗔恨心大、同时又是贤善上师或好比丘之人呢？印度单巴仁波切说：“百种贪心之业不及一刹那嗔心之罪业大。”显然，持前面观点之人未懂此理。正法真正融入自相续的修行者，他们的身、口、意三门应如脚踩在棉花上或者在米粥里加入酥油一样柔软、调和。如果自己成办少分善事或护持少许净戒就认为我已如何如何了，相续恒时充满我慢，对方言词稍有不当便说：“他轻视、污辱我了！”心中愤愤然、气冲冲，这说明正法与自相续已互相脱离，是正法丝毫也无益于自心的标志。金厄瓦格西说：“我们越闻思修我执越重，忍耐力比新肌还弱，心量狭小比卫藏的厉鬼还要暴躁易怒，这是闻思修已颠倒的标志。”因此我们应于一切时处谦虚谨慎、身居卑位、身着破衣、恭敬（地位）上中下所有的人，着重修持慈悲菩提心，以正法调伏自相续，这是修行的无误要点，所以它已胜过了无益于自心、成千上万的高深见解和甚深修习。

(2)忍耐求法苦行之安忍

为了修持正法不顾一切艰难困苦、严寒酷暑而行持。续部中云:“越过刀山与火海,舍身赴死求正法。”又如往昔诸噶当派大德所言的四依处,即:“心依于法,法依于贫,贫依于死,死依于干涸之壑。”可是如今我们有些人却认为修持正法不需要丝毫苦行与精进,在从事今生世间之事的同时,于具足幸福、安乐、名誉之中即可修成正法,还认为别人也可将出世法和入世法同时圆满,并说:“某某人是一位贤善上师,世间法、出世间法都圆融无碍。”怎么会有办法使出世、入世法圆融无碍呢?自以为世间法、出世间法二者兼而有之的那些人,肯定只能是在世间法方面比较突出,绝不可能具备真正的出世间法。凡是想出世、入世法可同时兼得的人则犹如认为两尖针可缝纫、水火可置于同一容器内以及可同时乘骑向前向后行驰的两匹马一样,这是根本不可能实现的。没有任何一个补特伽罗胜过我等大师释迦牟尼佛的。而佛陀也没有找到世间法、出世间法同时成就的方法,因此犹如丢弃唾液般舍弃了转轮王的国政王位,到泥莲禅河畔经历了六年苦行与精进,期间每年喝一滴水、食一粒米。

米拉日巴尊者也是同样,修行时口中无食,身上无衣,仅以野菜充饥,结果整个身体犹如骷髅一般,身上绿毛丛生,并长有吸血虫,别人看到时认不出他是人还是鬼,如此坚定不移,经历苦行,励力精进修持正法。这说明世间法与出世间法不可能同时成办,而并不是米拉日巴尊者极为愚钝,不知道同时成就世间法与出世间法的方法。此外,大成就者美隆多吉也是于九年期间惟食树皮,修持正法,最后获得成就的。全知龙钦巴尊者也是同样,数月中仅以二十一颗水银丸维生,下雪时钻进牛毛袋子里,此袋既作衣服又当坐垫,在出世间法方面历尽苦行等等,有许多此类公案。

往昔所有的成就者全部都是将现世的琐事抛于脑后、历经苦行、精进修持而获得成就的，无有一人是于从事现世之事的同时、于具足幸福安乐名誉之中顺便修行而得成就的。吉美林巴尊者说："若丰衣足食、住处舒适、施主贤善等样样具足，则正法尚未成就之前魔法已成就了。"又夏吾瓦格西说："如果从内心深处想修法，则必须自心依于贫穷，一直贫穷到死。若能生起如此意念，则天、人、鬼三者必定不会使其为难。"米拉日巴尊者说："我病无人问，若死无人哭，能死此山中，瑜伽心意足。门外无人迹，室内无血迹，能死此山中，瑜伽心意足。何去无人问，此去无定处，能死此山中，瑜伽心意足。腐尸为虫食，血脉为蚊吸，能死此山中，瑜伽心意足。"所以我们应当完全断除一切现世的贪著，不顾一切艰难困苦、严寒酷暑而修持正法。

(3) 不畏甚深法义之安忍

若听闻到甚深的空性实相、尤其是远离勤作自性大圆满实相之精要、超越善恶因果之十二金刚大笑、希有八句等法语时，对此不应生邪见，应千方百计、毫无颠倒地受持其中的密意。否则若生邪见或进行诽谤，则称为舍法罪业，是无数劫中不能从地狱深渊中得解脱之因。如乔美仁波切说："此罪胜过五无间，无解脱罪发露忏。"

曾经有两位行持十二头陀行的印度比丘来到阿底峡尊者面前。尊者宣说人无我时，他们二人心生欢喜。当讲到法无我时，二人惊恐万分，说道："太可怕了，请尊者切莫如此宣讲。"当听到念诵《心经》时，便以双手掩耳。尊者十分伤感地说："如果没有以慈悲、菩提心修炼自心，对甚深正法未起诚信，而仅以护持一分净戒则不可能获得任何成就！"往昔佛陀在世时也有许多具增上慢的比丘听到宣讲甚深空性实义时口吐鲜血而亡，并堕入地狱的公案。因此我们应当对甚深正法以及宣讲此法的补特伽罗从内心深处生起胜解、恭敬诚信。倘若因自己智慧浅薄而不能生起胜解，那么尽力断除诽谤也非常重要。

4. **精进度**

精进度分三：擐甲精进；加行精进；不满精进。

（1）擐甲精进

听到往昔诸圣者前辈、诸佛菩萨的事迹以及为求正法历尽苦行的历史传记等时，我们不应认为：他们是佛菩萨才能做到那样苦行，我们怎么能够做到呢？因而懒散、懈怠。而应思维：他们是因如此精进苦行而获得成就的，我作为他们的追随者，虽然不能胜过他们，但必定能获得同样的成就。如果他们也需要经历那样的苦行策励精进，那么我们这些为深重恶业所迫、无始以来未曾修持正法的人为何不需要苦行与精进呢？如今我们已获得暇满人身、有幸遇到具相上师、听授到甚深教言、具有如理修持正法的缘分，所以我们应当立下誓言：历尽苦难、肩负重担、不惜身命、诚心诚意修持正法。

（2）加行精进

虽有求法修法的心愿，但却于明日复明日中耗尽人生岁月。我们应当断除这种在欲求修持正法中虚度人生的现象。哲白莲大师说："人寿如屠场旁生，过一瞬间死亦临，今复明日久蹉跎，终于榻中哀呼号。"因此，我们不应延误修持正法，刹那也不能耽搁，应如懦夫怀中钻进了蛇或如美女头上燃大火般急不可待，彻底放下、完全舍弃现世的一切琐事，立即致力于佛法，否则世间琐事无有了结之时，接踵而至、此起彼伏犹如波浪一般，始终不会有修法的空闲机会。自己何时下定决心舍弃世间琐事，也就是琐事终结之时。全知龙钦巴尊者说："世间琐事死亦无完时，何时放下即了乃规律。"又说："所作所为如儿戏，做无终了放则了。"所以当生起想修正法之心时，要以无常激励自己，刹那也不应被懈怠、懒惰所控制，应该即刻修持正法。以上为加行精进。

(3) 不满精进

自己无论是在闭关还是观修本尊、诵经念咒、行持善法等方面稍有成就之时，不应以此为满足，而应当发誓：自己活到老要修到老，乃至未获得圆满正等觉果位之前，必须以如湍急的河流般持久、勇猛地精进修持。如圣者前辈所说："修法时，应如饥牛食草般。"饥饿的牦牛吃草时，前一口没有吃完，眼睛便盯着下一口。同样，前一个法尚未修完时我们心中应该计划此法修成后应修某某法。三门一刹那也不应于悠闲安逸、无有正法之中虚度时光，应一天比一天更加精进地修持正法。

吉美林巴尊者说："越趋近死亡越精进修持善法，这是修法者未被违缘所转的标志。"如今有些被称为大修行者或贤善上师之人，当别人对其阿谀奉承说："您老人家肯定不需顶礼、诵经、念咒、积累资粮、净除罪障了。"他们自己也认为：我确实已如何如何了，不需要任何修行了。则他们正如成就者无等塔波仁波切所说："自以为不需要修行是更加需要修行的标志。"印度阿底峡尊者也曾经每天都精进调和土粉做泥塔小像。诸眷属对他说："您是一位伟大的上师，整天摆弄土粉不但别人会讥笑，而且您也很辛苦，不如让我们来做吧！"尊者说："你们在说什么！难道我吃的食物，你们也替我吃吗？"所以说，在未获得圆满正等觉果位之前，我们每个人都有应净的业与习气以及所得的种种功德，因此不应闲散或偶尔性地修法，而应对正法无有满足、诚心诚意勤奋修持。总而言之，是否能够获得佛果惟一依赖于此精进度，所以我们应当精勤行持这三种精进。

如果具有上等智慧，但若精进仅为下等，则只能成为一个下等修行者；如果智慧仅为下等，但若具足上等精进，则必定成为一个上等修行者；如果毫无精进，那么尽管具有其他功德也无济于事。全知吉美林巴说："无精进之士，具智财权力，皆不能救彼，犹如一商主，有舟无船桨。"因此，我们应当时时刻刻饮食适量、睡眠适度、孜孜不倦、持之以恒、不松不紧地精进修法，犹如挽弓一般。否则，闲散、偶尔性地修法不会有任何成就。

5. **禅定度**

禅定度分二：禅定之必要；真实禅定。

(1) 禅定之必要

如果没有舍弃一切嘈杂、散乱而依止寂静处，则相续不能生起禅定，所以首先舍弃散乱十分重要。我们应当思维：凡是聚集皆是离别的本性，如父母、兄弟、夫妻、亲友甚至是俱生身体的骨肉也终将各自分离，既然如此，那么我们贪执无常的亲友有何用呢？思维之后应当恒时独自静修。如日巴喜瓦沃大师说："独自一人修佛果，道友二人修善缘，三四以上贪嗔因，故吾独自而安住。"

贪欲是一切罪恶的根源，虽然拥有财产受用却不知满足，而且财产越多吝啬之心越增长。如颂云："何人具财彼吝啬。"又"愈有愈贪如富翁"、"无财之时远怨敌"。不管自己拥有多少饮食、财产、受用，都可能会遭到怨敌、盗贼的损害。那些随时随地都在为了积累、守护、增长财物直到寿终正寝为止的人，惟有受苦造罪而已。因此圣者龙树菩萨说："积财守财增财诚可怜，应知财为无边罪根源。"即使一个人拥有南瞻部洲所有财产受用，实际上也只是满足他一人的衣食而已，别无其他。而有些人无论如何富足，自己仍然是舍不得吃、舍不得穿，甚至不顾一切罪业、苦难、恶语而毁坏自己的后世。为了微薄的财物不惜生命，不顾一切羞耻、惭愧、人格以及长久情意，也不考虑正法和三昧耶戒，恒时惟以贪财、贪食、贪利而度日，犹如厉鬼寻觅食子一样，从未享受过一日的悠闲自在、幸福安乐，仅在为财忙碌中寿命耗尽。最后点滴积累的受用成了自己的害命者，甚至为此而死于利刃之下，终生所积累的财物受用被怨敌等他人享用，以致于完全浪费了这些财富，而自己所得到的仅仅是为此所造下的如山大罪业，最终导致自己漂泊于难忍的恶趣之中无有解脱之时。因此如果我们仅有少分财富，那么应在现在自由自在之时为来世保存些精致口粮，而今生仅仅能饱腹蔽体就应知足了。

此外，惟求今生利益之人称为孩童的友伴，虽然饶益他们，却反遭损害，恩将仇报，无论自己怎样做都无有合意之时，很难取悦他们。如果他不如自己则心生嫉妒，若超过自己则轻蔑藐视，不管相处多久只会增长罪业、减少善业，因此我们应当远离这种人。

如果依靠农工商与文化等众多散乱事务与众人来往，则称为愦闹。自己对此经常忙碌也无有利益，如何精勤也无实义，制伏怨敌无边际，扶助亲友亦无边。因此我们应当如丢唾液般舍弃无有了结之时的一切琐事及散乱，远离故乡、奔赴异地、居住岩洞、与野兽为友、调顺身心、舍弃衣食名誉，惟于无人空谷处度过人生。如米拉日巴尊者云："无人山谷岩洞中，恒具厌离出世心，上师乃为三世佛，强烈信心永不离。"如果依尊者所言而行，则会发现"于令人伤感之处可产生禅定。"由此自然会生起出离心、厌离心、信心、清净心、禅定及三摩地等一切正道的功德，所以我们应当对此尽力而为。

寂静山林也是往昔诸佛菩萨获得寂灭之处，并且是既无愦闹、散乱，也无农务商业、远离凡夫友伴、与鸟兽朝夕相处、安乐无比、饮清净泉水、食天然树叶、会自然显现明清觉性、增上等持之处。那里既无怨敌亦无亲友，是摆脱贪嗔之网罟、具足众多功德之处。不必说亲自前往这样的寂静处安住，甚至想前去静处，仅仅朝彼方向迈出七步的功德也胜过于恒河沙数劫中供养十方诸佛的功德。佛在《月灯经》等经中说："居于深山胜静处，一切威仪皆为善。"在那里虽然没有刻意精进行善，但自然会生起厌离心、出离心、慈心、悲心等一切正道的功德，一切行为也自然而然全部成为善法。在喧闹之处虽竭力制止却难以阻挡的一切贪嗔烦恼，到了寂静处就会自然减少，相续中容易生起诸道功德。这些是禅定的前行法，因此也是至关重要、必不可少的。

（2）真实禅定

真实禅定分三：凡夫行禅定；义分别禅定；缘真如禅定。

凡夫行禅定：是指耽着明乐无分别的觉受。希求此目标，为耽着觉受的妙味而观修时，称为凡夫行禅定。

义分别禅定：远离了觉受的耽着，虽未受禅定之味，但却贪著执空对治品而观修时，称为义分别禅定。

缘真如禅定：指远离了执空对治之心，安住于法性无分别等持之中，称为缘真如禅定。一切坐禅之时，身之要诀依毗卢七法；眼之要诀依看式等十分重要。即我们所谓的身直则脉直，脉直则风直，风直则心正。因此不应躺着或靠着，而应身体端直、意识不作任何分别，于不执著一切中入定，即为禅定之本体。

6. 智慧度

智慧度分三：闻慧；思慧；修慧。

（1）闻慧

是指上师所讲的一切正法之词义，自己听闻后如理如实地理解。

（2）思慧

上师所讲的一切法义不能仅限于表面听闻、了解，应于自相续中以反复研究、观察、思维而作抉择，不懂之处请教他人，不应仅满足于表面上的了知与肯定，应对此生起定解。这样将来自己于寂静处独自修行时，对于修行之精要，不需要请教别人，完全达到独立自主、彻底断除疑惑的境界。

（3）修慧

是指真正了知法义后进行实修。即通过修持之后，于自相续中对实相之义生起真实无倒的证悟，彻底生起定解，解脱是非之网后现见实相本面。最初通过闻思断除增益之后，进行实修时，应当以无实有的空相幻化八喻而观修。五种外境的一切显现本来无有而于迷乱者面前显现，犹如梦境；由因缘缘起聚合而骤然显现，犹如幻术；本来无有而显现为有，犹如眼华；正现之时不成实有，犹如阳焰；任何内外皆无有中显现，犹如谷声；无有能依所依，犹如寻香城；现而无自性，犹如影像；本来无有之中显现一切，犹如幻城。如此了达外境显现皆为虚妄的本性，并且观察显现的造作者是内心的自性，则可了知境现不灭并能息灭执著外境的分别念。我们若证悟了如此法性明空、犹如虚空的本性并能安住于如此境界之中，称为智慧度。

如此若将六度广作分析，则每一度有三种，共十八种。其中财施又可分为三种，则共二十种，再加上方便度、力度、愿度、智度共为二十四种。若再广分，则每一度又可分为六种，共三十六种。例如，以布施度中的法施而言，讲法者上师、所讲之法以及传讲对境之弟子，这三者具足后讲经说法为布施度；讲法之时，上师不贪图名闻利养、也不杂有宣扬自己功德、冷嘲热讽他人等烦恼的垢染而传讲为持戒度；多次重复讲解一个句义、不顾一切辛苦劳顿为安忍度；说法时不为懒惰、懈怠所困，不违时间而传讲为精进度；心专注于所讲之词义不散于他处，并且断除错谬和过多过少的现象而传讲为禅定度；传讲之时，以三轮无分别即三轮体空之智慧摄持为智慧度，即具足六度。又譬如就财布施中的施予乞丐饮食而言，所施之物、布施之人以及布施对境三者具足后进行施舍为布施度；不布施低劣、鄙陋等物，而是施予自己所食用的饮食为持戒度；他们再三索求也不嗔不恼为安忍度；不顾及辛苦劳累不耽搁而急速布施为精进度；心不散于他处为禅定度；了知三轮体空为智慧度，如此即具足六度。同样持戒等其他波罗蜜多也依此类推。

此外若将十度归纳概括，则如米拉日巴尊者所说："断除我执外，无余布施度；断除狡诈外，无余持戒度；不畏深义外，无余安忍度；不离修行外，无余精进度；安住本性外，无余禅定度；证悟实相外，无余智慧度；所做如法外，无余方便度；摧伏四魔外，无其余力度；成办二利外，无其余愿度；知惑自过外，无其余智度。"又库、鄂、仲三子曾问阿底峡尊者："一切正道之法何为最胜？"尊者答道："最胜智者即证悟无我之义，最胜德行即自心相续调柔，最胜功德即广大利众之心，最胜教言即恒时内观自心，最胜对治即了达一切无自性，最胜行为即不随顺于世间，最胜成就即烦恼日趋薄弱，最胜道貌即贪欲日渐减少，最胜布施即无有贪著，最胜持戒即自心寂静，最胜安忍即身居卑位，最胜精进即抛弃琐事，最胜禅定即自心不变，最胜智慧即不执一切。"

此外，全知吉美林巴尊者也说："知足即是布施度，彼之本体乃舍心，无愧三宝持戒度，不失慧念胜忍辱，一切助伴需精进，执现观圣（所执显现皆观为圣尊）禅定度，贪执自解智慧度。无有能思所思境，并非俗念离定解，乃为涅槃胜寂灭。此等一切不可说，愿汝铭记于心中。"如是若将六度等广大菩萨乘的一切经论正道归纳，则可完全包括在空性大悲藏之中。如萨日哈尊者的道歌中说："离悲空性见，非获殊胜道，若惟修悲心，岂脱此轮回？何人若兼具，不住于有寂。"不住三有与涅槃是指无住涅槃、圆满正等觉的果位。此外龙树菩萨说："空性大悲藏，惟修菩提者。"仲敦巴格西曾问阿底峡尊者："一切诸法之究竟是什么？"尊者答道："诸法之究竟乃空性大悲藏。"又说："譬如，世界上万应丹药可以医治一切疾病。犹如万应丹药一般，如果证悟法性空性之义，则可对治一切烦恼。""那么为什么有些声称证悟了空性的人一切贪嗔没有减少反而依然存在？""他们全部是说空话而已。如果真正证悟了空性之义，则身口意三门将会如同脚踩棉花或者稀粥里加入酥油一样。圣天阿阇黎说：'仅仅思维诸法实相是否为空性，产生合理怀疑也可摧毁三有之根。'因此，若无倒证悟空性实义，则与万应丹药相同，可了达一切圣道之法。""证悟空性为何能了达一切圣道之法呢？""一切道法可摄于六度之中，如果无误证悟空性实义，则对内外一切实物无有贪爱执著，所以恒时具足布施度；无有贪执者不会为不善污垢所染，所以恒时具足持戒度；此人无有我执、我所执的嗔恚，所以恒时具足安忍度；此人对所证之义具有无比欢喜之心，所以恒时具足精进度；此人远离实执的散乱，所以恒时具足禅定度；对一切事物远离三轮分别意念，所以恒时具足智慧度。""那么，仅以证悟实义而言，惟以修持空性见可以成佛吗？""一切所见所闻无一不是由心所生。证悟自心乃觉性空性无二即为见；不散他处、恒时安住于正念之中即为修；于彼本性中积累两种如幻资粮即为行。这些若如理如实全部通达，则于梦中可出现，梦中出现则临终可现，临终出现则中阴可现，中阴出现则必定获得殊胜成就。"

所以说佛陀宣讲的八万四千法门全都是为了相续中生起此菩提心空性大悲藏的方法而宣说的。如果远离了此菩提心如意宝，则无论见修之法多么高深莫测，对获得圆满正等觉也无有任何利益。生圆次第等一切密宗的修持如果以菩提心摄持，则将成为即生获得圆满正等觉之因。如果远离了菩提心，则与外道无有区别。虽然诸多外道也有观修本尊、念诵咒语、观修风脉、取舍因果等修法，但因无有皈依与发心，所以无法从轮回中获得解脱。喀喇共穹格西说："虽然受持了从皈依开始到密宗之间的一切律仪，但若没有舍弃世间法，则无有利益；虽然恒时为他人讲经说法，但若没有息灭我慢则无有利益；虽然精进向上，但若将皈依法置之不理，则无有利益；虽然夜以继日精勤修善，但若未以菩提心摄持，则无有利益。"

如果没有打好皈依与发心的基础，虽然表面上作广泛的闻思修行，但究竟没有任何实义，就像冬季在冰面上建造九层高楼，并在上面涂上色彩、画出图案一般。因此，我们绝不能认为皈依、发心是低等的法或者初学者的法门而轻视，必须了知一切圣道的加行、正行、后行都可圆满包括在皈依、发心之中。所以，贤劣高下的一切人惟一着重修持皈依和发心是十分重要的。尤其是那些享用信财和亡财、向上引导亡灵的上师、僧人们，相续中具有一颗无伪的菩提心是必不可少的。如果远离了菩提心，则无论以何种方式念诵仪轨、净除业障等，对死者与活人都毫无利益。虽然表面上利他，但实际上也只不过是掺杂私欲而已。因此，给自己带来了享用信财的无尽罪障，并且将导致后世堕入恶趣之中。

对一个修行者来说也是如此，纵然具有如鸟一般翱翔天空、如鼠一般钻入地下、穿行山岩畅通无阻的神通，以及在石头上留下手印、足迹等显示各种希奇的神变，若相续中无有菩提心，则他们一定是被外道徒或者大魔头加持了相续。虽然这样的人最初可能受到一些迷信者的推崇、恭敬、信奉而获得供养，但最终惟有毁坏自他而已。如果相续中具有真正的菩提心，那么即使无有其他任何功德也会使与之结缘者获利。

然而我们根本不知道菩萨住于何处。经论中说在屠夫、妓女中也有许多以善巧方便度化众生的菩萨，所以很难了知其他补特伽罗的相续中是否具有菩提心。世尊也说："除非我与同我者，无人能量他人心。"因此，我们应当对使自相续生起菩提心的任何本尊、上师、善友等作真佛想。对自相续而言也是同样，自己认为已经证悟了实相之义、获得了神通、三摩地、面见了本尊等，无论出现任何表面的道相功德，若依此使自己的慈悲心、菩提心无有退转并且越来越增上，则可断定这些道相是真正的功德；若依此使慈悲心、菩提心日渐减退，那么这些表面的道相无疑是魔障或邪道。

如果自相续中生起了无伪实相的证悟，那么一定会对上具足信心、清净心，于下具有不共的慈心与悲心等。无等塔波仁波切曾问至尊米拉日巴：“我何时可以摄受眷属？”尊者说：“一旦你已现见了自心本体非同现在这般，远离一切怀疑，那时会对老父我生起不共同的真佛之想，并且也定会对众生生起无伪的慈悲心，那时你可摄受眷属。”因此我们应以慈悲、菩提心为本，之后以闻思修不相脱离而修持正法。首先，如果未以闻法断除增益，则不会懂得修行。如颂云：“无闻之修行，如断臂攀岩。”所谓的以闻法断除增益是指不必对浩翰无垠、种类众多的一切所知法全部了知，于五浊恶世短暂的一生也不可能了知这一切所知法，但我们对自己所修正法的初、中、后的所有修法要无误了知，并通过思考断除所有的增益。

从前阿底峡尊者住在聂塘时，祥纳穹敦巴、炯敦巴、哈仓敦巴三位格西请尊者讲述正量的宗派。尊者说：“外道与内道佛教都有许多宗派，但全部是以分别念而成，不可胜数的这些分别念是无有必要的。人生转瞬即逝，所以如今乃是归纳精华要义之时。”祥纳穹敦巴问：“如何归纳精华要义呢？”“对等同于虚空界的一切众生修慈悲、菩提心，为了他们精勤积集二资粮；由此所产生的一切善根回向所有的众生，愿与其共同获得圆满菩提；应当了知这一切之自性为空性，法相（显现）为如梦如幻。”我们如果不知道归纳修行的精华要义，那么表面上了解、领会、知晓得再多，结果也无任何利益。

昔日阿底峡尊者初来西藏时，大译师仁亲桑波迎请尊者。当时尊者问译师：“您对诸如此类的正法，了知得如何？”并依次询问，结果译师似乎无所不知。尊者十分喜悦地称赞道：“极为希有！在藏地有像您这样的智者我都不需要再来了。”接着又问道：“那么，在一垫上，该如何修持这一切法呢？”“应遵照各宗派所说而修持吧。”尊者失望地说：“译师错了，看来我还是有必要来藏地。”译师问：“那么，应如何修持呢？”“应将一切法归纳为一要诀而修持。”因此我们必须在了知上师所传窍诀的基础上总结修行的要点而行持。

如果已如此了知但未实修，则无有利益。米拉日巴尊者说：“如饥饿之人仅仅听到食物还不够，必须要食用。同样，仅仅是了知正法亦无有利益，必须要进行实修。”我们如此修行的目的就是要对治自相续的烦恼与我执。米拉日巴尊者还说：“世人常言‘饮食好与坏，观其面色方知晓’，同样，佛法懂与否、修行好与否，看他是否已对治了我执与烦恼，便可知晓。”博朵瓦格西曾问仲敦巴格西：“法与非法之界限为何？”仲敦巴说：“对治烦恼则为法，不治烦恼为非法；不随世间则为法，随顺世间为非法；符合经论则为法，不符经论为非法；结果为善乃正法，结果为恶即非法。”又阿阇黎吉公说：“诚信业力因果为下根之正见；证悟内外诸法现空、觉空双运为中根之正见；证悟所见、能见、所证智慧三者无二无别为上根之正见。安住于一缘等持为下根之正修；安住于四种双运等持为中根之正修；无有能修、所修、感受三者并于无缘中安住，为上根之正修。取舍因果如护眼珠为下根之正行；以诸法如梦如幻之境界而行持为中根之正行；无有一切所行者为上根之正行。我执、烦恼、分别念等日趋减少是上、中、下根三者之真实暖相。”无等塔波仁波切的《圣道如意宝》中所说亦与此相同。因此我们闻法时就应了知必须归纳精华要义。如全知龙钦巴尊者说：“所知犹如空中星，所学知识无尽头，今求法身精华义，必至无变之坚地。”思考时应断除一切增益。如印度单巴桑吉尊者说：“寻求上师之教授时应如母鹞寻觅食物一般，闻法时应如野兽闻声一般，修行时应如哑人品味一般，思考时应如北方人剪羊毛一般，得果时应如云散日出一般。”所以我们应当使闻思修法不相脱离。如无等塔波仁波切说：“闻思修行互不错乱、平衡均匀而进行，乃无误之要诀。”应当明确如此闻思修的结果是必须达到使慈悲心菩提心日益增上、我执烦恼日渐减弱的目的。此发菩提心之引导是诸法之精髓，一切圣道之精义，是有则必足、无则不可之法。所以我们不应仅限于表面的听闻与了解，而应诚心诚意地修持，这十分重要。

虽发胜心然却未生起，虽行六度然却具私欲，
我与如我暇逸众有情，修成胜菩提心祈加持。

诸道之根本——发大乘殊胜菩提心之引导终

第三章 念修金刚萨埵

虽离障垢然示除障相，已圆胜道然现修学相，
超脱有寂之边现有中，无等上师足下敬顶礼。

净除罪障法——念修上师金刚萨埵之引导分五：忏悔之理；四种对治力；真实念修金刚萨埵；念修百字明；忏悔之功德。

一、忏悔之理

在相续中生起甚深道之殊胜证相的主要障碍是罪障和习气。为使阿赖耶之明镜中显现证悟的影像，净除罪障至关重要，就如同要使镜中显现影像，擦拭镜面十分关键一样。因此佛宣说了无数净除罪障的方便法门，其中最为殊胜的是念修上师金刚萨埵。

总的来说，任何罪业若忏悔则没有不能清净的。古代诸大德曾说："本来罪业无功德，然忏可净为其德。"因此，违犯外别解脱戒、内菩萨学处以及失毁密宗三昧耶等，无论罪业多么严重，都可通过忏悔而清净。如：婆罗门央具理魔罗即指鬘王，虽然屠杀了九百九十九人，但通过忏悔，罪业清净后即生获得了阿罗汉果位；未生怨王虽然杀害了自己的父亲，但后来通过忏悔而得以清净，结果仅仅感受了如绸线球触地即弹起般短暂的地狱之苦便从中获得解脱等等，佛陀在诸经部中曾宣说了通过忏悔而得清净的许多公案。

怙主龙树菩萨说："何人昔日颇放逸，尔后行为倍严谨，如月离云极绚丽，难陀指鬘与能乐。"如果具足四种对治力而诚心

诚意地忏悔，则罪业能够清净，但若一边东张西望、胡言乱语、自心随其他分别念转，一边口中发露忏悔等仅仅念诵忏悔文或者认为以后忏悔也可以、今后造罪也无害等，则即使进行了忏悔，罪业也不会完全清净，如米拉日巴尊者说："若想忏罪能净否？忆念善法则清净。"因此，无论何人进行忏悔，尽其所能具足四种对治力极为重要。

二、四种对治力

四种对治力分四：所依对治力；厌患对治力；离恶对治力；现行对治力。

（一）所依对治力

在这里是指皈依金刚萨埵后具足愿行菩提心。余处也有其他忏悔的对境。譬如《三聚经》中的三十五佛或者于佛像、佛经、佛塔等前进行忏悔都属于所依对治力。此外，发愿行菩提心是一切忏罪中必不可少的。如果没有发菩提心，即使具足四力忏悔堕罪也只能稍许减轻，而不能彻底清净。如果相续中生起了无伪菩提心，则往昔所造的一切罪业自然清净。《入行论》云："如人虽犯极重罪，然依勇士得除畏，若有速令解脱者，畏罪之人何不依？菩提心如劫末火，刹那能毁诸重罪。"

（二）厌患对治力

对往昔所造的一切罪业生起后悔心。如果既没有将罪业视为罪业，也没有以强烈的后悔心进行发露忏悔，则不能清净罪业。《三聚经》云："发露忏悔，不覆不藏。"此外，大成就者噶玛乔美仁波切也说："若无悔心忏不净，往昔罪业如服毒，当以大惭畏悔忏。"

（三）离恶对治力

是指回想自己往昔所造的罪业后，发愿从即日起纵遇命难也不再造那样的罪业。《三聚经》云：“今后必断，且受律仪。”又《极乐愿文》云：“若无戒心不净故，发誓今后遇命难，亦将不造不善业。”

（四）现行对治力

是指尽力行持一切对治往昔所造恶业的善业。顶礼佛与佛子、随喜他人福德、一切善根回向菩提、发愿行菩提心、护持无伪实相之本体等都是现行对治力。

从前，无等塔波仁波切的一个修行弟子问：“我往昔以贩卖佛经为生，如今十分后悔，应如何忏悔呢？”仁波切说：“造那些经典吧！”结果造经典的过程中他经常心思外散，于是又怀着十分沮丧的心情前去问上师：“造经典时心思经常散乱，对于忏悔罪业来说，没有比护持本性更甚深的吧？”上师异常欢喜地说：“实际上就是如此，纵然往昔所造的罪业堆积如山王，也可于现见本性之刹那获得清净。”因此净除罪业的方法没有比修菩提心和恒时护持无伪之实相更甚深的。而且还应在不离此二者的基础上，观修金刚萨埵、降下甘露、净除罪障、念诵百字明等。

三、真实念修金刚萨埵

如此明观四对治力后，真实念修金刚萨埵时，首先自己平庸而住，头顶上方一箭许的虚空中观想千瓣白莲花，其上有一圆满月轮。所谓的圆不是指其大小的尺度，而是指明月的所有部分全部圆满，犹如十五的月亮般无有丝毫欠缺。又观想月轮上有一光辉灿烂的白色“吽”（ཧཱུྃ）字。虽然其他宗派有观想从“吽”字放射、收聚光等，但自宗（宁提派）无有此观想。之后一瞬间“吽”字变成了本体为三世诸佛之总体、无等大悲宝藏具德根本上师，形象为圆满报身的本师金刚萨埵主尊，身色洁白宛如十万个太阳照耀在雪山上，一面二臂，右手持表示明空之五股金刚杵于胸前，左手持表示现空之铃于腰际，双足金刚跏趺坐，身上以十三种圆满报身服饰庄严，即绫罗五衣与珍宝八饰。绫罗五衣：冕旒、肩披、飘带、腰带、裙子；珍宝八饰：头饰、耳环、项链、臂钏、璎珞、手镯、指环、足镯。金刚萨埵与白慢佛母无二双运，身体现而无自性，现空犹如水月或镜中现影像一般鲜明了然。自己头顶上所观圣尊的面朝向与自己的面朝向相同，以上为所依对治力。

这种明观不是观为唐卡或壁画一样扁平，也不是观为如土像、金像一般的实质物体之自性或无情物的形体一般。就现分而言，乃至其如眼目的黑白以上都应明观清楚、互不混杂；从空分来说，无有丝毫实体物质血肉内脏等，如同空中显现彩虹或无垢水晶宝瓶一样。

如此明观后，自己诚心忆念：与大恩根本上师无二无别的怙主金刚萨埵，汝以大智、大慈、大悲垂念我与一切众生，我从无始以来到现在，身口意所造的十不善业、五无间罪、四重罪、八邪罪，违犯外别解脱的律仪、内菩萨乘的学处以及持明密咒乘（金刚乘）的三昧耶，背弃世间的盟誓、妄语、无惭无愧等等能亲自回忆的一切罪业都在上师金刚萨埵面前生起惭愧、畏惧、追悔之心而惊恐万分、毛发耸立，发露忏悔；此外自己不能忆起的，从无始轮回以来生生世世中肯定也积累了许多罪业，不覆不藏、发露忏悔这一切罪业，请求宽恕，在此时此地，愿一切罪障即刻荡然无存、全部清净，如是观想为厌患对治力。

观想我往昔因愚昧无知造了那些罪业，如今依靠大恩上师的悲心变成了懂得利害之人，所以发愿从今往后，纵遇命难也不再造那样的罪业，此为离恶对治力。念诵：

啊　于我凡庸头顶上
白色莲花月垫中
“吽”（ཧཱུྃ）化金刚萨埵师
白明圆满报身相
执铃杵拥白慢母
我皈依尊祈消罪
猛烈发露而忏悔
纵遇命难永守戒
尊心圆满月垫上
“吽”（ཧཱུྃ）字周匝咒旋绕
以念咒力促悲心
父母喜乐和合间
菩提心之甘露云
犹如冰片纷降融
我及三界有情众
业苦烦恼因所成
病魔罪障堕犯晦
祈赐清净无有余

四、念修百字明

复次于金刚萨埵佛父佛母无二无别之心间观想一月轮，大小如压扁的芥子许，其上有一白色“吽”（ཧཱུྃ）字，宛如毛发所画一般。念诵百字明一遍：

嗡班扎萨埵萨嘛雅 嘛努把拉雅 班扎萨埵德洛巴 底叉知卓麦巴瓦 苏多喀约麦巴瓦 苏波喀约麦巴瓦 阿努然多麦巴瓦 萨瓦司底麦扎耶叉 萨瓦噶玛斯杂 麦紫丹 喜日亚 古汝吽 哈哈哈哈火 罢噶温 萨瓦达塔噶达 班扎嘛麦母扎 班扎巴瓦 玛哈洒嘛雅萨埵啊

观想百字明好似竖立的兽角一样互不抵触，绕旋于“吽”（ཧཱུྃ）字。之后自己以祈祷的方式口诵百字明，观想从所有的文字中犹如火融寒冰成水滴般源源不断地降下大悲、智慧甘露，通过身体，从佛父佛母双运的密处流出，流入自他一切众生的头顶，使体内的一切疾病都化为腐败的脓血；一切魔障都化为蜘蛛、青蛙、鱼、蛇、蝌蚪、虱子等小含生；一切罪障都化为烟汁、炭汁、灰、烟、云、气，这一切犹如飞泻的洪水冲走土尘般全部被甘露之流毫无阻碍地冲走，从足底、肛门、诸毛孔处黑乎乎地排出体外。这时观想自己下方的大地裂开，所有冤家债主男女围绕着死主阎王，他们全都张着口、伸着手、张着爪一直等待着，上面的脓血等全部流到他们的口手爪中。

一边这样观想一边念诵百字明，如果能一次性地明观一切所缘境，则应如是观想；如果不能，则应有时专心观想金刚萨埵的身、面、手臂等而念诵；有时专注观想其服饰而念诵；有时观想甘露之流洗涤魔障、罪障而专心念诵；有时以悔前戒后之心（追悔往昔所造的罪业、避免以后再犯之心）而念诵。最后观想居于地下的死主阎王等冤家债主全都心满意足，至此已化解了宿怨、偿清了宿债、清净了所有的罪障。于是阎罗王等都闭合了他们的口、手、爪，裂开的大地又复合了。

又观想自己的身体为内外透明光明的自性。观想身体中央有一根中脉，从中脉分出的四轮犹如伞辐一般，脐部幻化轮有六十四根脉瓣，瓣端朝上；心间法轮有八根脉瓣，瓣端朝下；喉间受用轮有十六根脉瓣，瓣端朝上；头顶大乐轮有三十二根脉瓣，瓣端朝下。再如前一样明观降下甘露，从自身头顶大乐轮开始至四脉轮以及由彼分出的体内一切部分，乃至手足的指尖全部充满白色的甘露，犹如水晶宝瓶装满牛奶一般。观想自他一切众生从而获得了宝瓶、秘密、智慧、句义四种灌顶，清净了业障、烦恼障、所知障、习气障四障。相续中生起了喜、胜喜、极喜、俱生喜四喜之智慧，现前了化身、报身、法身、自性身四身之果位。之后，念诵：

怙主！因我愚昧无知故
于三昧耶有失犯，
祈请上师怙主救，
主尊上师金刚持，
是大悲之主宰者，
众生救主我皈依。
我之所有违犯身口意三密之一切根本与支分三昧耶戒无余发露忏悔，祈请使我之一切罪障堕犯诸垢皆得清净。

念完忏悔文，紧接着上师金刚萨埵和颜悦色地说："善男子，你所违犯的一切罪障都已清净。"如此赐予开许后，上师金刚萨埵化为光融入自己体内，以此为缘，自己变成了与前所观相同的金刚萨埵尊，现空犹如镜中之影像，观想心间扁芥子许的月轮上，中央是蓝色的"吽"（ཧཱུྃ）字，吽前面是白色的"嗡"（ཨོཾ）字，右边是黄色的"班扎"（བཛྲ），后面是红色的"萨"（ས）字，左边是绿色的"埵"（ཏྭ）字，然后念诵"嗡班扎萨埵吽"，同时，（观想）从五字放射出白、黄、红、绿、蓝五色光，光的顶端有嬉戏天女等供养天女挥手散出八吉祥徽、轮王七宝、幡伞、宝幢、华盖、千辐金轮、右旋海螺等无量供品，供养居于十方之广大无边、不可思议刹土中的诸佛菩萨，令其心生欢喜，从而圆满了资粮、清净了罪障。再观想诸佛佛子的一切大悲和加持变成了五颜六色、各种各样的光融入于自身，自己现前了共同与殊胜的悉地、与学道相关的四种持明以及究竟之果——无学道双运之果位，这是准备自利法身之缘起。又观想从这五字向下放射出无量光芒照射到三界六道一切众生，使他们相续中的所有罪障、痛苦、习气等全部清净，犹如暗处出现太阳一样。一切外器世界变成现喜刹土，一切内情众生变为白、黄、红、绿、蓝五色金刚萨埵之自性，之后他们全部口诵“嗡班扎萨埵吽”，发出嗡嗡之声，这是准备利他色身之缘起。《法行习气自解脱续》中说：“射收二利净除分别障。”如此所说之义，指的也是这种要诀。依靠这样的观想要诀后，以密宗金刚乘善巧方便的法要于一刹那中可圆满不可思议的福慧资粮，同时也能够成办饶益遍满虚空界众生的事业。如此尽力念诵。

到最后收座时观想变现为现喜刹土的一切外器世界全部收摄于内情五部金刚萨埵尊众之中，他们也依次化为光融入于自身，自己也从边缘逐渐化光融入于心间的“嗡”（ཨོཾ）字中、“嗡”融入“班扎”（བཛྲ）、“班扎”融入于“萨”（ས）、“萨”融入“埵”（ཏྭ）、“埵”融入“吽”（ཧཱུྃ）字的“雅布杰”（ུ）、“雅布杰”融入“小阿”（འ）、“小阿”融入“哈”（ཧ）、“哈”融入头部的日月明点（ྃ）中，到“那达”（ྂ）之间次第融入。最后“那达”（ྂ）也如彩虹消于空中般地消失了，这样于无缘离戏的境界中稍许放松而入定。之后当开始生起分别念时，将一切器情都明观为金刚萨埵刹土，并念诵：

以此功德愿吾等
成就金刚萨埵尊
无际众生尽无余
愿能安置于彼土

等回向发愿文。身心专注所缘、不散他处、不夹杂闲言碎语十分重要。如续部云："若无此等持，如海底磐石，诵数劫无果。"又云："净与不净差千倍，有无等持差十万。"念修密咒时如果掺杂一些庸俗不堪的闲言碎语，那么他所念的密咒称为不清净念诵。如同虽然仅于纯金、白银中掺杂少许黄铜或普通铜，但也只能称为非金或伪银了，再也起不到纯金银的作用。邬金莲师也说："杂有绮语诵一年，不如禁语诵一月。"

当今时代有些经忏师也是同样，在大众中念经、诵咒时尽力禁语十分重要。杂有庸俗绮语的念经、诵咒等无有任何实义，尤其是作超度亡灵等佛事时，那些正在中阴界遭受怖畏、恐惧、痛苦等逼迫的众生为了获利，会满怀希望地来到上师僧人们面前，如果上师僧人既不能明观等持，也不具足净戒、三昧耶，只是说些贪嗔之语而且胡思乱想，则因那些中阴身具有神通，知晓后便对这些上师僧人生起邪见或嗔恨心，结果以此为缘而堕入恶趣中。此类上师有不如没有好。尤其是密宗金刚乘所有的仪轨即所谓的"明观生次依句门"。本来明观生起次第的要义必须要依靠词句而观想，可（有些人）对应观的生圆次第之义，丝毫也不专注，只是口头上铿锵有力、声调抑扬地吟诵"明明观观修修"等多种仪轨的词句，到了最重要念诵心咒的时候，却心情顿然放松，甚至原来端坐的身体也已东倒西歪，开始吸百恶之源的烟草，谈论"沟头沟尾"等无关语，开启了众多绮语伏藏之门，如同捋黑色肠子般空数念珠而混日子，到了下午看一下天空后便口诵"班扎布白得贝"等吹打法器发出巨响。这种念诵仪轨是非常下劣、无有实义的佛事，诸如此类的形象佛事不如以清净意乐念诵一遍《三十五佛忏悔经》或《普贤行愿品》好。像这样依靠不清净的念诵及仪轨的影像而将亡魂引入恶趣的那些上师僧人，对活人作佛事也同样只能是弊大于利。这类人享用信财则如同食用炽燃的铁锤一般。享用信财、亡财者无论是上师还是普通僧人都是同样，不应将注意力仅仅放在肉块大小、油饼厚薄、供养好坏上，而应对那些处于紧要关头、备受痛苦、无依无怙的病人或死者一视同仁，发心饶益他们，以慈悲、菩提心摄持而行事，专心致志精进念修自己所了知的生圆次第法。不能如是了知者也应随着词句忆念意义，或者至少也应以慈悲心怜悯这些可怜的众生，对三宝的无欺谛实力生起信心、定解等，身口意三门专一集中精进念诵。如果能做到仪轨念诵音正、清晰、发心清净，则依靠皈依处三宝之大悲力、无欺因果之力以及菩提心的无量功德等，必定会使病人或死者得利。而且“于他人垫上净己障”，可同时圆满自他的二资粮，将与之结缘者安置于解脱道，因此我们应当竭尽全力精进修持妙法。

如今有些共称比较贤良并了知因果的上师僧人们，因畏惧享用信财、亡财的过患，对于病人、死者等备受痛苦的众生，仅仅连加持、回向、发愿等佛事也不做，则失去了慈悲、菩提心之根本。又有些人过于注重私欲，到施主家后，在大众行列中，需要为施主家念诵的经不念，反而取出自己黑乎乎的念诵集，认为自己的经不能间断而装模作样地念诵。他们对自己的少许念经、诵咒如此认真谨慎，并且认为可以净除自己的罪障以及享用信财的罪过，在为施主家念诵的大众行列中东张西望、胡言乱语、心不在焉，不考虑那些应救护的众生——死者或活人的利益，这些人也失去了慈悲菩提心的根本。虽然他们后来尽力净除享用信财的罪过，但因是作意私欲之恶心，故难以清净。因此，我们如果最初以慈悲、菩提心为根本，尽己所知、尽己所能、诚心诚意精进修持生圆次第等不离饶益众生的发心，则无论是在自家或到他家观修生圆次第、念经、诵咒都无有丝毫差别。无论如何，都必须远离私欲之心，专心利他，这点都是相同的。

五、忏悔之功德

如此一心专注、不掺杂庸俗之语，一次性地念诵一百零八遍百字明，则往昔所造的一切罪障及失戒必定全部得以清净，这是上师金刚萨埵亲口允诺的。《无垢忏悔续》中也说："百字明是一切善逝的智慧精华，能够净除所有的失戒与分别念的罪障，称为一切忏悔之王。若一次性念诵一百零八遍，可酬补一切所失之戒，将从三恶趣中获得解脱。任何一个修行者如果能发誓念诵，不但此人今生会被三世诸佛视为胜妙长子而加以救护，而且死后也无疑将成为诸佛之长子。"

此外，进入密宗金刚乘之门后，无论失毁了根本誓言还是支分誓言，如果每天观修金刚萨埵并念诵二十一遍百字明，则称为加持堕罪，即堕罪所产生的异熟果不会越来越增长。如果念诵十万遍百字明则可彻底清净一切堕罪。《庄严藏续》云："妙观白莲月垫上，上师金刚萨埵尊，依照百字明仪轨，倘若念诵二十一，即将加持堕罪故，使其不复得增长，诸成就者所宣说，恒时精进当修持，倘若已诵十万遍，必将清净诸罪障。"

当今时代于此藏地，上师僧人乃至在家男女无有一人未曾受过灌顶，所以无有未入密宗门之人。趣入密乘之后如果不守誓言则必堕地狱，若守誓言则可获得圆满佛果，除此二者以外无有其他去处，犹如将蛇置于竹筒中一般。譬如，竹筒里的蛇，除上去或下去之外别无去处。如《功德藏》云："入密士夫之去处，恶趣佛外无三处。"对于分类细致、种类众多的密宗三昧耶戒是极难守护的，因此阿底峡尊者说："入密乘时接连不断地出现过失。”既然尊者尚且如此，那么如今我们这些对治力薄弱、丧失正念、无有正知、不了解堕罪种类之人，所犯的堕罪数量必将犹如降雨一般众多，因此我们应当立下誓言：随时随地念修金刚萨埵对治这些堕罪。之后至少每天不间断念诵二十一遍百字明极为重要。

如果自己已精通生圆次第的要诀，依靠以正知正念明观等未出现过失毁三昧耶的过失，但因与其他失毁根本誓言者交谈、接触往来，甚至共饮同一山谷的水也会产生相对失戒、株连失戒的罪过。因此我们应当精进忏悔、净除罪障。续部中云：“酬补失罪交往失戒者，于失戒非器者宣讲法，不加警惕彼等失戒者，必将染上冒渎晦气过，一切此生违缘来世障，以悔自过之心发露忏。”在集会行列中，虽然只有一个失毁誓言的人，但在场者都将被其冒渎晦气所染，即使有成百上千的具誓言者，也不会得到丝毫修持之果，就像一滴坏奶染坏一满锅鲜奶，或如一只带疮的青蛙可传染同住的全部青蛙一样。如颂云：“犹如一滴腐牛奶，可毁一切鲜牛奶，失毁誓言之一人，能毁诸具誓言者。”

不仅如此，即使是上师、高僧大德、成就者也无有不染上冒渎晦气的。譬如往昔卓滚朗吉日巴尊者在匝热地区时，因鬼神制造违缘，将正午的太阳隐蔽不见，变成繁星闪烁的漆黑夜晚，但尊者却无有阻碍地前去黑红血海畔唱起金刚歌、跳起金刚舞，并在石头上留下足迹，至今仍清晰可见。就是这样一位大成就者，后来也因一位破誓言的弟子来到他面前，染上了冒渎晦气，导致神志不清，不能说话，成了哑巴。此外，成就者俄坚巴也曾在道歌中说：“雪域乞人仁亲花，仅有失戒敌可害，惟有师尊能救护。”

所以说若失毁密宗金刚乘的三昧耶戒，罪过极其严重，并且守持也十分困难。若不观察自相续，反而认为我是具足誓言之人，心生我慢，结果是不会有任何成就的。如密宗诸续部中说：

"三门在三坛城之本性中，即使一刹那离开，也违越密宗誓言。"所以（密宗金刚乘的誓言）极难守护，若广分则有十万种誓言，数量极多，而且失毁誓言的罪过也极为严重。如续部中说："金刚罗刹痛饮其心血，短寿多病失财畏怨仇，长久住于无间地狱中，极其恐怖感受难忍苦。"因此我们随时随地应当精进观修金刚萨埵，念诵百字明，忏悔对治可见、不可见的一切失戒、堕罪。古大德也曾说："最初未染罪，一旦染上罪，忏悔极关要。"如果忏悔，则失毁密宗誓言的罪业也可轻而易举得以清净。声闻乘中说："若犯一次根本堕罪则如瓷器破碎一般，无法恢复。"而破菩萨戒则如珍宝用品破碎一般，若珍宝用品破碎了，可依靠能工巧匠得以修复。同样，依靠他缘，善知识可酬补菩萨戒。密乘戒则如稍有凹陷的珍宝用品一般，即自己依靠本尊、密咒、等持进行忏悔可清净无余。如果（违犯后）即刻忏悔则容易清净，时间拖得越久则罪业会越来越增长，很难忏净，超过三年以上则逾越了忏悔的期限，虽作忏悔也无法清净。

此外，若想以咒力和加持救护他人、中止冰雹、消除瘟疫、治病救人、使幼童健康成长等，以及兼顾自他二利的人都是同样，要想具备咒力与加持，必须净除语障。而使语障清净的方法也无有比精华百字明更殊胜的。所以一切时处精进念诵百字明至关重要。至尊上师（吉美·加卫尼固尊者）曾以开玩笑的形式说："想救护他人，享用信财、亡财者首先必须净除语障，为此念诵一千万遍百字明是必不可少的。"上师的弟子中有许多已念诵了一、两千万遍百字明，最低者也无有未圆满二、三十万遍的。

上师金刚萨埵是集百部于一部之自性（即百部之总体），称为大密一部金刚萨埵。浩瀚无垠、不可思议的一切寂静、愤怒本尊也全部可以包括在金刚萨埵之中。因为本体观为根本上师，所以也包括了上师瑜伽，称为珍宝总集之观修法，是极其甚深的究竟之法。如前所说之密咒也无有比咒王百字明更殊胜的。因此我们应当了知何处也无有比此更甚深之法。

闻益窍诀却留词句中，稍许实修然被散乱欺，
我与如我迷相众有情，获得生圆精华祈加持。

净除业障法——观修上师金刚萨埵之引导终

第四章　积累资粮

虽知俗妄仍积二资粮，虽证胜义无修仍入定，
虽已现前双运仍精进，无等上师足下敬顶礼。

积累资粮之引导分二：供曼扎罗；古萨里。

一、供曼扎罗

供曼扎罗分六：供曼扎罗之必要；所修曼扎罗；供三十七堆曼扎罗；三身曼扎罗；供品洁净；积资之理。

（一）供曼扎罗之必要

如果没有圆满福、慧二资粮，将无法获得具二清净之佛果。此外，二资粮尚未完全圆满之前，自相续中不可能生起无倒空性实义。如经中说：“乃至殊胜二资未圆满，尔时不能证悟胜空性。”又有：“当知胜义俱生智，惟依积资净障力，乃与具证师加持，依止他法诚愚痴。”虽然已现量证悟了空性，但乃至未获得圆满正等觉果位之前，还必须使修道日益增上，仍需要精勤积累福慧二资粮。大瑜伽士谛洛巴尊者说：“吾子那诺巴，此现缘起生，未证无生义，莫离积二资。”瑜伽士布瓦巴也曾在道歌中说：“虽具不希世俗佛果大把握，然应尽力精勤不断积福资。”无等塔波仁波切也说：“虽然积资净障本来清净，却应从细微资粮开始积累。”所以，佛陀以善巧方便与大悲宣说了不可思议积累资粮的方法，而其中最为殊胜的即是供曼扎罗。如续部中云：“若于

诸佛刹，无余三千界，庄严妙功德，供养圆佛智。”

供曼扎罗时，按自宗的做法，有所修曼扎罗和所供曼扎罗两种。曼扎罗所用的材料，根据自己的经济条件，上等为金银等珍宝；中等为青铜等原料；下等用石板、木板等光滑的平台也可以。所摆放的供堆：上等为松石、珊瑚、青金石、珍珠等珍宝；中等为诃子、余甘子等药物果实；下等为青稞、大米、小麦、豆类等谷类；最下等也可仅以碎石、瓦砾、沙粉等为所缘境。无论如何应当认真擦拭曼扎罗的基盘。

（二）所修曼扎罗

首先在所修曼扎罗的基盘上放置五堆，中央一堆观为毗卢遮那佛，由佛部尊众围绕；前面一堆（东方）观为金刚不动佛，由金刚部尊众围绕；南方一堆观为宝生佛，由珍宝部尊众围绕；西方一堆观为无量光佛，由莲花部尊众围绕；北方一堆观为不空成就佛，由羯磨（事业）部尊众围绕。或者如明观皈依境一样，中央一堆观为与根本上师无二无别的莲花生大师，大圆满传承诸上师以重楼式安坐；前面一堆观为释迦牟尼佛，由贤劫一千零二尊佛围绕；右侧一堆观为八大随行佛子，由大乘圣者僧众围绕；左侧一堆观为声闻二胜，由小乘圣者僧众围绕；后面一堆观为光芒闪烁的方格架内，层层叠叠置放法宝经函。无论如何应将所修曼扎罗放在供台上，如果有条件则应设置五供等环绕其周围，供养在身口意所依前；若无条件则没有所修曼扎罗也可以，以意念明观福田。

（三）供三十七堆曼扎罗

左手执持曼扎罗，用右手腕长久擦拭基盘。同时内心专注所缘，不散他处而念诵七支供。（擦拭曼扎盘的原因）并不是曼扎盘上有不净物需要擦净，而是要通过苦行的方式，净除自相续中二障的垢染。往昔噶当派诸大德（供曼扎罗时），先用手腕的前面擦拭曼扎盘，起疱生疮后，便用侧面擦拭，又起疱生疮后再用背面擦拭。擦拭曼扎盘时绝不能用其他的氆氇、软布等，只能用手腕擦。为了追随往昔噶当派诸大德的传统，我们也应当如此行持。

之后安置供堆。此《三十七堆曼扎罗仪轨》是萨迦法王众生怙主八思巴所作，因为简便易行，所以新旧派无偏通用。这里也有最初供养三十七堆曼扎的传统，因此应当如是进行。此外无论新派或旧派，各宗各派都有许多供曼扎罗的仪轨。尤其是宁玛派的每一伏藏中都有一种供曼扎罗的仪轨。自宗（宁提派）也是同样，在诸《心滴》中有许多全知龙钦巴尊者所造的广供三身曼扎罗的仪轨。所以，无论采用哪种仪轨供养都是可以的。如供三十七堆，首先念诵“嗡班杂布弥……”等时，左手持曼扎盘，右手洒牛净物及香水，之后念诵“嗡班杂若凯……”等咒字，同时以右手拇指与无名指执一束花在基盘上右绕，然后置于中央。如果有现成的铁围山要放，也于此时放上。以下一边念诵仪轨一边放置供堆：

外以铁围山围绕
中为山王胜须弥

东胜身洲	南赡部洲	西牛贺洲	北俱卢洲
身洲	胜身洲	拂洲	妙拂洲
行洲	胜道行洲	恶音洲	恶音伴洲
珍宝山	如意树	随欲牛	自然稻
金轮宝	如意宝	王妃宝	大臣宝
白象宝	骏马宝	将军宝	大宝藏瓶
娇媚天女	珠鬘天女	歌咏天女	舞蹈天女
香花天女	熏香天女	灯明天女	涂香天女

日　　月　　珍宝伞　　尊胜幢

将此等无不圆满之天人受用，供养至尊根本传承诸上师、诸佛菩萨及轮围胜众护法空行诸眷属，如是供养为利有情祈请悲悯纳受，受已敬请赐予加持。

在念诵："中为山王胜须弥……"时，在中央放上一大供堆，之后安置东胜身洲等四大洲，将自己一方或供养对境方向作为东方皆可，无论如何应从东方依次右旋（顺时针）而放。放置身洲及胜身洲等附洲时，每一洲东西方各有两个附洲，依次放置。再放置东方珍宝山、南方如意树、西方随欲牛、北方自然稻，然后将轮王七宝及大宝藏瓶供堆依次置于四方四隅，娇媚天女等外供四天女置于四方，香花天女等内供四天女置于四隅，之后东西南北依次为日、月、珍宝伞、尊胜幢，念诵到"将此等无不圆满之天人受用"时在那些供堆上无有空隙地堆积供物，若有宝顶则放上。念诵"供养至尊根本传承诸上师、诸佛菩萨……"在这里，有些人说需加"无不圆满、圆满悦意"，但是我的至尊上师说："此句在本论中无有，是多余的。"关于曼扎罗的观想次第，我的上师亲口传授时仅此而已，无有其他，所以在此处也未（多加）撰写。《本引导文》中说："其观想法在《集密意续释》有详述。"所以，若想广泛了知应参阅此书。

（四）三身曼扎罗

三身曼扎罗依照自宗（宁提派）的仪轨而供养时，首先是共同化身曼扎罗：如前安置供堆时所述，四大洲、须弥山及梵天等算为一个（世界），如是千数称为一千小千世界；拥有千数四大洲世界的一小千世界算为一，如是千数这样的小千世界称为二千中千世界；中千世界算为一，千数的中千世界称为三千大千世界。其中一百亿四大洲世界，是一个佛化身的所化刹土，譬如释迦牟尼佛所化的刹土称为娑婆世界。我们应观想无数不可思议此类刹土中所有殊胜的人天资具、轮王七宝等有主、无主的一切，以及自己的身体受用、寿命福德、权利地位、三世所积累的善根、幸福安乐之物等凡是最喜爱的一切都毫无保留地全部堆积一处，并以无有芝麻许贪爱执著之心供养上师化身尊众，以上是共同化身曼扎罗。

再观想无数个五大庄严刹土，全部是由不可思议的良田、无量殿、娇媚天女等无量供养天女严饰，以此供养上师报身尊众，这是不共报身曼扎罗。

将无生法界安立为曼扎罗的基盘形式，所显现的四相等一切分别识聚安置为供堆的形式，以此供养上师法身尊众，这是殊胜法身曼扎罗。

要精通此等观想要诀，怀着强烈的诚信、恭敬之心念诵：

嗡啊吽　三千世界百俱胝刹土
七珍宝等人天财富满
我身资具受用悉供献
愿获成就转法轮王位
色究竟天大乐密严刹
具五决定五部佛堆聚
妙欲供养之云无有边
供已祈获受用报身土
万有悉皆清净童瓶身
大悲不灭法性游戏严
身密明点心识执著净
供已愿证法身妙刹土

计数时如最初供养时一样，左手持曼扎盘，右手安置供堆。如此这般左手会极其疼痛，但是在根本无法持曼扎盘之前应以精进手持曼扎盘。因所谓的苦行精进求正法并非单单指口中无食，而是指时时刻刻中，不畏一切艰难困苦，以坚韧不拔的毅力去修持。所以仅依靠这种修曼扎罗的苦行和安忍，也能圆满广大的资粮，因此我们应当精进修持。最后当左手确实无法再继续持曼扎盘时，再将其放在前面的供台上，边供边积数。用餐、喝茶等一切间歇期间应收好前面所供的曼扎罗。再重新开始时应当先如前供养三十七堆曼扎，并继续计数。以此方式必须圆满供十万遍曼扎罗。暂时若不能广供三身曼扎罗之人，仅仅念诵：

大地涂香撒妙花
日月四洲须弥山
缘为佛刹供养故
诸众愿获清净刹
依荡咕汝日那曼杂拉刚尼雅达雅密

只供七堆曼扎罗也可以。无论怎样供，以最初加行发心、中间正行无缘、最后结行回向印持，即以三殊胜摄持十分重要，这点与其他修法相同。

（五）供品洁净

如此供曼扎罗期间，以青稞、小麦等谷物供曼扎罗时，自己如果有条件，则绝不能反复使用陈旧的粮食供养，而应全部以新粮食供养。如此供养后将所供粮食施与鸟、鼠或盲人、乞丐等，或者堆放在佛像、佛经、供塔前都可以，不应归自己所有而自行享用。若没有条件则根据情况适当更换所供的粮食和供品。如果是贫穷的人，则仅用一次所供养的粮食反复供也可以。无论如何应当先清除所供物中的土灰、稗子、鸟粪等所有的杂质，做到所供物洁净，再用藏红花等妙香水浸湿后供养。对于无有任何财富的贫穷者或者能够真正观想"一尘中有尘数刹"而作意幻供养的那些上根者，佛经中开许可以供养土粉、瓦砾等。如果自己本来拥有财富，却舍不得用来上供下施，反而以诵咒、观想等种种相似的理由不作真实供养，并且自以为是的那些人，其实是自己欺骗自己。

此外，诸续部窍诀中说"清洁美妙之供品"及"配制清洁欲妙供"，并没有说"肮脏污秽之供品"，因此绝不能将自己的残羹剩饭等肮脏物作为供品，或者好的青稞自己食用，渣滓作为供物或磨成作神馐食子的糌粑等，有极大的过失。往昔噶当派诸大德曾说："不应自己享用新鲜的部分而将发霉的油饼、发黄的菜叶等供养三宝。"将有辣味（旧酥油有辣味）或腐败的酥油等作为神馐或做成酥油灯供养，自己食用新鲜的酥油，这是耗尽福德之因，必须断除。同样做神馐、食子等时，其软硬程度应做成与自己食用的一样，不能考虑简便易行而做成软绵绵的食子团。阿底峡尊者曾说："西藏人不会富足，人们做的食子团太软了。"

此外，尊者又说："在藏地，仅仅以水积累福德也已足够！印度过于炎热，无有西藏这样清净的水。"如果自己能够精进，那么以供养清净的水来积累资粮也有不可思议的功德。作水供时应当认真擦净七个供水杯等供器，排列供器时应间距适当，不能有过宽过窄、歪歪斜斜的现象，并且水中不能混有谷类、灰尘、含生等，水器中的水也不能过满或不满，供台上无有溢出的水等，要做到美观悦意。如此在《普贤行愿品》中也说："以诸最胜庄严供"。无论是何种供品，摆放、罗列的形式都应做到美观、悦意。这样，以恭敬诸佛佛子之因便可圆满自己广大的福德资粮，因此我们应当竭尽全力精进行持。

此外，无有财富和能力者以清净意乐供养肮脏的残羹剩饭、低劣之物等也未偿不可，因为诸佛菩萨无有净秽执著的分别念，往昔也有贫女仲涅玛供养世尊酥油灯的公案。另曾有一位患麻风病的女子将行乞时得到的一碗米汤供养声闻大迦叶尊者。当时一只蚊子落入汤里，麻风女试图除去蚊子，结果手指断落于米汤中。大迦叶尊者为了满其心愿而享用了米汤，并作为自己全天的食物。麻风女因而欢喜无比，以此因缘死后转生于三十三天。供养曼扎罗也是同样，以清净意乐、尽己所能做成纯净、悦意的物品来供养乃殊胜要诀。

（六）积资之理

供曼扎罗等精勤积累资粮的修法，是一切修道中不可缺少的修行。续部中说："未积资粮无成就，沙子不能榨出油。"未曾积累资粮而希望获得成就，如同想从河边的沙子中榨出油来一样，尽管百般挤压，也不可能从沙子中得到丝毫油的成分。积累资粮欲求获得成就，如同榨芝麻得油一般，榨多少芝麻就会出多少油，甚至仅仅将一粒芝麻放在指甲上挤压，也会使指甲上油渍渍的。佛在经中也说："未曾积资欲成就，好似搅水欲得油；积累资粮欲成就，恰似搅乳得酥油。"

因此，获得究竟殊胜成就是圆满二资粮的无倒之果。如前所说，若尚未圆满福慧资粮，则无法获得具二清净之佛果。怙主龙树菩萨说："此善愿诸众，圆满二资粮，获得胜二身，由福慧所生。"若圆满有缘福德资粮，则获得殊胜色身；若圆满无缘智慧资粮，则获得殊胜法身。

同样，一切暂时的世间成就也是从圆满资粮中产生的。如果自己未曾积累资粮，则无论如何精勤也无利益。譬如，仅就暂时的受用、饮食、财物而言，有些积累过资粮的人虽然未经少许精勤，却自然受用圆满、财源滚滚；而有些人虽然终生千方百计、勤勤恳恳、兢兢业业经商、务农等，却无有芝麻大的收益，最终饥饿而死，这都是我们现量所见之事。此外，有些想通过修财神、护法神等求成就获财富者也是同样，如果自己没有往昔所积累的布施果报，则他们（财神护法）也无能为力。

从前，一位住山的修行人一无所有、极其贫穷，于是他开始观修单坚护法神，结果真的修成了，并达到如同人与人交谈的境界，但却未获得任何悉地。单坚护法神对他说："因你无有少分往昔布施的果报，所以我无法给予悉地。"一日，在众多乞丐的行列中他得到了一碗稀粥，回来后单坚护法神问他："今天我给予你悉地了，你知道吗？""我仅仅得到了一碗稀粥，不仅是我，所有的乞丐都得到了，不知道您所赐的悉地是什么？""盛粥时，你的碗里落的一大块油脂便是我赐的悉地。"因此，如果自己无有往昔所积累的布施之果，就算修财神法也不能遣除贫穷。如果世间的财神能够赐予受用的悉地，那么诸佛菩萨的威德和神变胜过他们百千倍，并且完全是未经嘱托而饶益一切众生的，因此必定会于此世间降下受用妙雨，瞬间遣除一切贫穷，但事实却并非如此，由此可见，一切受用财富惟有从积累福德中产生，诚如古大德所说："精勤如山王，不如积微福。"

当今时代，在一些偏僻边地，人们看到稍有受用地位之人，便口中喊着"上师知！此人如何如何……"大惊小怪。其实，如果遇到殊胜的福田，并且自己有清净的意乐，则不需要积累很大的福德资粮。譬如，在历史上我乳转轮王往昔以七颗豌豆的布施果报，后来统治三十三天以下；萨迦国王的福禄也是曾布施温热无盐食团的果报。往昔阿底峡尊者初来西藏时，整个藏地要比现在繁荣昌盛，但尊者却说："西藏真正成了饿鬼世界，在西藏没有一个能享受曾对清净福田布施一斗青稞的果报之人。"那些对于暂时的少分财富和地位感到希奇罕见者是因为：一、自己孤陋寡闻，见识短浅；二、对于现世过于贪著；三、未如理如法懂得如前所说无忧树之果等要诀的因果规律，或者虽懂也不诚信。因此，如果相续中真正生起了无伪的出离心，那么即使见到现世中富如龙王、高如虚空、厉如霹雳、艳如彩虹之人，也了知此等无有芝麻皮许恒常稳固的实义，并如胆病患者见到油腻食物般生起厌恶之心。

若为了今生的受用圆满精勤积累资粮，对世间平凡人而言是可以的，但这丝毫不靠近出世间的正法方面。因为如果是一位希求获得解脱果位的真正修行者，应如前反复强调的那样，必须做到如丢唾液般抛弃现世的一切贪执，背井离乡、奔赴异地、惟依静处，即使罹患疾病，也乐观对待；哪怕死亡临头，亦坦然面对，精进修法。

一位弟子曾问无等塔波仁波切：“如今末法时代，对于一个修持正法的修行人来说，很难得到衣食资具，我们是修财神法或者修学摄生术，还是干脆走向必然的死亡？到底怎样才好呢？”仁波切答道：“即使修财神法，若无有往昔的布施果报，也难以达到目的，而且内心想如理如法修行的人为了今生利益去修财神法也是相违的；摄生术也是同样，在繁荣兴旺的古代，当土石水木等营养充足之时容易修成，而营养已殆尽的当今时代，修摄生术也不可能获利；趣入必然的死亡也无有利益，像如今这样的暇满人身将来难以获得，如果内心深处真正生起‘死与不死都无所谓，我决定修行’的信念，则永远不会缺衣少食，未曾有过修法者被饿死的先例。”世尊也曾说：“纵然发生一藏升面粉兑换一藏升珍珠的饥荒，佛陀的追随者也不会缺衣乏食。”

诸佛子菩萨们积资净障都是为了饶益遍满虚空界的一切众生。不用说成办自己现世的利益，即便是为了自利而希求获得圆满正等觉的果位也根本不属于大乘道。因此无论积累资粮还是净除罪障都应当缘一切众生的利益，绝不能掺杂自私自利之心，这是至关重要的。倘若如此修行，则自己的利益以及今生的幸福安乐等不求也会自然获得，如同点火之时，烟自然产生；播种青稞时，禾秸自然长出一样。所以我们应当舍弃如毒般的追求（现世利益）之心。

二、古萨里

古萨里分三：古萨里之义；施身修法；断法的含义。

（一）古萨里之义

顿然断除四魔——积累古萨里资粮：这里所说的积累古萨里资粮舍施身体的略修法，在《心性休息》中是在上师瑜伽部分讲的，因此积累古萨里资粮作为上师瑜伽的支分也可以，但作为积累资粮供曼扎罗的支分也不相违。因此，这里按照我的上师的传统，加在曼扎罗的后面。

所谓的古萨里是乞丐之义，是指舍弃现世的瑜伽士、住山者等无法获得其他用于积累资粮的受用之人，依靠观想而供施自己的身体。辛辛苦苦、勤勤恳恳所积累珍惜的一切其他物质都是为了滋养自己的这个身体，因此每个人必然珍爱自己的身体胜过其他一切受用。为了断除对身体的爱执，供施身体比供施其他物质更殊胜、功德更大。如颂云：“供施马象成百倍，供施妻儿成千倍，供施身体十万倍。”玛吉拉准也说：“无贪施身体，未知为二资，珍爱蕴身体，佛母前忏悔。”

（二）施身修法

如果自己具有娴熟的观想能力，可观想神识腾空，一刹那变成忿怒佛母。倘若无此能力，则于自己心间将心识之本体观为玛吉黑怒母，起舞之站式，右手挥弯刀于空中，左手持盛满血的托巴（头盖骨）于胸前，右耳旁有一黑色猪面发出吼声，具足所有忿怒装束。念诵“呸”（ཕཊ྄ཿ）观想神识经过中脉道从梵净穴完全出来后，自己的身体立即变成了一具尸体而骤然倒地。观想此尸身不像往日的身体，而是极为庞大肥壮、滑腻润泽，大小等同于三千大千世界。将观为玛吉黑怒母的自己的右手上的弯刀向自己那个尸体的白毫间一指，结果其头盖骨立即掉落。那个头盖骨也不像现在这样，其大小也等同于三千大千世界。又观想忿怒母左手拿起头盖骨放在如须弥山大的三个人头支起的灶上，额头朝向自己；右手用弯刀挑起尸体完全放于头盖骨内。之后于头盖骨上方虚空中观想一个甘露之自性白色的倒着的“杭”（ཧཾ）字，于头盖骨下方观想一个火之自性红色的“短阿”（ʌ），并念诵“嗡啊吽”。同时观想从“短阿”中燃起熊熊烈火加热头盖骨内的尸体，使之溶为甘露自性而沸腾，盈满头盖骨之后，一切肮脏、污秽的不净物变成水泡、浮膜的形态溢出，气体接触“杭”（ཧཾ）字，结果“杭”字也变热，降下的红、白甘露混为一体，最后“杭”字完全化为光，并与头盖骨内的甘露融为一体。念诵：

呸　舍身爱执以摧天魔众
识从梵穴入于虚空界
变成毁坏死魔忿怒母
右执摧毁烦恼魔弯刀
为降身魔以刀切颅骨
左羯摩状执持天灵盖
安放能表三身头颅架
盖内尸身充满三大千
短“阿”倒“杭”交溶成甘露
运用三字咒力净增变
嗡啊吽　（尽力念诵）

念诵“嗡啊吽”时，观想以“嗡”（ཨོཾ）字净除一切色香味等的过患，以“啊”（ཨཱཿ）字增长变为众多，以“吽”（ཧཱུྃ）字转变为一切所求之物，即成为布满一切所愿之云无漏智慧甘露之游舞自性。接着于自己前面的虚空中观想有一柔软舒适的宝座，大恩根本上师安坐其上，上师的上方是根本传承上师，中间是本尊圣众。于托巴口对面的虚空中观想吉祥怙主七十五尊等智慧和业力所成的护法神以及地方神、土地神等，于其下方大地上观想八万种魔众、十五种小儿恶鬼等以魔众为主客的三界六道一切众生如日尘般密集。接着观想上方所有的根本传承上师、佛菩萨众全部用具金刚管之舌吸入甘露的精华后享用，从而自己圆满了资粮，净除了罪障，所失誓言也得以清净，获得共同及殊胜成就。又观想中间的本尊四续部、六续部诸尊众，以各自特有标志之舌即具有空心的金刚、法轮、珍宝、莲花、十字金刚杵等吸入甘露的精华后享用，从而自己圆满了资粮，净除了罪障，所失誓言得以清净，获得共同及殊胜成就。又观想空行、勇士、护法、吉祥怙主七十五尊等以具日光空管之舌吸入甘露精华后享用，从而自己圆满了资粮，清净了业障，遣除了一切修持菩提胜法的违缘障碍，增上了一切顺缘和所欲的善妙资粮，这是上供素斋。

如果自己具有娴熟的观想能力，则将自己观为玛吉黑怒母，从心间化出白、黄、红、绿、蓝五色事业空行母成百上千、不可胜数，好似日光照射下的微尘一般密布。她们将充满于智慧颅器中的无漏精华甘露施与三界六道每一个众生，使他们心满意足。如果自己无有纯熟的观想能力，则将自己观为忿怒母，左手将托巴中熬好的甘露洒给三界六道一切众生，普降甘露雨，使所有众生痛饮后心满意足，这是下施素斋。

接着观想从沸腾的甘露蒸气中散发出沐足水、鲜花、熏香、酥油灯、香水、神馐、乐器、八吉祥徽、轮王七宝、幡伞、宝幢、华盖、千辐金轮、右旋海螺等不可思议的供云，全都供养上供对境，从而圆满了自他一切众生的资粮、清净了业障，这是上供花斋。

再观想降下所有六道众生各自所需求的一切资具妙雨，使他们全部欢喜满足、称心如意。自己从无始轮回以来到现在，（欠下了许多宿债，）如杀生短命之债、夺财贫穷之债、殴打多病之债、上者救护之债、下者恭敬之债、中者友爱之债、高官住房之债、卑微田地之债、亲友近邻之债、子孙牲畜之债、享用饮食之债、穿着衣服之债、债债相联之债、挤取牛奶之债、役使驮运之债、开垦荒地之债、消费使用之债等等宿债。此时观想一切男女冤家债主执持容器前来讨寿讨命、讨骨讨肉等，犹如债主索债般地集聚。对此按照他们各自所求如雨般降下一切受用之无尽宝藏，一切所求皆令满足，求食施食，求衣施衣，求财施财，求乐园施乐园，求乘骑施乘骑，求住房施住房，求亲友施亲友……他们各自享用后全部心满意足，欢欢喜喜，从而了结了宿缘、偿清了宿债、化解了宿怨、清净了罪障。此外，剩余的那些语言无力、势力薄弱以及跛、盲、聋、哑等为苦所迫的六道一切可怜众生，给予他们各自所求之物，无依者作其依靠、无怙者作其怙主、无友军者作其友军、无亲朋者作其亲朋、无近邻者作其近邻……赐予病者康复妙药，赐予亡者起死回生之甘露，赐予跛者神足，赐予盲者智慧眼，赐予聋者无漏耳，赐予哑者智慧舌等，使他们受用后心满意足，远离六道各自的一切业感、痛苦和习气，最后所有男众都获得了圣观音之果位，所有女众都获得了圣度母之果位，从而彻底根除了三界轮回，这是下施花斋。

直到此种观想清楚为止应一直念诵

嗡 啊 吽

如此尽力念诵之后，再诵：

呸　使上供境诸客心满意
资粮圆满赐胜共悉地

使下凡客满意冤债解
尤使作障魔类悉满足
病魔障难法界中消除
摧毁恶缘我执如微尘
最后所供供境尽无余
大圆本性中净无改“阿”

诵毕，于一切能供、所供及供境无缘中入定。

诸断法论典中本来宣说了素、荤、花、黑四种斋，但这里只列举了素斋和花斋，未列举荤斋和黑斋。当今时代有些自诩为断法者认为所谓的断法即是通过残杀、砍剁、殴打、驱逐等手段彻底消灭那些凶神恶煞的粗暴事业，所以他们时时刻刻都是盛怒逼人、惟生嗔恨、贡高骄慢，好似阎罗狱卒一般。对病人等行断法时也是以怒不可遏的粗暴行为，瞪着碗大的双眼、怒目而视、紧咬下唇，同时握紧双拳、猛厉殴打，甚至将病人身上的衣服也撕得破破烂烂。他们自以为这样可以降伏鬼神，但这种做法是完全错误的。玛吉拉准说：“对于从无始以来以恶业为因、被恶缘之风所吹、恒时处于迷乱显现之中、不断感受痛苦、死后立即堕入恶趣深渊、凶猛残暴的那些鬼神，我是以大悲的铁钩勾召他们，以自己的温热血肉布施他们，以慈悲菩提心转变他们的心，并将其摄受为自己的眷属。可是未来的那些‘伟大的断法者’认为断法是指残杀、驱逐、殴打那些我以大悲铁钩勾召的凶神恶煞，这是邪断法，是魔教兴盛的标志。”又说：“此外还将出现九种黑断法等邪断法。这些都是远离慈悲菩提心、惟以残暴行为降伏鬼神的邪法。”这种做法虽然可以降伏个别势单力薄的鬼魔，但如果遇到一些凶猛残暴的鬼魔，反而会使自己丧命，通过现量所见的许多实例可以证明这一点。对于修持正法的补特伽罗，很难了知他们所得到的降魔、加持等能力是真正的道相功德还是魔障。有些鬼使神差之人表面上也具有神通、能力等，但从长远来看，他们的言行举止一定与正法越来越相违，最终连芝麻大的善心也不会有，结果得到的就是如须弥山般的信财异熟之债，被其所压。即使获得少许财产，对今生也无有利益，最后甚至连维持生计的衣食也无法得到，或者（虽得到少许，）但因舍不得享用而饿死冻死。如前面所说，这些人死后必定会转生于孤独地狱等恶趣之中。

（三）断法的含义

断法所要降伏的妖魔鬼怪并不在外界而在于内心。外境迷现为鬼神的形相都是由未根除我执傲慢魔而产生的。玛吉空行母说："有碍无碍魔，喜乐傲慢魔，其根为慢魔。"所谓的魔是指我执傲慢魔。又说："众魔为意识，凶魔为我执，野魔为分别，断彼称断者。"米拉日巴尊者也曾对岩罗刹女说："比你更厉之魔是我执，比你更多之魔是意识，比你更纵之魔是分别。"

断法之分类有三种，玛吉空行母说："漫游险山外断法，弃身施食内断法，惟一根除义断法，具此三断乃瑜伽。"一切断法行者彻底根除了所有无明迷现，称为惟一根除义断法。而未断除我执之前的外境迷现之魔，杀也杀不了，打也打不倒，压也压不住，赶也赶不走，如同火未熄之前烟无法灭尽。在未根除内心傲慢魔之前，其功用所产生的外境迷现之鬼神不可能消失。如岩罗刹女对米拉日巴尊者所说："若未证悟自心空，似我之魔不可数，你虽劝逐吾不去。"至尊米拉日巴说："执魔为魔遭损害，知魔为心获解脱，证魔为空即断法。此魔罗刹男女相，未证之时乃为魔，制造障碍作损害，若证魔本亦天尊，一切悉地从汝生。"此所说的断法是指彻底根除内心执魔的分别念，而不是指残杀、殴打、驱逐、镇压、消灭外魔。

我们应当了知所断之魔不在外界而在内心。一般来说，大多数其他教派将一切所行事业的利齿、粗暴的威力，如矛尖箭头般指向外面，对外境的怨敌魔障进行降伏。但是我们的这个教派并非如此。诚如米拉日巴尊者所说："我此教派的宗旨是彻底根除我执、抛弃世间八法、令魔心生惭愧。"一切修行都应向内观照自心，将所有的能力、威力全部用于根除我执之上。所以说喊一百遍"救我护我"不如诵一次"食我携我"好，向一百位本尊祈求救护，不如施身与一百个鬼神为食好。玛吉拉准说："病人交付于鬼魔，送者托付与怨敌，口诵百遍救护我，不如一遍食携我，此乃佛母吾之教。"如果断除了内心执魔的根本，则一切显现都会现为清净，魔种将成为护法神，即所谓的"护法变为化身"。

如今有些未懂此理而自诩为断法者认为外境中存在实有的鬼神，并且恒时处于不离执魔的境界中，结果一切显现真的成了妖魔鬼怪，整天心神不定、忐忑不安，经常对别人说："山上有魔，山下有魔。""这是鬼，那是魔。""那是妖精，我看见并且捉住了他，最后将他杀了。""你身上潜伏了一个魔，但被我赶走了，而且他还回头看了你一眼。"等等，绝对是妄言骗人、胡说八道、信口雌黄。而这时鬼神饿鬼们得知后便缠着他们，他们走到哪，鬼神便跟到哪，如影随形般不离左右，并且进入那些心胸狭窄、容易控制的女人等相续中口口声声说"我是神""我是鬼""我是死人""我是你的老父亲""我是你的老母亲"……更有甚者大言不惭地说："我是本尊""我是护法神""我是单坚"等等，并且妄言授记胡说神通。鬼神欺上师，上师骗施主。正如世间的俗话所说："父被子欺，子被敌骗。"末法时代之相真的现前了，国土也是被魔王统治着，如邬金莲花生大师曾授记说："浊世男心入男魔，女人心中入女魔，孩童心入独角鬼，僧人心中入冤魔，每人心中入一魔。"又说："当把独角鬼视为天尊之时，就真正到了藏人受苦的时代了。"如此所授记的时间现在已经来临。所以，我们不应将表面外境迷现的鬼神魔障形相视为真实存在，而应将一切显现观为如梦如幻的游舞，暂时显现为能害、所害的鬼神以及病人是由往昔恶业迷现之因所导致的，并且产生了能害、所害的关系。因此不应对他们有亲疏、爱憎之心，而应一视同仁，观修慈悲菩提心，彻底根除贪爱自己的我执，将身命毫无吝惜地施与鬼神为食，息灭他们相续中的嗔恨、粗暴，并为使其相续趋向正法而诚心诚意地说法发愿，最终彻底根除执著能害所害、圣现魔现、自他的希疑、贪嗔、贤劣、苦乐等一切分别念。如颂云："无圣无魔见之要，无散无执修之要，无取无舍行之要，无希无疑果之要。"如果证悟了一切能害所害为法性等性，则彻底根除了内心傲慢魔，即现前了究竟义断法。

无我虽闻然却我念重，二执虽欲断除仍希疑，
我与如我我见诸有情，证悟无我实义祈加持。

积累资粮——供曼扎罗与古萨里之引导终

第五章　上师瑜伽

首先依止胜师如教行，中以精勤苦行而实修，
最后心意无二得传承，无等上师足下敬顶礼。

自相续中生起证悟智慧之究竟方便——上师瑜伽之引导分三：上师瑜伽的重要性；上师瑜伽实修法；传承上师简介。

一、上师瑜伽的重要性

总的来说，如果要修持一正法，首先应寻求一位具足一切法相的真正上师善知识，然后依教奉行，对上师生起真佛之想，诚心诚意祈祷上师，这是十分重要的。如经中所说："胜义谛是依靠信心而证悟的。"阿底峡尊者也曾说："诸友未得菩提需依师，故应依止殊胜善知识。未证实相之前需闻法，故当谛听上师之教授。诸安乐乃上师之加持，故当报答上师之恩德。"喀喇共穹格西说："必须认识到上师是世间、出世间一切成就的作者。即使精通三藏，如果不恭敬上师，对上师无有诚信及感恩戴德之心则不会有收益。"尤其是一切密宗金刚乘圣道惟有上师至关重要，所以诸续部中宣说了上师瑜伽修法，并说修上师瑜伽比观修一切生圆次第更为殊胜。如续部云："何人俱祇劫，修十万本尊，不如一刹那，忆念上师胜。"此宁提金刚藏乘自性大圆满的观点，既不像下乘（小乘）以伺察、推理等方式抉择甚深意义，也不像下续部依靠共同悉地获得究竟殊胜悉地，也不像其他上续部依靠三灌顶的喻智慧直指义智慧，而是惟有依止一位传承如纯金丝线

未被破誓言之锈所染般具有殊胜证悟的上师，并对上师作真佛想，以坚定不移的诚信恭敬之心猛厉祈祷，使自己的凡夫心与上师的智慧成为无二无别，以上师的加持力使自相续中生起证悟。如前所说："当知胜义俱生智，惟依积资净障力，具证上师之加持，依止他法诚愚痴。"萨日哈尊者也说："师言入于何人心，犹如现见手中宝。"此外，全知法王龙钦巴尊者也曾在《虚幻休息》中说："依靠观修生圆次第等各个道之本体不能解脱，因为它们还需要依靠行为及增相等。惟以此上师瑜伽自道之本体才能使自相续中生起实相之证悟，才可得解脱，所以说一切圣道中上师瑜伽最为甚深。"《誓言庄严续》中云："十万劫中勤观修，具相随好之本尊，不如刹那念师胜，念咒修法千万遍，不如祈师一遍胜。"又《阿底庄严续》云："观具恩上师，于头顶心间，或于肢掌中，千佛之成就，彼人亦可得。"至尊果仓巴也说："若修上师瑜伽法，尽除过患德圆满。"又云："虽多修持生次第，然修上师为无上，虽多修持圆次第，然诚依师为无上。"哲贡炯巴仁波切也曾说："上师四身雪山上，敬信之日若未升，不降加持之水流，故当勤修敬信心。"又至尊让热日巴说："若不祈祷上师尊，欲求无分别智慧，如朝北洞中待日，无有境心融合时。"因此，无伪实相之证悟惟有依靠以恭敬诚信之心修上师瑜伽，才可以在自相续中生起，除此之外无有其他任何方法。

那诺巴尊者也是同样，虽然是精通三乘的班智达，能辩胜一切外道，但在布扎玛希拉寺任守北门的班智达时，智慧空行母告诉他："你仅精通词句而未通达意义，所以仍然需要依止上师。"于是尊者便遵照空行母授记以百般苦行依止谛洛巴尊者。后来上师对他说："这般宣讲开示还不了达。"说罢便用鞋底猛击他的额头，结果那诺巴尊者的相续中顿时生起了实相之证悟，与上师密意成为无二无别。另外，据说阿阇黎圣者龙树丢了一把鼻涕，其弟子龙菩提全部拾起而享用，从而获得了殊胜成就。

吉美林巴尊者也曾说："我曾因拜读第二佛的论著后，于相续中对他老人家生起了无伪真佛之想，一心一意地祈祷，因此被其智慧身摄受，从而自相续中生起了自然本智。此后我才开始引导数百以上的求法者。其中精进者获得了超世间的禅定，智慧者不偏堕于分别伺察的歧途，他们都真正意识到胜义谛的证悟完全依靠万分的恭敬和坚定的诚信。"

大译师毗卢遮那流落于甲摩擦瓦绒地区期间，有一位年近八旬的老人邦甘麦彭滚波，上师将禅带系在他身上，禅杖靠于他腰间，对他传讲了上师瑜伽法，结果在他相续中生起了无倒"彻却"本来清净之密意，最后获得虹身成就而成佛。所以说，所有九乘次第的法门中无有比上师瑜伽更殊胜的甚深圣道，虽然此命名为前行，实际上它是一切正行道的究竟要诀，因此我们如果随时随地将修行的重点惟一放在上师瑜伽上，即使无有任何其他修行也可以。所以，诚心诚意、竭尽全力精勤修持上师瑜伽极为重要。

二、上师瑜伽实修法

上师瑜伽实修法分三：明观福田，七支供，专心祈祷。

(一) 明观福田

观想刹土是广大心力之行境，因此，把自己的处所观想为圆满具足一切庄严法相、光明遍照诸方的莲花光宫殿，于其中央将自己的本体观为益西措嘉（智慧海王）空行母，形相观为至尊金刚瑜伽母，身红色，一面二臂三眼，以急切专注之眼神凝视上师心间。所谓的急切是指譬如一见到上师就欢喜无比、十分匆忙迫切的神态。右手将能唤醒无明愚痴睡眠的髅鼓举向虚空，左手执持根除三毒的弯刀于腰际，裸体佩带骨饰花鬘，显而无自性宛如空中现彩虹一般。观想于头顶一箭许上方的虚空中有一由各种珍宝组成的千瓣莲花垫，其上依次为日轮、月轮，月轮上面坐有本体是三世诸佛之总集、无等大悲宝藏具德根本上师，形象为邬金大金刚持（莲花生大师），身色白里透红、光滑润泽，一面二臂，双足以国王游舞式而坐。身着大氅、法衣、咒士衣，头戴莲花帽。莲花生大师的此冠冕有三种不同类型：邬金第二佛（莲师）既不是由父因所生，也不是由母缘所成，而是在西南具乳海中的莲花花蕊中，于顿生觉性中而诞生，当证悟现有本基圆成时，诸空行母赐予作为其部主标志的冠冕称为“莲花苞帽”；莲师在八大尸林中行持禁行，即行为远离善恶之边时，诸空行母赐予作为其功德标志的冠冕称为“鹿耳帽”；莲师在萨霍国，被国王哲拉活烧时，金刚身不为大火所害，安坐于莲花中，好似清凉冰爽一般。国王惊奇不已，并生起信心，于是下令：“打开新锦缎宝库之门，取出我所有的衣冠！”于是供养一切妙衣、服饰和国政眷属，国王所供奉的冠冕称为“见解脱帽”。此莲花见解脱帽亦称为具瓣五部帽。此帽内外双层表示生圆次第双运；顶端三尖表示三身；五种颜色表示以五身饶益众生；日月表示智慧与方便；蓝边装饰表示三昧耶无边；金刚宝顶表示三摩地无动；鹰鹫之顶翎装饰表示见解证悟到极点、修行已趋于究竟。莲师右手以契克印持纯金金刚杵于胸前；左手平托装满无死智慧甘露的长寿宝瓶，瓶口以如意树严饰；左腋下有明妃空行佛母以隐蔽式执持喀章嘎（天杖）；喀章嘎的顶端三尖表示本体、自性、大悲；干湿旧三种头骨表示法、报、化三身；九个铁环表示九乘次第；五种彩绸表示五智；死人与活人头发表示在八大尸林中以禁行摄受诸鬼女、空行母。又明观其周围彩虹旋绕的众多五光网眼中央有印度八大持明、藏地君臣二十五尊等浩翰如海的三根本、护法神非平庸显现而住。

总的来说，修上师瑜伽有三种不同的观修方法，其中皈依时应将皈依境中诸上师观为重楼式，即于莲师头顶上明观一切大圆满传承上师以重楼式而坐；念修金刚萨埵时应观为总集珍宝式，即一切根本传承上师集于上师金刚萨埵一身中；修上师瑜伽时应观为垒环式，即大圆满诸传承上师及一切浩瀚如海的三根本护法神围绕在邬金莲师周围，犹如众人集会般安坐。之后念诵：

哎玛吙　自显元成无边佛净土
圆满庄严铜色德山中
自身观为金刚瑜伽母
一面二臂红亮执刀盖
二足舞姿三目视虚空
头顶亿瓣莲花日月上
普摄皈处根本上师尊
与海金刚无别变化身
红白光泽妙颜孺童相
身着氅法咒衣长袖衫
一面二臂国王威仪姿
右手执杵左执颅盖瓶
头戴五瓣莲花飘带冠
左腋挟持三尖喀章嘎
秘密表示殊胜空乐母
安住虹彩明点光团中
外旋五色光网妙严中
示现幻化王臣二十五
印藏博学成就诸持明
本尊空行护法如云聚
皆于明空大定境中现

联想句义而明观，并以猛烈诚信恭敬之心念诵：

吽　邬金地域西北隅
胜妙莲茎花胚上
获得神奇圣成就
尊名号称莲花生
空行眷属众围绕
我愿随尊而修持
为赐加持祈降临
格日白玛斯德吽

念毕立即观想铜色吉祥山莲花光宫殿一切能依所依真实现前，犹如水入水般地融入自己所观的誓言尊者中，成为一体。

（二）七支供

七支供分七：顶礼支，供养支，忏悔支，随喜支，请转法轮支，祈请不入涅槃支，回向支。

金刚乘道有众多方便、无有艰难，是为上根之行境，所以，广大心力者通过积累资粮、不断修学，在一刹那中也可圆满波罗蜜多乘一大劫所积累的资粮，从而即身获得解脱。因此无上密宗的微妙殊胜福田也必定惟是金刚上师，所以将七支供附于上师瑜伽后面讲，积累资粮的无量法门也可以全部包括在七支供中。

1. 顶礼支

对治我慢的**顶礼支**：观想自身化为百千无数刹尘数，等同于虚空界的一切众生与自己一同顶礼并念诵：

舍　我身化为刹尘数
示现变化而顶礼

共同引导的修持尚未圆满五十万遍的人，顶礼与皈依偈合并而修是可以的，也有如是修持之传统。不过，此为真实顶礼之引导，所以顶礼与上师瑜伽合在一起修最为适宜。

顶礼时，身顶礼即身体作礼拜；口顶礼即口中念诵顶礼文或祈祷文；意顶礼即以诚挚恭敬之心意念：您无所不知，我全心全意信赖您。并观想：我与一切众生一同顶礼。如此身口意三门专心致志至关重要。不能东张西望，胡言乱语，心不在焉，如若右边有人来往、交谈，则眼睛和意识便转向右边，双手也合十到左脸颊上了；如果左边出现类似情况，那么眼睛和意识又转到左边，双手又合十到右脸颊上了。我们应当了知若如此心识散乱、随境所转、身体东倒西歪地进行顶礼，则除了自己的身体徒劳之外无有任何实义。

顶礼时双手应宛如含苞待放的莲花般空心合拢，绝对不可以内无空隙地并合掌心或者仅仅以指尖接触等。《大解脱经》云：“如莲花待放，双手顶合掌，无量身云聚，顶礼十方佛。”《功德藏》云：“并非随意身顶礼，心间合十恭敬相，合掌当如莲花苞，或如嘎屋盒之形。”依次合掌于头顶以此清净身障；合掌于喉间清净语障；合掌于心间清净意障，之后五体投地。所谓的五体即：前额、两手掌与双膝。以五体触地顶礼而清净五毒烦恼之障，获得身、口、意、功德、事业五种加持。因有如上之必要，故应如此行持。站起来时腰应挺直，然后仍旧如前一样重新合掌五体投地顶礼。如果双手不如理合掌于三处，只是甩动一下，膝盖及额头不接触地面，仅仅弯一下身，站起时腰不端直、弯身顶礼等，这些都是不恭敬的顶礼方式，所以绝对不允许。佛经中说：“躬曲顶礼的异熟果将转生为驼背者，即背上生大瘤的侏儒佝偻之人。”我们是希望获得功德而顶礼，若为转生劣身则无有必要做顶礼。即使顶礼数目不多也可以，但凡所做的顶礼都应尽力做到正规、如法、清净。若为了顶礼时省力，在陡峭的山坡上或某种依靠物上顶礼，则无有少许实义。当今时代有些人前去拜见上师时，首先作一稍微如理的顶礼后，再屈身问讯两次，据说这是对具权势人物的礼拜，无有智慧的一些人也去随学，这是极为下劣的行为。作为求法者，若不懂顶礼方式，应从上师那里闻授而了知，并且知悉后应随时随地不遗忘而修持。即便是如此简便易行、浅显易懂的法，若不实际去修持，则求得佛法也无任何实义和结果。因此，求法者包括做一次顶礼在内都应胜过那些不懂正法的人。

以前米拉日巴尊者去鄂巴上师那里求法，当时鄂巴上师正在为众多僧人传讲《二观察续》。米拉日巴尊者从远处参拜。鄂巴上师异常欢喜，脱帽还礼，并说：“传法间歇缘起也很好，那边的人所做的顶礼是南岩玛尔巴尊者传承的顶礼方式，去问一下他是谁呀？”

依止上师后求法应如氆氇染色一般与以前截然不同，上师圣者的行为如何，弟子也应当如理随学。譬如，将氆氇放在染料中，虽然所染成的色彩可能有好坏之差别，但与前面未放入染料时相比，其颜色是截然不同的。当今时代有些人，虽然历经百次求法，但自相续与从前相比无有丝毫好转，一切所作所为与世间人无有少许差别，这种人必将成为佛教油子或失毁誓言者，正所谓佛法可调伏恶人，却无法调伏佛教油子；酥油可浸软坚硬的皮革，却不能浸软装酥油的皮壳。这种人虽然已听闻善法的利益、罪业的过患、佛陀的功德等，但却认为只是那样说说而已，在他的相续中根本生不起少许的定解和信心。即使圆满正等觉亲自降临也无法调伏这种人。邬金莲花生大师曾说：“切莫摄受佛教油子之眷属，切莫亲近失毁誓言之道友。”

因此，必须认识到即便了知一句正法之义也应融入自相续而修持。我们依止上师的目的是观察上师身口意的行为并随学，如世间的俗语也说："一切事情即模仿，模仿之中能生巧。"自相续受持上师内外密所有的功德应如泥塔小像从印模中取出来一样。

所谓的顶礼是一种恭敬的形式，所以顶礼的方法多种多样，并且各个地区的顶礼方式也各不相同。然而在这里上师依照佛经宣讲了顶礼的方法，如果自己明知此理，但因简便易行或傲慢而不认真顶礼，则一定是抱有不恭敬顶礼对境的轻蔑态度。我们必须了知犹如付税般的相似顶礼只能给自己带来过患而无任何必要。反之，如理如法进行顶礼则功德无量。

从前，一位比丘顶礼有佛陀头发、指甲的佛塔，阿难尊者请问世尊他顶礼的功德，世尊说："顶礼一次将获得自己身下所压面积直至金刚大地以上所有微尘数量的转轮王位，然其功德之边尚不可尽。"经中亦说："佛陀的无见顶相是从恭敬顶礼应敬之上师士夫中产生的。"顶礼是成就究竟圆满正等觉的无见顶相之因。

2. **供养支**

如前供曼扎罗时所讲，将自己实际拥有的财富以正规、如法、清净的方式，以不为吝啬所缚、不虚伪、不炫耀的心态摆放，仅以此作为所缘对境。之后观想虚空和大地的一切人天供品、鲜花、熏香、酥油灯、香水、神馐等，以及无量殿、地上建筑、经堂、轮王七宝、八吉祥徽、十六金刚天女等轻歌曼舞，弹奏特有的乐器。以随学普贤菩萨的幻变供养方式而做供养，即以普贤菩萨的等持力，自己心间放射出等同于百千俱祇无量佛刹尘、不同颜色的光芒，每一光端又化现出一尊与前相同的普贤菩萨，各自心间放射出与前相同的光芒，光端又化现出无数不可思议的普贤菩萨，每一尊普贤菩萨都以不可思议的无量供品供养十方佛与佛子，此即普贤云供。如此尽己所能意幻供养，并念诵：

实设意想等持力
万有供物作印献

如果自己具有供养的能力，那么诸佛佛子肯定具有享用的能力，因此我们以意幻供养世间界中有主人、无主人的一切人天受用，无论自己能够意幻多少都如是作供养。从圆满资粮而言，此意幻供养与真实财物供养无有丝毫差别，所以不必认为自己无有供养的资具，而应在任何时间、任何地方每当看见自他所拥有的任何资具、财物时，心里首先观想：此供养三宝、供养根本传承上师。甚至见到路边涓涓流淌的清清小溪，或者一方开满鲜花的平原等任何赏心悦意的事物都应意念供养三宝，这样观想可顺便圆满资粮。我们应当如此行持。

3. 忏悔支

以猛厉追悔之心发露忏悔从无始轮回至今自己所造的能忆起、不能忆起的堕罪，即身口意三门所造的十不善罪、五无间罪、近五无间罪、四重罪、八邪罪以及掠夺三宝财物等一切罪业。并发愿从今以后永不再犯。如前念修金刚萨埵之引导中所讲的、以明观四种对治力而忏悔。并观想一切罪障于自己的舌头上集为黑团，从福田尊众的身口意放射光芒，照耀黑团，以此犹如涤荡污垢般地净除罪障。之后念诵：

所有三门不善业
法身光明界中忏

4. 随喜支

对治嫉妒的**随喜支**：对于诸佛为饶益众生而转大法轮、一切菩萨的广大行为、一切众生的随福德解脱分的善法以及自己过去所积累的、现在正在做的、将来必定行持的一切善法，都以诚心诚意、极大欢喜之心而随喜。并念诵：

真俗二谛之所摄
一切善资作随喜

九乘次第的一切法无不包括在世俗、胜义二谛之中，所以应当随喜二谛所摄的自他诸众生有漏与无漏的一切善法。如此随喜，功德无量。

从前，胜光王迎请世尊及其眷属，供斋四个月，并供养一切受用。当时，一位行乞的贫女心想：这位胜光王是因往昔所积累的福德力，今日才成为财富和受用十分圆满的君王，又遇到世尊这样殊胜的福田，如今正在积累如此广大的福德资粮，实在希有。她内心深处惟观随喜，因此获得了无量福德。世尊得知后，在傍晚回向功德时问国王："你所积累的这份福德善根是回向给你自己，还是回向给比你获得福德更大之人呢?"国王说："谁的善根大就回向给谁。"于是世尊先念那位贫女的名字作回向。连续三天一直如此作回向。胜光王十分不悦，便与诸大臣商议对策。国王问："如何才能使世尊不这样回向呢?"大臣们说："明日世尊与其眷属前来应供时，我们在器具外阻止他们拾取，这样会有效吧。"如此商定后，第二天那位随喜供养的贫女又来拾取被丢掉的食物，因受到阻拦并遭到殴打而心生嗔恨，从而摧毁了善根。当天（世尊）便念国王的名字作了回向。所以说善与不善的差别丝毫不在身口的所行所言上，而惟以自己的意乐而安立。

如前面反复强调的那样，佛在《教王经》中也说："见到他人行持善法时，自己若以清净意乐诚心诚意随喜，并将其善根回向圆满菩提，则所积累的资粮绝对胜过以竞争心对待他人行善、或以傲慢心想我定要做如此善事等装模作样地行持为希求现世名誉、世间八法之毒所充斥的广大善法。乔美仁波切说：“听到他人行善时，若舍不善嫉妒心，并以欢喜心随喜，佛说获得同等福。”《汇集经》中也说：“三千须弥可称量，随喜善根不可量。”因此，随喜是事半功倍之法，应当随时随地修持。

5. 请转法轮支

佛、菩萨、上师、善知识等一切肩负广大利他重担之士，因众生的邪行及忧劳而生厌烦，未讲经说法而安住于寂乐境界时，在他们面前观想：我化出百千俱祇无数身体，供养法轮、珍宝等，祈请他们广转法轮，并念诵：

请转三乘诸法轮

总的来说，一切佛法包括在声闻、缘觉、菩萨三乘中。或者将其分为：集聚招引外三乘，即声闻、缘觉、菩萨三乘；苦行明觉内三乘，即事、行、瑜伽；随转方便密三乘，即玛哈、阿努、阿底。共为九乘。为了调伏所化众生，祈请广转相应之法轮。

6. 祈请不入涅槃支

于此世界或其他诸刹土中，已完成了利众事业的上师、佛菩萨们准备趋入涅槃时，在他们面前，如往昔珍达优婆塞祈祷世尊住世一样，观想自身化出众多身体，祈祷诸圣者乃至轮回未空前长久住世、饶益众生，并念诵：

乃至轮回未空前
请恒住世勿涅槃

7. 回向支

以现在的善法为例的自他三世所积累的一切善根完全如同文殊童子回向一样，以无缘智慧印持而回向一切众生，并念诵：

三世所积诸善根
回向成为菩提因

在何时何地无论做任何大小善根，结尾时千万不能忘记如此做回向。如果没有如此回向，那么所成办的任何善根，其果成熟一次便会耗尽。若回向于获得究竟菩提之因，则即使感受了百次善果，其善根在我们未获得圆满正等觉果位之前也不会穷尽，反而日日增上。《慧海请问经》云："水滴落入大海中，海未干涸其不尽，回向菩提善亦然，未获菩提其不尽。"同样，无论是希求获得声闻、缘觉、圆满菩提等究竟果位，还是希望得到善趣人天之身体，或长寿、妙色等暂时果报，为任何目的所成办的善根，最后都要为此而做回向。如哲贡觉巴仁波切说："二资如意宝，若无发愿拭，不生需求果，故当勤回向。"自己所行的善法能否成为圆满菩提之因，取决于回向之力。无论积累多么广大的有为善法，若未以回向印持则不能趋入解脱道。诚如卡隆巴格西所说："一切有为善法乃无记，回向众生方得广大利。"同样，为自己的父母亲友等做佛事，以及为利益亡者念经超度，若不做回向则他们不会获益；如果回向，则会如愿以偿。

从前，广严城的人们准备次日迎请世尊，供养午斋。前去迎请的人走后，五百饿鬼来到世尊面前请求道："明日广严城的人供养世尊和眷属午斋的善根回向给我们可以吗？"世尊明知故问道："你们是谁呀？为何广严城人的善根要回向给你们呢？""我们是广严城这些居民的父母亲，以吝啬之业转为饿鬼。""那么明日回向时你们也来做回向吧！""我们投生为如此低劣之身，十分惭愧，不敢前来。”“你们造恶业时理应惭愧，但那时却不知羞耻，如今已生为低劣之身，惭愧又有何用，如果不来，无法回向给你们。”“那么我们一定来。”说完便离开了。第二天回向时，那五百饿鬼前来请求回向他们。广严城的人们惊慌逃窜。世尊说：“诸位不必惊慌，这些众生是你们的父母所转生的饿鬼，他们自己是如此说的，那么是否能将善根回向给他们呢？”“既然如此，无论如何也应回向给他们。”世尊便说：“此施诸善根，愿彼利饿鬼，离饿鬼劣身，获善趣安乐。”结果那些饿鬼死后转生到三十三天。

此外，至尊米拉日巴也曾说：“山间静修大行者，及做供养之施主，彼二具有成佛缘，因缘之要即回向。”

如此回向若要成为圆满正等觉之因，必须以三轮无缘智慧摄持，否则，如果为三轮实执之垢所染，则称为具毒回向。如《汇集经》云：“犹如食用杂毒丰美食，佛说缘于白法亦复然。”所谓的三轮是指所回向的善根、为其回向的补特伽罗、所回向的对境三者。三轮以证悟无实的智慧摄持的真实无毒回向，在此凡夫地中无法做到，所以我们应当观想往昔的诸佛菩萨如何回向，我们也如是回向，这种回向与三轮体空的回向无有差别。《三十五佛忏悔经》中说：“过去诸佛如何回向，未来诸佛如何回向，现在诸佛如何回向，我亦如是普作回向。”《普贤行愿品》云：“文殊师利勇猛智，普贤慧行亦复然，我今回向诸善根，随彼一切常修学。”因此，善法成为圆满菩提之因的无误要诀，惟有依赖于以回向印持的结行。所以应当时时刻刻精进回向。

（三）专心祈祷

专心祈祷并修持因四金刚之本体：吉祥怙主殊胜上师是一切坛城中主尊之本体，圆满具足灌顶。仅以见到、听到、忆念、接触上师便可种下解脱的种子，上师是诸佛事业的作为者，称为第四宝。对自己而言，上师开示一生一世即能成熟解脱的甚深道法，惟以大悲加持，以强力之方便将自己安置于金刚持地，所以对自己的恩德胜过佛陀。若衡量上师的功德，则可谓密意广大如虚空，智慧无量如大海，悲心猛烈如湍流，自性坚固如山王，视众平等如父母，每份功德不可量。仅以祈祷上师便可无勤获得一切所求悉地，犹如如意宝一般。当意念：我依止上师如意宝您，希求您的果位，惟一修持您。以满怀敬信、泪水涌流、感恩戴德之心而修持。最初修持悉地时，念诵：

大士格日仁波切
尊乃摄集诸佛之
大悲加持吉祥者
一切有情惟一怙
己身资财肺心胸
毫无挂虑供献尊
乃至未获菩提间
乐苦善恶贵贱等
皆由莲师大士知

祈请、祈祷时都是惟一精勤念诵莲师心咒：

嗡啊吽　班扎格日白玛斯德吽

每念一百遍又如前一样诵“大士格日仁波切……”如是念诵到一半，再祈求悉地时，每念一百遍莲师心咒中间诵：

我无其他冀望处
现值恶世劫浊众
沉沦难忍苦泥中
请救此苦大上师
请赐四灌加持者
请转证悟大悲者
请净二障大力者

求悉地时应观想受持四灌顶，即观想上师白毫间犹如水晶般晶莹剔透的“嗡”（ༀ）字放射光芒入于自己头顶，从而净除杀生、不与取、邪淫三身业以及脉障，获得了上师身金刚的加持，相续中得到了化身果位的缘分；复次观想上师喉间宛如红莲花一般绚烂璀璨的“啊”（ཨཱཿ）字放光入于自己的喉间，从而净除了妄语、离间语、恶语、绮语四语业以及风障，获得语金刚的加持，相续中得到了受用圆满报身果位的缘分；又观想上师心间如蔚蓝天空般的“吽”（ཧཱུྃ）字放光入于自己的心间，从而净除了贪心、害心、邪见三意业及明点障，获得上师意金刚的加持，相续中得到了法身果位的缘分；又从上师心间“吽”（ཧཱུྃ）字中如流星般出现第二个“吽”（ཧཱུྃ）字，与自心融为一体，从而净除三门所依阿赖耶识之业及所知障，获得上师智慧金刚加持，相续中得到了究竟之果——本性身果位的缘分。最后，使自己的凡夫心与上师的智慧成为无二无别而入定。收座时念诵：

何日报尽命终时
身现妙拂德山刹
双运变化刹土中
身成金刚瑜伽母

转为明净耀光团
光入莲花大士心
成为无别而证佛
大乐空性幻化之
无上遍智现游戏
三界有情无有余
最胜救度引导者
祈请莲师赐抚慰
至心虔诚作祷白
非仅言词口头说
祈从师心赐加持
祈请所愿得成就

同时以殷切的恭敬诚信之心观想：莲花生大师和颜悦色、慈眉善目地注视着我，从莲师心间放射出温热炽燃的红光，接触到自己所观想成的金刚瑜伽母心间，（金刚瑜伽母）立即变成如豌豆大的光团，如火星一般，一边向上飞窜一边发出“塔”声，融入莲花生大师的心间，于此境界中入定。出定后将一切显现观为上师的游舞，并念诵：

以此功德愿吾等
成就贤德上师尊
无际众生尽无余
愿能安置于彼土

做回向或念诵铜色吉祥山发愿文。如此修持上师瑜伽：行走时将上师观在右肩上方的虚空中，作为右绕的对境；安座时将上师观在头顶的虚空中，作为祈祷的对境；享用饮食时将上师观在喉间，作为饮食献新的供养处；睡眠时将上师观在心间，作为所知入瓶之摄要。总而言之，随时随地应将自己的住处观为真正的铜色吉祥山，如此恒时不离正念，将一切显现观为上师的身体，恭敬诚信。如果罹患疾病、出现魔障等不如意之事，应观想这是上师以大悲恩赐予我尽除恶业的方便，应心生欢喜，不应生起断除之心；如果获得幸福安乐、丰衣足食、善法增上等顺缘，当了知这都是上师的大悲所致，不应心生我慢、得意忘形；若因观修等持而出现疲厌、沉掉等，则观想自己的觉性与上师的智慧成为无二无别，护持实相之见。聚精会神地祈祷上师并念诵：

嗡啊吽　班扎格日白玛斯德吽

倘若如此修持，则一切显现均现为上师与本尊，一切行为都将成为善法。如米拉日巴尊者说："我行显现转道用，六聚自解之走式。若坐无伪本来住，精华实义之坐式。若食享用空性食，断除二取之食式。若饮痛饮念知泉，坚持不懈之饮式。"

入了密宗金刚乘后，无论是破誓言酬补清净，还是允许修持生圆次第、大圆满等一切道，或是未出现障碍、未步入岐途以及功德资粮与日俱增等全部都依赖于能成熟之灌顶。如颂云："密宗未依灌顶无成就，犹如舟子手中无船桨。"又云："未受灌顶无成就，沙子无法榨出油。"首先，具法相之金刚上师令我们入坛城后赐予灌顶称为基灌顶；依靠上师瑜伽，不观待他缘而自己受持四灌顶称为道灌顶；获究竟果位时得到广大光明和甚深光明两种意灌顶，现前圆满正等觉称为果灌顶。

上师瑜伽具有清净、圆满、成熟三种不可思议的甚深要诀。实修正行时不能舍弃所有的前行法，尤其是观修生圆次第等时依靠上师瑜伽法而受持道灌顶，是每一座开始必不可少的殊胜要诀。若是具有敬信、誓言清净之人，仅以圆满修持上述上师瑜伽法也可不观待正行而往生妙拂吉祥山，在那清净刹土中，通过四种持明之道将会比日月运行还迅速地获得普贤王如来果位。

三、传承上师简介

传承上师简介分三：佛陀心意传，持明表示传，补特伽罗耳传。

内三续之传承：为使听闻者心生欢喜，一般上师都有详略适当地宣讲以内三续瑜伽为主的佛法起源历史的传统。这里也略作叙述：所谓共称前译（宁玛派）内续生起次第玛哈瑜伽、圆满次第阿努瑜伽、大圆满阿底瑜伽的流传可分为三种：佛陀心意传、持明表示传、补特伽罗耳传。

（一）佛陀心意传

初佛本师普贤如来于无量大悲神变中显现诸佛之刹土、讲法圣境、四身本师。本师对与自己无别的五身任运持明、浩瀚如海不可思议的佛众眷属，虽未以词句、表示的方式传法，却于无勤任运大悲自觉智慧自相光明性中以无言之式而宣讲诸法，使诸眷属现前了无倒实相密意，即断证功德与本师成为无二无别；对不具有了悟缘分之眷属，则以其他阶梯道乘之方式宣讲。总的来说，是于不可思议的世间界中随机度化、示现无数化身而饶益众生。分别来说，则以六能仁化身的方式调伏六道所化者。尤其是在此南瞻部洲，释迦牟尼佛在人间天境中依次转三次法轮，宣说了因相性乘的经、律、论以及外密、事部、行部、瑜伽部，如颂云："调伏贪惑对治法，佛说律藏二万一；调伏嗔心对治法，佛说经藏二万一；调伏痴心对治法，佛说论藏二万一；悉调三毒对治法，佛说密藏二万一。"

（二）持明表示传

释迦牟尼佛曾于临涅槃时授记："无上密法日后将出现。"又云："吾涅槃之后，二十八年时，三十三天处，教主胜心天，降临于人间，南瞻东方隅，人中具缘种，名为国王匝，出现祥预兆，扎谢坚山上，金刚手现前，传于五圣贤，罗刹境主等。"如此授记后示现涅槃。之后如同授记所说：出世了无上密法生圆次第以及大圆满。其中玛哈瑜伽诸续部是于本师释迦牟尼佛涅槃后二十八年出现的。当时国王匝出现了七种梦兆，并在自己的皇宫上获得了许多以琉璃溶液撰写在金纸上的密续经函，以及一尊一肘高的金刚手佛像。国王匝通过祈祷通达了其中的《面见金刚萨埵品》，尔后依靠《面见金刚萨埵品》和金刚手佛像修持六个月，最后现见了金刚萨埵并得到加持，从而无余了达全部经函的意义，此后次第弘扬。

阿努瑜伽兴世的历程：那时，圣种五贤到玛拉雅山顶，观想十方诸佛并悲切祈祷："呜呼唉哉极悲切，导师日光若隐没，世间黑暗孰能除？"如此哀诵了二十三句悲哀词，因此诸善逝劝请密主金刚手道："密主金刚汝谛听，昔日誓言岂舍弃？不知世间痛苦欤？汝以悲心降人间，当除世间之忧苦。"密主应允答道："无始亦无终，吾未舍誓言，今依佛劝请，吾亦显神变。"说罢便降临到玛拉雅山顶圣种五贤面前，为他们宣讲《集密意续》等。又在西方邬金刹土达那够卡洲，为金刚手之化身极喜金刚（噶日多吉）宣讲了《吉祥密续》、《窍诀续》、《普巴续》、《佛母续》等，他们又传与邬金莲花生大师，之后逐渐弘扬。

尤其是窍诀阿底瑜伽兴世的历程：首先弘扬于天境。三十三天的天人护贤意化出五百天子，长子普喜藏的智慧、技艺在诸兄弟中独占鳌头，并喜欢独自在禅房中静坐、诵经、念咒，在天界被誉为胜心天子。天子于水牛年出现四种梦兆：一、一切如来光芒四射、普照十方，光中六能仁旋绕众生，最后融入其顶髻中；

二、梦到自己并吞梵天、遍入天、大自在天；三、梦到空中日月出现于自己掌中，之后光辉遍布整个宇宙；四、梦到从空中的宝云中降下甘露妙雨，使草子发芽、森林茂密、珍宝苗芽生长、鲜花绽放、果实累累。清晨，便向天王陈述。帝释天王赞叹道："哎玛吙，无勤佛法精华出现时，三世佛陀化身菩提心，十地自在世间殊胜灯，天境庄严之您诚希有。"第一梦境预示受持诸佛密意、成为法太子；第二梦境预示慑服一切魔众、彻底根除三毒；第三梦境预示遣除所化众生内心愚暗、燃亮正法之灯；第四梦境预示将以自然大圆满之甘露水，遣除烦恼之酷热，并弘扬无勤任运自成大圆满之果乘。

又三世诸佛集聚后劝请金刚萨埵道："具有珍宝神变者，当启所化所欲门，愿诸具足无勤宝。"通过劝请后，吉祥金刚萨埵心间出现如意宝自燃轮，交付于金刚手尊者，并诵道："于诸眷属当宣说，无二智慧之密义，无为无勤本来佛，共称大中观胜道。"金刚手尊者应允说法，并说："金刚萨埵大虚空，本非词句之行境，吾今宣说极困难，然以词句诠宣说，为令未证者证悟，如应救度瑜伽者。"亲口应允后金刚手尊者前往东方金刚光明刹土金刚密如来等金刚部尊众前、南方珍宝光明刹土珍宝光明如来等珍宝部尊众前、西方莲花光世界莲花光如来等莲花部不可思议尊众前、北方清净成就刹土成就光明如来等事业部无量尊众前、以及中央离边刹土毗卢遮那佛等真如部的众多佛前，听授了希有佛法的精华、无勤自然密意、超越因果之法阿底瑜伽之义，断除了增益，并且汲取了诸佛密意之精华以后，知晓三十三天具九股金刚杵之中柱的尊胜宫中央宫殿中住有具缘之士胜心天子，便前往尊胜宫。胜心天子在中柱顶的九股金刚杵上设置璀璨珍宝组成的宝座，请金刚手尊者入座。并撑起各种珍宝组成的伞盖，供养了众多天物供品。金刚手尊者以诠表方式授予胜心天子王权金刚瓶圆满灌顶，并传授了十部窍诀幻化续，此外又于瞬间圆满传授了七个灌顶、五种窍诀、单扎续等诸多窍诀，之后再赐予灌顶令其成为法王继承人，并说：“此乃希有精华法，传遍三十三天后，愿您复化喜金刚，此法弘扬南瞻洲。”

阿底瑜伽在人间起源的历史：印度西方邬金空行母地区的达那故克洲革扎湖畔，金刚洲洞的领域，有一百花争艳、赏心悦目、环境优雅的园林，国王鄂巴绕匝与皇后光明具光母生下一女，取名为花明。花明公主具足妙相，天生心地善良，并具有强烈殊胜的菩提心，朴实无华，谨慎稳重，舍弃狡诈、放逸的俗世生活，出家为尼，护持离患清净的比丘尼戒，与五百比丘尼眷属共住。水牛年藏历四月初八的黎明时分，公主进入梦乡，梦到诸佛发光形成日月，太阳从头顶融入体内，月亮从足掌心向上融入。清晨醒来后相续中生起了证悟，前往革扎湖畔沐浴。正在沐浴之时，金刚手尊者幻化为一天鹅王之后使胜心天子融于“吽”（ཧཱུྃ）字中而幻化为四只天鹅，从空中降落前来沐浴，之后三只天鹅飞回空中。密主所化现的那只天鹅以喙三次触碰花明公主胸间，并发出一光辉灿烂的“吽”（ཧཱུྃ）字融入公主心间，然后飞走了。公主对此甚感希奇，于是向父王及眷属们讲述了事情的经过。父王也惊奇不已，十分欢喜地说道：“也许将要诞生一位佛的化身吧！”并对公主百般关怀，令属下尽力承侍，为其广做佛事。公主没有出现任何怀胎迹相度过了九个月。一日，公主心间出现光芒夺目的九股金刚杵，变化为一具足相好的小童子，右手执金刚杵，左手持珍宝手杖，并能背诵《金刚萨埵大虚空续》等经续。众人欢喜不已，请来婆罗门相师看相，那位相师极其惊诧地说：“这是一位圣者的化身，一位殊胜大乘教主诞生了。”因众人欢喜至极以及其手持金刚，所以为他取名为极喜金刚（嘎日多吉）；因众人皆欢心喜悦，所以又称喜金刚（吉巴多吉）；因众人笑逐颜开，所以也称笑金刚（呀巴多吉）。在他登基之时密主金刚手尊者亲自降临，授与他王权圆满宝瓶灌顶等所有灌顶，九界二万卷等所有续部、窍诀刹那圆满传授，并赐予极喜金刚成为教主之灌顶，灌顶后（密主金刚手）嘱咐诸护法神协助，尽力护持佛法。极喜金刚依靠无勤大圆满于刹那中成佛。

当时，印度圣地还诞生了一位文殊菩萨的化身——婆罗门子名为成藏或胜乐藏。其父为乐护婆罗门，母为革哈那，成藏后来出家成为五百班智达之首，共称其为将巴谢宁阿阇黎。一次圣者文殊菩萨为他授记说："从此处至西方邬金境内革扎湖畔，黑庆达金洲大尸陀林中央的金刚洲洞境内，住有一位金刚萨埵的化身、诸佛无勤之教法的教主，已得诸佛之灌顶者，名为化身极喜金刚，你应前去求希有佛教之精华、无勤成佛之正法阿底瑜伽，并作其教法的结集者。"于是将巴谢宁对其余诸班智达说："西方邬金地方有超越因果之法，我们必须前去铲除。"商定后与特哦日匝哈德等七位班智达历经千难万险来到邬金境内，用尽周身解术与化身极喜金刚对因果及内外密法展开了研讨和辩论，始终无法取胜。最后将巴谢宁问诸道友："向化身（极喜金刚）求超越因果之法好吗？"特哦日匝哈德说："虽想求法，但我等已侮辱了（化身极喜金刚），所以不敢求法。"有些人说："我们也会生起定解，应当求法。"商议后决定诚挚作忏悔。有些人顶礼或转绕化身极喜金刚；有些人痛哭流涕，泪流满面；将巴谢宁向他顶礼并悲痛哀泣，暗想：我已侮辱了化身（极喜金刚），信口开河说了许多辩论之词，所以应斩断自己的舌头作忏悔。想罢便寻找刀刃。化身极喜金刚得知后说："罪业不会因你斩断舌头而得清净，若能著一部超越因果之殊胜论典，便可净除罪业。"当时不具缘分的人都返回去了。将巴谢宁仅依上师显现的一种表示便一刹那获得证悟，从而通达了诸法。为了使其获得圆满佛法，（化身极喜金刚）授与他王权宝瓶灌顶，并将九界二万卷等所有续部、窍诀完全交付于他。也为其取名为将巴谢宁。之后化身极喜金刚写下诸教言之实义赐予将巴谢宁：“心之自性本来佛，心无生灭如虚空，若证诸法等性义，不寻彼性住为修。”将巴谢宁通达所证悟之义后以偈颂言表证悟境界：“吾乃将巴谢宁也，已获大威德悉地，证悟轮涅大平等，显现一切妙智慧。”并撰写了《菩提心·金溶石》作为忏悔文，还集结了化身极喜金刚的教法，又将其传与熙日森哈尊者。

熙日森哈尊者诞生于中国汉地秀夏洲，父为具善，母为光明母，长大后于阿阇黎哈德白拉处学习声明、因明、历算等五明，并通达无碍。二十五岁时幸遇阿阇黎将巴谢宁，圆满地求得了甚深大圆满阿底瑜伽圣法的所有续部传承及窍诀，现前了离戏殊胜之证悟。又将此法传与邬金第二佛莲花生大师、智者加纳苏扎、大班智达比玛木扎、大译师毗卢遮那，以上为持明表示传。

（三）补特伽罗耳传

佛法于藏地弘扬的情况：于此雪域藏地，精华圣法是如何弘扬的呢？往昔世尊在世时，藏地无有人类众生。后来圣者观世音菩萨化现的雄猴与度母化现的罗刹女二者繁衍人类众生。当时既无正法、法规，也无长官、头领，如茶砖般处于无头无尾的状态。在此期间，印度背军国王生下一子，其手指、脚趾犹如天鹅蹼般连在一起，双目好似鸟眼，眼睑遮蔽。看到生下这样一个儿子，国王说：“这是非人之子，理应驱逐出境。”待王子稍稍长大便被逐出国境，为业力所牵徒步流浪到藏地。遇到一些牧童，他们问：“你从哪里来？是谁呀？”他便用手指指向天空。那些牧童以为他是天人，于是大家肩背土石、垒成高座，祈请他作为首领，共称其为肩座王（聂赤赞布），此人是除盖障菩萨的化身。

经过历代王朝，到了圣者普贤菩萨的化身拉托托日年赞期间，雍布拉康皇宫顶层楼上出现了身所依十一面观音佛像；语所依《宝箧经》、《百拜忏悔经》诸经部；意所依一肘高的水晶佛塔，这是正法的开端。

后又经过五个朝代，圣者观世音菩萨的化身藏王松赞干布出世，建造了镇肢寺、镇节寺及拉萨大昭寺。迎娶了至尊度母的化身汉族的文成公主和颦眉度母的化身尼泊尔的赤尊公主，同时迎请了两尊觉沃佛像入藏。期间，吞弥桑布扎创立了文字，从而结束了西藏无有文字的历史。他从印度班智达天明狮子处学习了声明，并从《三宝云》等经部开始翻译。藏王从自己的白毫间幻化出一位化身比丘名为阿嘎玛德，调伏了印度圣地的外道国王，并从印度与铜洲交界处一株蛇心栴檀中取出了五尊栴檀观音，同时塑造了拉萨的十一面观音像。藏王松赞干布时期真实地树立了佛教之法幢。

又过了五个朝代，圣者文殊菩萨的化身藏王赤松德赞诞生。从十三岁时父王去世至十七岁之间，与鄂达日乐贡和拉桑乐华等诸大臣共议政事，出兵征服了许多边陲境地，使之成为附属地。后来藏王翻阅祖先的完整史料，得知拉托托日年赞时期为正法的开端，藏王松赞干布时期树立正法之幢，他发现历代藏王全部是惟有行持正法，便立下决心：我定将正法发扬光大。于是与白玛贡赞为首的主要法臣商议，其余大臣出谋划策，最后一致同意建造寺庙。在寻找净地上师之时，藏王前去请问他的上师，住在桑耶青普的年当珍桑波尊者。尊者以寂止光明智而了知印度东方萨霍地区住有法王故玛得谢的太子大堪布静命，便告知了藏王。于是藏王迎请大堪布静命作为净地上师。修建过程中需要砍除阿雅巴罗处的一荆棘丛，住于该处的恶龙得知后便唤来所有鬼神为助援，招集二十一优婆塞等鬼神之军队，在夜晚时将人们白天所修砌的建筑摧毁无余，并将所有土石归于原处。藏王请问堪布：“发生如此之事，是因为我业障深重还是堪布您未赐加持，或是修建寺庙之事不能如愿以偿呢?”堪布答道：“我虽然谙熟菩提心，但以寂静法却不能调伏他们，这些鬼神必须用降伏法才可调伏。如今在印度金刚座有一位化生的邬金莲花生大师，精通五明、谙熟胜义之功用，已获得了共同殊胜成就，可摧毁魔众，任意吩咐天龙八部，所有鬼神闻风丧胆，一切恶魔都能调伏，若请他来，所有鬼神不会再来为非作歹，并会圆满成功大王所想之事。”藏王说：“那这位大师不知能否迎请到藏地？”堪布静命说：“必定能迎请到藏地，因为我们有往昔的誓愿。从前，在尼泊尔境内有养鸡者萨来之女胜乐母，分别与牧马、养猪、养鸡、养狗的四个人生下四个儿子（即现在的莲师、瓦彻月、藏王、静命），在建造夏绒卡绣佛塔时曾发愿将来在藏地弘扬佛法……”接着向藏王详细讲述了经过。于是藏王便令瓦彻月、降魔金刚、钦释迦光、普吉祥狮子各带一藏升金粉、一斛金饰前往印度。他们拜见莲花生大师后，献上供品并请求道：“恳请大师前往藏地加持寺庙地基。”莲师应允后便起程前往。途中依次降伏了十二地母、十二护母、二十一优婆塞等藏地的所有鬼神，来到红岩，举行寺庙净地仪式后，建造了三层桑耶自成寺，四周以四大洲、八小洲、罗刹洲、日月、铁围山围绕。堪布静命、莲花生大师、大智者比玛木扎三位大师为该寺开光，撒了三次鲜花，出现了许多希有瑞相，示现了众多神变。

此后，静命堪布传讲戒律，弘扬显宗教法；阿阇黎莲师与比玛木扎弘扬密法。当时莲花生大师与大智者比玛木扎二位尊者为意子君臣三友、妙定禅师等具缘之法器者宣讲了区分、决定、自解之法，广转了大圆满阿底瑜伽等内三续法轮。自此以后的传承共称为补特伽罗耳传。不仅如此，邬金第二佛莲花生大师还为君臣具缘者传授了相应各自根基的不可思议法门，并撰写在金纸上隐藏成伏藏，发愿以此饶益未来的随学者，尔后交付于护法神保护。后来，授记时间到来之际，获得昔日愿力的大成就者之化身骤然降临于世，开启了甚深伏藏之门，摄受了众多具缘补特伽罗而饶益众生，所有的传承共称为六种传承或九种传承等。

如是涌现了无数化身伏藏大师，其中吉美林巴尊者是圣者心性休息亲自化现为善知识的形相。尊者从莲花生大师、大智者比玛木扎、全知龙钦巴尊者等处圆满受持了佛陀心意传、持明表示传、补特伽罗耳传，完美无缺地为具业缘的诸补特伽罗广转法轮，并现前了圆满正等觉果位。如颂云："身虽现为人天相，殊胜密意为真佛。"因此我的至尊上师也曾说："众生怙主金刚持、我的至尊上师的确是圆满正等觉大金刚持，为饶益众生化现为补特伽罗的形象降临世间，这并非是我以恭敬诚信之心作赞叹。如果你们能够修持、祈祷，那么在我的上师与你们之间，除我之外无有其他传承隔断。我也是从最初幸遇金刚持上师之后，一直依教奉行，以三喜依止上师，未曾做过任何不称其心意之事，甚至使上师邪视一眼的事也未做过。所以说我的传承必定犹如纯金丝线般未被破誓言之锈所染，因此传承的加持不同于其他传承。"

以上简要说明了传承上师的历史，如《日月吻合续》云："若未宣说历史义，于此大密了义教，将有不诚信之过。"追溯传承之起源以及讲述历史，具有使后学者生起诚信之必要，所以此处宣说上师瑜伽的同时，也讲述了传承上师的历史。

如此上师瑜伽之念修数量绝对要圆满一千万遍，应当尽力念诵，必须圆满。若非如此，而认为这些仅仅是前行法，不怎么重要，或者声称要修高深莫测的正行法而无空闲修前行，表面观修生圆次第等等，这些人正如世间俗语所说："牛头未熟尝其舌，床尚未暖伸其足。"如果舍弃前行法的修行，则无有芝麻许实义，即便偶尔生起了少分暖相，也不会稳固，犹如未打地基的建筑一般。有些人在修前行时装模作样、敷衍了事，在修正行时却又认为那些是前行法，现在不需要修而放弃，则与前相同。舍弃圣道之基础前行法，则如无墙求壁画般将断绝正法之根。因此每个人一切时处应当精进修持，对这些前行法生起无伪定解。尤其着重精勤修持此加持之入门——上师瑜伽，此为殊胜的要诀。

虽视大恩上师为真佛，却因性情刚强违师教，
虽知三界众生为父母，却因蛮横于亲出恶语，
我与如我恶业众有情，此生及诸生生世世中，
具足寂静调柔之言行，依止上师道友祈加持。

强力生起证悟之智慧、加持之门

——上师瑜伽引导终

不共前行圆满矣！

第三篇　颇瓦法（往生法）

尤为悲悯愚昧之众生，尤为摄受罪孽深重者，

尤以善巧调伏难化众，无等上师足下敬顶礼。

不经修持便可成佛之临终窍诀

——捷径妙道颇瓦法（往生法）

之引导分为三部分：

- 往生分类
- 颇瓦（往生）修法
- 颇瓦（往生）仪轨

第一章 往生分类

往生分类分五：上根者见解印持法身之往生；中根者生圆双运报身之往生；下根者无量大悲化身之往生；平凡者具三想之往生；以大悲铁勾超度亡灵之往生。

一、上根者见解印持法身之往生：在此生自相续中生起无伪实相之无误见解，并不断串习之人，临终时依靠本来清净之密道法界觉性要诀，往生于法身界中。

二、中根者生圆双运报身之往生：对于生圆无二之瑜伽极为娴熟，并且对如幻之圣尊身相具纯熟力之人，临终时中阴的迷乱显现出现的同时，往生于双运智慧身中。

三、下根者无量大悲化身之往生：获得密宗能成熟之灌顶、未被破誓言之过患染污、对生圆次第具有胜解，并具有中阴窍诀的人阻塞不净的胎门，依靠大悲心的牵引和转为化身道用，往生清净刹土。如颂云：“封闭胎门当忆有寂界，乃为精进净观之一时。”

四、平凡者具三想之往生：将中脉作道想、心识明点作旅客想、极乐清净刹土作去处想而往生。

五、以大悲铁钩超度亡灵之往生：具有殊胜证悟、心境调柔、了知中阴身心相续的瑜伽士，可使其他临终者或中阴身得以往生。超度亡灵者必须是获得见道之士。米拉日巴尊者说：“未见圣道谛之前，切莫超度亡者灵。”超度亡灵最适宜的时刻是外气已中断、内气未中断之际，此时此刻就算是请稍微熟悉往生窍诀的人做往生仪轨也能得到很大利益，并能阻塞恶趣之道，如同刚出发入道的旅客容易被友伴所转一样。否则身心已脱离后很难超度使其往生。如此必须是了知中阴界、自心已获得自在之人，若是这样的瑜伽士，那么已脱离肉身的中阴身依此外缘也容易牵转，即使其神识已到了中阴界，若对其作往生法仪轨，也能将其牵引到清净刹土中。否则再将神识勾召回到蕴身而作超度，实际上无有任何实义。如今许多享有美名的上师或活佛等超度亡灵时，如果他们完全出于慈悲菩提心，根本不牵扯私欲，那么仅以发菩提心力便可饶益亡灵，并且也不会成为自己修行的道障。反之，为谋求自利，仅仅依靠口头会念诵而超度亡灵，并接受死者的往生马，这是极其下劣的行为。如颂云："己未趋至解脱之干地，然却致力引导他人者，此二之理少许不相合，犹如溺水之人救溺者。"

从前大证悟者丹增曲培大师去匝日神山。一次他的境界中出现了昔日他所超度并收取了往生马的一个人，那人从血海中露出头并喊着大师的名字问："我该怎么办呢?"大师急忙说："我将绕转神山的功德回向与你。"于是那人便不见了。不仅如此，即便是具有殊胜证悟的补特伽罗高僧大德，若接受超度亡人的供养后没有念经回向等，也将成为地道之障。从前，佐钦仁波切吉美·泰秋丹增圆寂时，哲美行炯滚波尊者被迎请来念诵荼毗仪轨。尊者一整天惟一念诵沐浴仪轨进行勾召，反复超度，如同对一个普通人作超度一样。僧人们问："为什么这样做呢?"尊者解释说："他以前接受了超度亡者的黑马供品，但当时忘了对死者诵经念仪轨作回向，这亡者是个罪业深重之人，因此对他的地道成就稍有障碍，但现在通过我们二人并肩携力已将亡灵超度了。"据说这亡者是各洛丹增。因此，那些身居上师、大活佛之位的人也是同样，接受亡财之时若既不发心也不作回向、发愿、念诵仪轨等，而认为我是如何如何了不起的上师、大活佛，则无有任何实义。即便是被无误认定为是前辈高僧转世的那些活佛们，最初也需要从藏文的元音字母开始学起，要从文字读诵开始，与普通人无有差别地学习。所以说忘记了前世所精通的文字读诵而未忘记生圆瑜伽的人肯定没有。因此我认为不应该仅能骑马就开始享用信财亡财，而首先修学发心、致力闭关修持极为重要。

具三观想之往生：这里所讲的往生法是平凡人具三想之往生或称为心识上师之往生，与《无垢忏悔续》中所说的“依靠临终光环声往生”之义相同。此类往生法对具殊胜证悟的补特伽罗而言，是不需要的。如续中说：“死亡乃分别，可引空行刹。”又：“所谓之死亡，瑜伽小成佛。”今生已得坚地、已获生死自在的补特伽罗虽然表面上好像已死亡，但实际上只是如从此处到彼处一般。修习生圆次第的行者则如前所说，以生死、中有的教授于三身中可得以往生。正如所谓的往生法引导修法低劣者，那些修道未得稳固或者罪孽深重之人需要此要诀。若具足此窍诀，则无论其罪业如何深重，也必定不会堕入恶趣，如造无间罪业，径趋直下之人若值遇此教言，则必定不堕恶趣。如续云：“日日杀梵志，及造五无间，以此道解脱，不为罪业染。”又：“九窍之上方，意念可往生，不为罪业染，生于清净刹。”其他续也云：“头顶日月座垫上，具相上师尊足前，若知趋入中脉道，造五无间亦解脱。”所以说此深道往生法之教言是不修便可成佛之法，是以强力令罪孽深重者趋入解脱之密道。金刚持佛说：“日日杀梵志，及造五无间，若遇此教言，解脱定无疑。”邬金莲花生大师也说：“修持成佛法皆有，不修成佛法我有。”大智者那诺巴说：“九门乃为轮回窗，一门即是大手印，关闭九门启一门，无疑趋入解脱道。”南岩玛尔巴尊者说：“吾今修持往生法，反反复复修炼已，平凡而死亦无惧，具有前修之把握。”至尊笑金刚说：“此等往生融合之窍诀，乃为摧毁中有之向导，具足此道之人可有否？命风进入中脉人安乐，彼将趋入法界哎玛吙。”

第二章 颇瓦（往生）修法

颇瓦（往生）修法分二：修炼；运用。

一、修炼：求得颇瓦（往生）之引导后，应反复修炼，在未出现验相之前应精勤努力修持。现在自身的脉风明点全部无有衰退，正值旺盛之时，依靠颇瓦法直接往生稍有困难。真正到了临死之时或极为老朽年迈之际则容易依此往生。譬如，夏季正值茂盛繁荣之时果实难以采摘，秋季瓜熟蒂落之时衣边稍微接触便可坠落。

二、运用：自己出现死相，知道无论如何也无法避免死亡，并出现隐没次第之时，应当修颇瓦法，除此之外均不可依之往生。如续云："时机成熟当往生，非时往生杀天尊。"本来隐没次第有多种，然而就浅显易懂而言，则分为五根、四大、明增得三种隐没次第。

五根隐没次第：如若自己枕边有僧人念经，但只听到嗡嗡声，而听不清词句，表明此时耳识已灭尽。或者虽然不是那样，但别人的交谈言说等对他来说好像是从远处传来的声音一样，仅能听到声音却听不清词句。同样，眼看色物也只是模模糊糊，看不清究竟为何物，说明此时眼识已灭尽。以此类推，鼻嗅气味、舌品味道、身体所触等都无有感受时是最后隐没次第，上师应在此时为其直指心性，若有念颇瓦仪轨者在这时最为适宜。

四大隐没次第：之后，肉界融入地大之时，身体出现如堕入坑中或被山所压般的沉重感。如现在有些临终之人口中喊着"向上拽我”或“将我的枕头垫高”等等；随后血界融入水大之中，流出口水或鼻涕等；接着暖界融入火大之中，口鼻全部干燥，体温从边缘内收，有些人从头顶突突地冒出蒸气；气界融入风大之中时，上行、下泄、平住、遍行之风全部收于持命风中，从而使吸气困难，气息从肺部经过黑白咽喉向外呼出。体内的全部血液收于命脉中，心间依次流出三滴血，于是便呼出三口长气，外气骤然中断。

明、增、得隐没次第：此时从顶部来自于父亲的白明点快速下降，外相犹如月光遍照清净虚空般，出现白光；内相出现明的觉受，并且灭尽了三十三种嗔心分别念，即是所谓的明相。从脐部来自于母亲的红明点快速上升，外相犹如日光普照清净虚空般出现红光；内相产生大乐觉受，灭尽了四十种贪心分别念，这是所谓的增相。随后白红二种（明点）于心间相合，意识进入其间，外相犹如黑暗遍布清净虚空般，出现黑光；内相生起无分别识的觉受，之后骤然昏迷，这是所谓的得相。之后稍微苏醒，出现了犹如远离三垢的清净虚空般的基位光明，若能认识其本性而入定，则称为上根法身往生，此即不经过中阴而成佛。随后依次出现法性中阴与转世中阴，这些是正行的支分，所以在此不赘述。

对于无有丰富修道经验的人来说，运用颇瓦法最适宜的时间是在隐没次第开始出现之时。此刻应当完全断除对今生的一切贪执，并且自己应意念：现在我要死了，依靠上师所传的窍诀将如同勇士射出的箭一般飞往清净刹土，因此我十分高兴。从而心生勇气。如果自己明观颇瓦法的所缘境有困难，则可请有能力的道友助念，此时，无论如何应依靠以往所修炼的深道颇瓦教授以强力往生。无论修炼还是运用之时，颇瓦法的修法都相同。即真实观修颇瓦教授的次第：在一舒适座垫上金刚跏趺坐，身体端直，首先从念诵《遥唤上师》颂开始，完整无缺地明观修持上师瑜伽中包括结座以上的一切次第。其次进入正行观想：

将自己的身蕴刹那观为金刚瑜伽母，身红色、一面二臂、双足起舞式、三目直视虚空。修颇瓦法时瑜伽母的表情为寂静的神情中略带怒容，右手将唤醒无明愚痴睡眠的颅骨手鼓举向虚空，左手执持根除三毒的弯刀于腰际，以骨饰、花束严饰裸体，现而无自性，宛如撑起的红缎帐幕一般，这是外身的观想法。

又观想位于身体中央的垂直中脉，犹如在空室内插入柱子一般，不歪向左右任何一方，挺直地立于身体中央，所以称为中脉。为表示法身无变，将其颜色观为犹如石青皮一般湛蓝；为表示习气障薄弱，将其观为如莲花瓣般轻薄；为表示遣除无明黑暗，将其观为如芝麻油灯般明亮；为表示不入劣道与邪道，将其观为如芭蕉树干般挺直，具足如此四种特征。为表示善趣与解脱道，将其上端头顶梵天穴处观为犹如打开的天窗一般开启。为表示关闭轮回与恶趣之门，观想其底端于脐下四指处丝毫不漏、完全封闭，这是内脉的观想法。

接着再观想中脉内的心间处，有一如竹节隔断般的脉节，于其上观想有一淡绿色的风团明点时刻不停地波动起伏，其上观想有代表自己心识本体、具有涅槃点（ཿ）和“小阿”（འ）的红色“舍”（ཧྲཱིཿ）字，犹如风卷旗幡般抖动，这样的观想是觉性自心之根本。

之后观想：自己头顶一肘许上方的虚空中，有一为八大孔雀所严饰的宝座，各种莲花及日、月的三层座垫上，本体为三世诸佛总体之自性，无等大悲宝藏具德根本上师；形象为世尊怙主无量光佛，身红色，宛如十万个太阳照耀鲜艳的红宝石山一般，一面二臂，双手以定印托着装满无死智慧甘露的钵，具足殊胜化身梵净行的装束：身着三法衣、头上顶髻、双足轮宝等以三十二相、八十随好为庄严，放射出无量光芒。右边是诸佛大悲自相的圣者观世音菩萨，其身色洁白、一面四臂、第一双手合掌于胸前，右下手持水晶念珠，左下手执白莲花柄端，花瓣于耳际绽放。无量光佛的左边是诸佛力量的主尊密主金刚手，其身蓝色，双手以交叉之式执持铃杵。二位尊者都是以圆满报身十三种服饰严饰。无量光佛双足金刚跏趺座，表示不住有寂之边，二尊者双足站式，表示利众无有疲厌。深道颇瓦法的诸传承上师如云团密布于清净虚空一般，安住于三主尊的周围，全都和颜悦色、慈眉善目地注视自他一切众生，并且以欢喜心垂念、救度自他一切众生，摆脱轮回恶趣之苦，犹如大商主般将他们引领到清净刹土。

第三章　颇瓦（往生）仪轨

如此观想并念诵：

哎玛吙　自显任运清静无边界
庄严圆满极乐刹土中
自身顿成金刚瑜伽母
一面二臂红亮执刀盖
二足舞姿三目视虚空
其身内中脉
粗细如竹箭
空寂光明管
上端开梵穴
下端入脐下
心间断节上
浅绿风球中
意识红“舍”（ཧྲཱིཿ）字
头顶一肘处
佛陀无量光
庄严具好相

然后以坚定不移的信心，汗毛竖立、泪水涌流，尽力多次念诵：

顶礼供养皈依出有坏善逝应供怙主阿弥陀佛

最后念诵：

哎玛吙　自显究竟密严清静界
心中信心百俱彩虹中
依怙总集大恩根本师
身相非凡光明而清静
显现相好吉祥阿弥陀
猛厉渴求敬信所祈请
愿成深道颇瓦求加持
愿至无上密刹求加持
愿登胜地究竟法身界

如此全部完整念诵三遍，然后从“猛厉渴求敬信所祈请”以下念诵三遍，最后念诵“愿登胜地究竟法身界”三遍，这时应以对上师怙主无量光佛的诚挚敬信之心，惟一专注于觉性自心所依之“舍”（ཧྲཱིཿ）字。之后将舌抵上腭，念诵五遍“舍”，同时观想觉性自心所依之红色“舍”字，随淡绿风团之明点起伏波动，并且越来越高，最后从头顶梵天穴而出，与此同时诵“嘿嘎”一声，如同勇士射箭般将“舍”字融入无量光佛心中。

又如前一样明观心间“舍”字，专注所缘并诵七遍或二十一遍“嘿嘎”，虽然其他宗派有念诵“嘿”时观想上升、“嘎”时观想下降的传统，但本派念诵“嘎”后无有观想下降的传统。再如前一样念诵“顶礼供养……”祈祷文并尽力念修“舍”字法，之后诵“顶礼供养皈依世尊善逝出有坏圆满正等觉怙主阿弥陀佛”七遍或三遍，最后念诵由佐钦所传承的、伏藏大师尼达桑吉的《插草颇瓦法》简略祈祷文：

顶礼皈依无量光
祈祷邬金莲师尊

根本恩师求摄受
传承上师求引道
获就往生求加持
捷径空行愿加持
我等此生命终时
往生极乐求加持

末尾一句“往生极乐求加持”诵三遍。又如前一样尽力念修“舍”字法，再如前一样念“顶礼供养皈依……”，之后念诵由白玉所传承的《天法颇瓦法》仪轨的祈祷文：

哎玛吙　神奇怙主无量光佛陀
大悲观音势至金刚手
我等众生一心祈请故
深道颇瓦成就赐加持
我等一旦出现死亡时
往生极乐净土求加持

再重复三遍末尾一句颂词，又如前一样念修“舍”字法。后面这两段祈祷文不在龙钦宁提派的仪轨里，所以不是吉美林巴尊者传下来的，但佐钦仁波切与贡钦仁波切等传给多哲钦仁波切，他具有所有传承。我的至尊上师也曾传授过。多哲钦仁波切本来有塔波仁波切传下来的噶举派颇瓦法引导的传承，并编写了念诵颇瓦法的祈祷文，但我的上师没有传授。无论如何所有不同传承风范的观想次第都无有差别，所以此引导教授必将一脉相承。我的至尊上师于多哲钦仁波切前听授过多次，因此从至尊上师处获得过颇瓦引导的人也算得到过噶举派颇瓦法的传承，我想他们念诵噶举派所传下的祈祷文也可以。这两个简略祈祷文可能是多哲钦仁波切编写的，与其他的稍有不同。这里是依照我的至尊上师传授的传统而编写的。我的至尊上师依照白玉派《天法颇瓦法》的传承为他众作颇瓦仪式时，其祈祷文中的“我等一旦出现死亡时”改念为“此等一旦现前死亡时”。但现在有些人未懂此理而念成“此现一旦”或“从此一旦”等，我认为这都稍有不当。如此反复修炼，最后临近收座时，为了印持于五身法界而念诵五次“呸”（ཕཊ྄），并于离戏实相中入定。之后观想头顶上的诸传承上师融入于三主尊中，二位菩萨融入于无量光佛中，无量光佛化为光融入于自身。于是自己一刹那变成世尊怙主无量寿佛，身红色、一面二臂、双足以金刚跏趺座安坐、双手以定印托着充满无死智慧甘露的长寿宝瓶、瓶口以如意树严饰，以圆满报身十三种服饰严饰，一边如是观想一边口诵：

嗡 啊嘛日呢 则丸得也唆哈

一百遍，或其他长寿咒。以此可使寿命不遭损害，并且以缘起谛实力也可消除寿障。但超度亡者或临终者以及自己死亡时不应念修长寿法。如是修炼已达纯熟之相则如论典中说：“头上出黄水，插入草等相。”在未出现这样的验相之前应反复修炼。结尾回向善根当念诵《极乐愿文》等回向偈。

此深道颇瓦法之教授不需像其他生圆次第那样经过长期修炼，仅仅于七天中修持熟练后定会出现验相，所以称为“不修便可成佛之法”，因此大家将这样的无上捷径法作为主要修法十分应理。

自尚未度却度诸亡灵，自不实修巧言如撑伞，
我与如我狡诈诸种姓，愿能精进修行祈加持。

不修便可成佛法——颇瓦之引导终

结　文

总而言之，思维暇满难得可使闲暇之身变得有意义，思维寿命无常可鞭策自己精进，了知一切轮回痛苦的本性便会生起出离心和大悲心，了知因果差别应如理取舍善恶，忆念解脱利益可使自己对佛果生起欢喜心，依止真正的善知识可修学其意行，这些是共同外前行的六种引导；皈依三宝奠定了解脱道的基础，发殊胜菩提心立起了佛子如海行为的框架，依靠念修金刚萨埵能以四力忏悔一切过患之根本堕罪，供三身曼扎罗可积累一切功德之根本的福慧资粮，一切加持之源——祈祷上师可使自相续中生起殊胜智慧，这些是不共内前行的五种引导；以及若修道尚未趋于究竟，死亡便濒临时，可使其往生清净刹土的不修便可成佛之颇瓦法，共有十二个引导。

依靠观修四种厌离可生起无伪的出离心，依靠观修解脱的功德可开启诸道之门，依止一切功德之源——善知识可准备圣道的缘起，以皈依作为基础，发殊胜菩提心，修学六波罗蜜多圣道，可将我们引入遍知圆满正等觉的真实正道中。其他宗派共称的三现分、三士道、大手印的显宗引导等一切圣道的要诀都完全可以包括在此引导中。依靠念修金刚萨埵和供曼扎罗的无上方便净除罪障、积累资粮，还有甚深加持之密道上师瑜伽，以及不修便可成佛的颇瓦法教授，这些引导都是本派的无上特法。若还要趣入宁提金刚藏圣道不共正行之门的人，应先修持不共的三身引导、心识与觉性的引导等前行法之后，获得直指实相觉性妙用的灌顶，方可实修正行之义。

如上所述的一切内容不是以词藻华丽、文法精湛为主，而是完全遵照至尊上师的亲口教授而记录，并尽量避免掺杂自己的言词，惟以通俗易懂、利益内心为主而撰写。尤其是许多有针对性、直言不讳揭露过失的上师教言，凡我能记住的都在这里以旁述的方式来宣说，这都是为了使大家能对照自己、如理受持，而不应以此作为看待他人过失的窗口，应作为向内观照、观察自己过失的明镜。并应详察细审自己到底是否有这些过失，若有则应正确认识、彻底断除过患、使自心自然趋入真实正道、自己改变自相续。阿底峡尊者曾说：“殊胜上师为揭露罪恶，殊胜窍诀为击中要害，殊胜助伴为正知正念，殊胜劝勉为怨魔病苦，殊胜方便为无有改造。”遭受任何苦害，都应埋怨自己。正如尊者所说，窍诀击中罪过要害、法融入于自心、恒持正知正念、包括生起一个恶分别在内的念头也不使之向外散乱、以正法调伏自相续是殊胜的要诀。若如此修持，则自己对自己恩德极大，以正法饶益自心、依止上师也可获得实义。如阿底峡尊者说：“殊胜饶益是令入正法，殊胜受益是心入正法。”总之，如今已得暇满人身，幸遇具相上师，得受甚深窍诀，具有实修九乘次第法门、成就佛果的机会，此时可以成办未来生生世世的永久大业，机不可失，内心向善向恶就在此时，如今是计划永善永恶的分界点，此机会犹如百生一食，应夜以继日精勤修法，恒时以死亡激励自己，断除追求现世利益之心，不惜生命精进修持，努力断恶行善。依止具足一切法相的上师后依教奉行，全心全意皈依三宝，了知自己如果快乐则是三宝的大悲所致，若痛苦则是往昔所造恶业所感，在修持心地善良、菩提心的基础上精勤积资净障。最终以恭敬诚信、誓言清净使自心与传承上师的智慧成为无二无别，即生获得佛果，并肩负起救度一切如母众生摆脱轮回囹圄的重担，以上归纳总结了所有教言的要点。

如是三传窍诀甘露河，传承上师口津精华液，
九乘次第修行精义要，无有错谬悉皆摄于此。
舍弃戏论言词之糟粕，调合极深实修要诀味，
烹调亲证口诀之精华，此善说如丰美之食物。
三毒劣性粗犷荒野上，除过窍诀金刚犁开垦，
善巧灌溉正法之水者，此善说如灵巧之农夫。
出离心之肥沃良田中，善妙播下菩提心种子，
以积净法生长功德果，此善说如丰年之庄稼。
揭穿自罪并将其根除，以善巧语百般宣功德，
恒时精勤惟行饶益事，此善说如慈爱之乳母。
非仅词佳意义亦深奥，无等上师口气尚未消，
此善说如心中如意宝，诸获得者定入真实道。
专行利他修持圣教典，并非依于声律诗韵词，
而以俗语方言示正道，此乃一切菩萨之特点。
论典词句虽广泛浩瀚，却难趋入愚者心室中，
深义见修虽用高调语，行浊慧劣之人难修持。
是故此论易懂摄要义，浅慧如心室中具金宝，
劣慧如意暗处有明灯，妙义自现无嗔阿阇黎。
耽执推敲词藻之智者，诸论未知窍诀之大师，
饮此殊胜窍诀精华后，实修要诀精力定充沛。
观空如暗投石大修者，装模作样行善修行人，
自不量力冒充成就者，若见此道则如钉刺心。
吾虽多闻繁冗词藻论，善巧绘画诗韵彩虹图，
然非大恩上师之言教，故此未杂自造之词类。
无等上师乃真佛出世，雪域世间增上善妙矣，
圆寂之时逝去尚未久，今在金刚道友可作证。
是故结集真实圣教言，于此精进之因依师恩，
我以敬信善意造此论，道友天众理应发随喜。

未来出世有缘诸善士，若见此文则如亲遇师，
当生真佛恭敬诚信心，所言要诀丝毫无错谬。
如是从中所得诸善根，回向曾为慈母众有情，
皆为殊胜上师摄受后，依教奉行究竟证圣果。
愿见无等上师圆满佛，其言甘露所育之诸众，
一同现前无上正等觉，踏上引导众生事业程。
所有大恩上师之法子，享用胜妙善说甘露液，
教言欢歌吸引善士者，祈愿彼等长久住于世。
愿吾自此生生世世中，成为师尊随学之奴仆，
一切谨遵师言依教行，令其欢喜恒时得摄受。
愿我度尽轮回众生前，舍弃自身受用一切善，
甘为一切可怜老母仆，祈愿彼等受持佛妙法。
愿吾暂时心中亦升起，传承上师加持璀璨日，
依止寂静之处度此生，究竟获得无等上师果。

此龙钦宁提共及不共内、外前行引导文是依照我的无等殊胜上师之口传而撰写，至尊上师的亲传弟子精进持戒的卓玛泽让将自己所记得的内容整理成笔记交给我，并诚挚劝请道：“以此为基础，无论如何请您撰写一部完全遵照至尊上师教言的引导文。”尤其是继承至尊殊胜上师密法传承的法王子、大活佛根藏持秋多吉亲自为我提供纸张等，并再三劝请，后来继承众生怙主尊师窍诀传承的意长子、圆满教法的主尊活佛先盘塔耶仁波切也说：“如果上师的口传教言写成文字，则有忆念上师，并起恭敬诚信的必要，因此无论如何请您一定著写。”如此赐予安慰。此外，乃至获得菩提果之间必定犹如灯光与灯芯般和睦相处，或如双目般慈爱的诸多金刚道友也给予了“善哉”的安慰及智慧的鼓励，使我深受鼓舞。虽然百位成就之顶饰、持明者无等菩提金刚曾亲赐我晋美秋吉旺波（邬金无畏法自在）的美名冠冕，但事实上我

自己只是个五毒烈火炽燃、叫作啊哦舍波、行为下劣之人。此文撰写于邬金萨旦秋朗（佐钦大威德修行洞）寂静处、由完美无暇的饰品庄严、雄伟壮观的大威德宫殿中。此静处环境幽雅、景色怡人，各种各样的树、藤、条、段于顶端吸取和暖的阳光，根部吸收清凉的甘露，枝繁叶茂、百花盛开、硕果累累，犹如悬垂的璎珞一般，从中间缝隙中可见碧蓝的晴天宛如倩女般展露笑颜，使人如同被甘露滋润般舒心悦意。

愿所得一切善根成为无边一切众生依此胜道于本来怙主基界中得解脱之因。

传承表

别解脱戒佐钦传承师承次第

本师释迦牟尼佛 → 舍利子 → 罗睺罗 → 罗睺罗跋陀罗 →

龙树 → 清辩 → 吉祥藏 → 智藏 →

静命 → 巴热那 → 藏日萨 → 喇庆贡巴热萨 →

陆美慈诚希日 → 嘎曲瓦苏多吉将参 → 尼俄扎巴嘉参 → 者庆希日巴 →

夏都瓦尊珠巴尔 → 孜都瓦旋努僧格 → 卓邓德孜扎 → 庆钦朗卡扎 →

色郭扎巴希日 → 庆钦罗桑扎巴 → 根嘎坚参 → 珠巴希日 →

班禅格敦珠 → 尼宁巴根嘎德勒 → 第二世达赖喇嘛根登嘉措 → 德瓦坚巴格勒巴桑 →

嘉孔孜巴巴觉嘉措 → 蒋扬根秋曲培 → 堪钦根秋丹增 → 大译师达玛室利 →

热降巴邬金曲扎 → 敏林久美曲登 → 邬金丹增多吉 → 佛子仁增桑布 →

森楚白玛扎西 → 佛子先盘塔耶 → 土登宁谢坚参巴桑布 → 堪钦白玛班扎 →

佛子先盘秋吉囊瓦 → 央降久美旦贝坚参 → 果察希日彭措 → 格蒙堪布拥丹嘉措 →

江玛堪钦土登曲培 → 格蒙堪钦仁增旺嘉 → 土登龙多丹贝坚参（白玛格桑法王） →

佐钦寺承继法脉的年轻一代活佛和堪布

大乘菩萨戒佐钦传承师承次第

一、大乘深观派传承

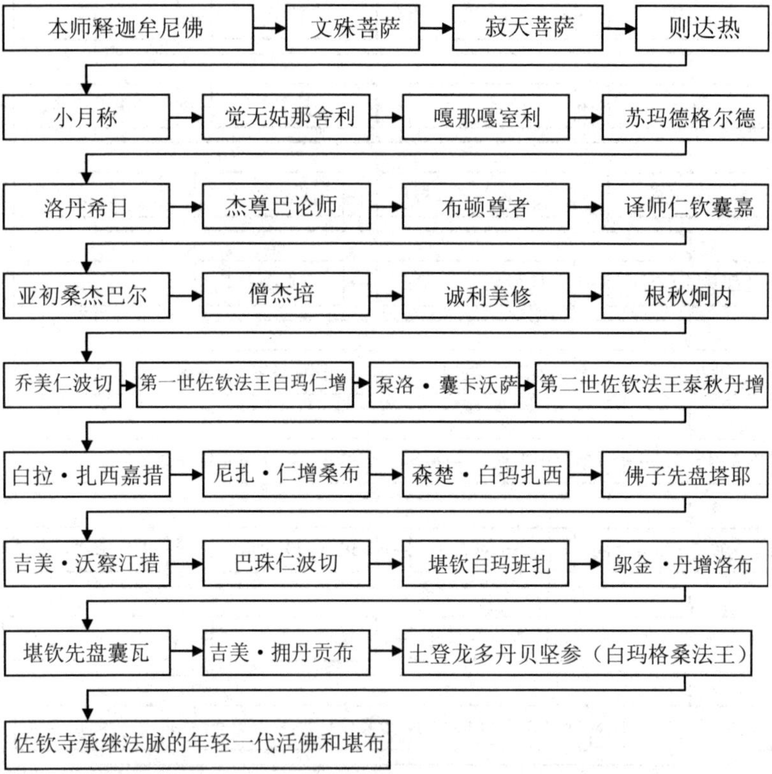

大乘菩萨戒佐钦传承师承次第

二、大乘广行派传承

本师释迦牟尼佛 → 弥勒菩萨 → 无著菩萨 → 世亲菩萨 →
解脱君论师 → 解脱君尊者 → 秋格德 → 卓威德 →
毗卢遮那论师 → 狮贤 → 佛慧足 → 比玛木扎 →
仁玛巴尔塔 → 山世万者 → 洛登希日 → 者希日巴 →
阿尔雄秋依希 → 库希日尊著 → 嘎琼仁么巴 → 雄也巴 →
酿希 → 嘉兴热巴 → 秋米僧格巴 → 罗扎巴 →
万格瓦释迦僧格 → 拉仲曲巴坚参 → 龙钦巴 → 吉美林巴 →
吉美成列沃萨 → 吉美加卫尼固 → 吉美沃察嘉措 → 第四世佐钦法王美久·囊卡多吉 →
佛子先盘塔耶 → 巴珠仁波切 → 堪钦白玛班扎 → 邬金·丹增洛布 →
堪钦先盘囊瓦 → 吉美·拥丹贡布 → 土登龙多丹贝坚参（白玛格桑法王） →
佐钦寺承继法脉的年轻一代活佛和堪布

宁玛派大圆满窍诀佐钦传承师承次第

一、上师心滴师承次第

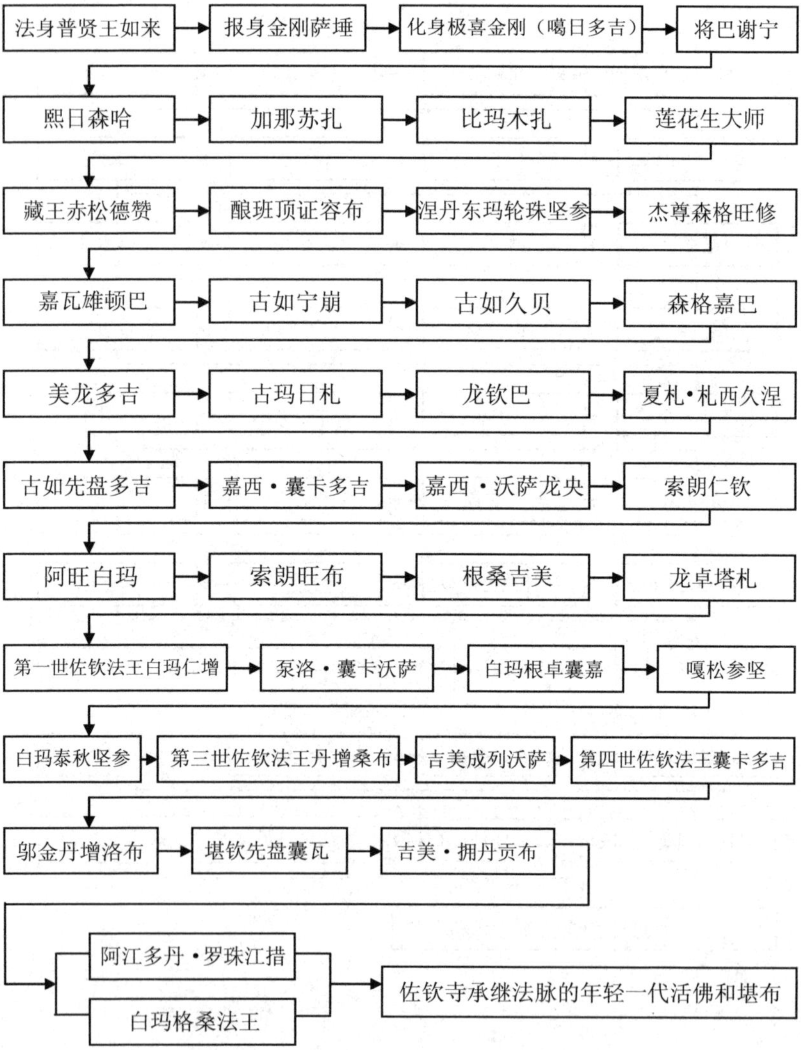

宁玛派大圆满窍诀佐钦传承师承次第

二、空行心髓师承次第

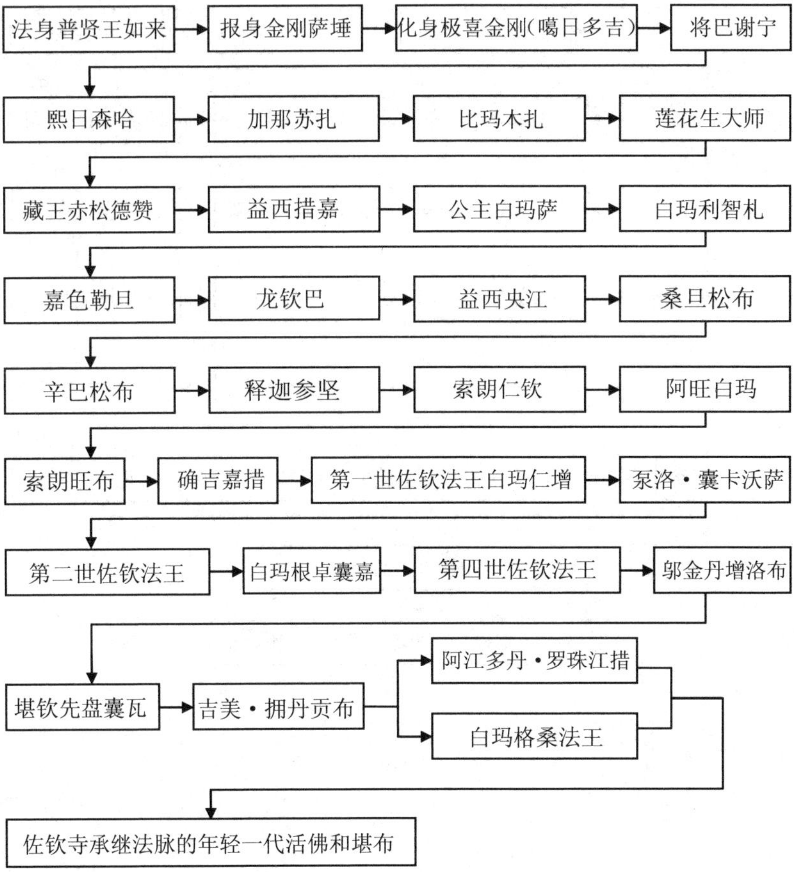

宁玛派大圆满窍诀佐钦传承师承次第

三、比玛心髓师承次第

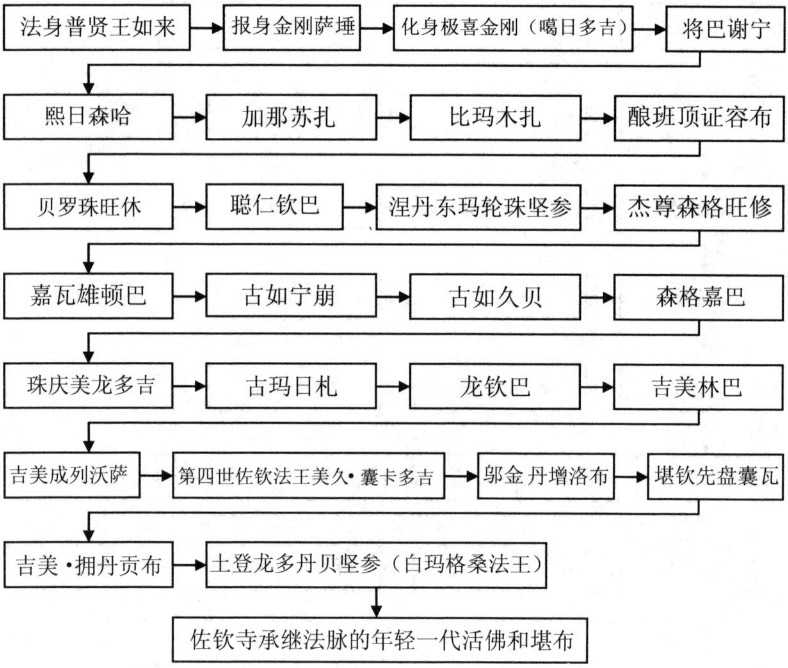

宁玛派大圆满窍诀佐钦传承师承次第

四、龙钦心髓师承次第

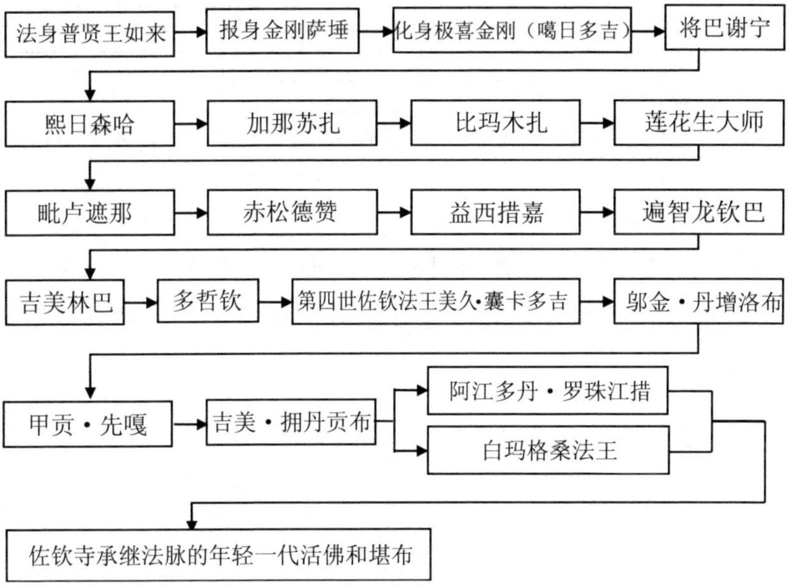

宁玛派百尊伏藏师伏藏法《大宝伏藏全集》师承次第

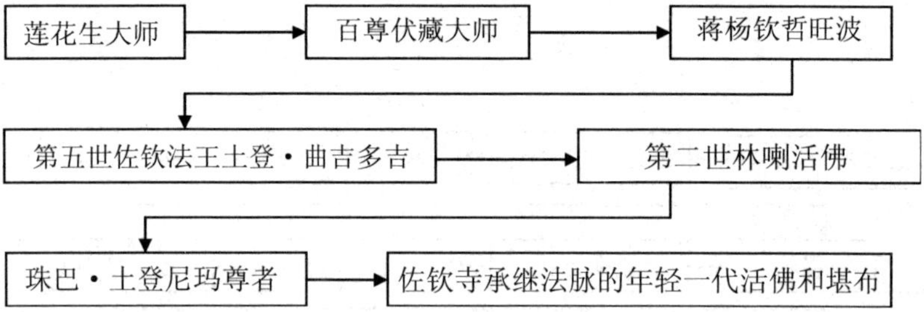

注："百尊伏藏大师"不是同时出世，第一位与第一百位之间相隔千年，但百尊伏藏大师的不共传承都汇集传承给了蒋杨钦哲旺波仁波切。